Labirintos Brasileiros

Joaquim Romero Magalhães

Labirintos Brasileiros

alameda

Copyright © 2011 Joaquim Romero Magalhães

Publishers: Joana Monteleone/ Haroldo Ceravolo Sereza/ Roberto Cosso
Edição: Joana Monteleone
Editor Assistente: Vitor Rodrigo Donofrio Arruda
Revisão: Paula Carolina de Andrade Carvalho
Projeto gráfico, capa e diagramação: Marília Reis

Imagem da capa: *Imagem sem título [Recife]*. Direcção dos Serviços de Engenharia – Gabinete de Estudos Arqueológicos da Engenharia Militar, Lisboa. [ca. 1760].

CIP-BRASIL. CATALOGAÇÃO-NA-FONTE
SINDICATO NACIONAL DOS EDITORES DE LIVROS, RJ

M164l

Magalhães, Joaquim Romero
LABIRINTOS BRASILEIROS
Joaquim Romero Magalhães.
São Paulo: Alameda, 2011.
236p.

Inclui bibliografia
ISBN 978-85-7939-038-8

1. Brasil - História. 2. Brasil - Civilização. I. Título.

10-2257.   CDD: 981
            CDU: 94(81)

ALAMEDA CASA EDITORIAL
Rua Conselheiro Ramalho, 694, Bela Vista
CEP 01325-000 São Paulo SP
Tel. (11) 3012-2400
www.alamedaeditorial.com.br

Sumário

Explicação breve
-7-

As descrições geográficas, a história e a
identidade do Brasil: séculos XVI-XVIII
-9-

Mundos em miniatura: aproximação a alguns aspectos
da cartografia portuguesa do Brasil (séculos XVI a XVIII)
-35-

As fronteiras do Brasil e o rio da Prata
-59-

As Câmaras Municipais, a Coroa e a cobrança
dos quintos do ouro nas Minas Gerais (1711-1750)
-85-

Sebastião José de Carvalho e Melo
e a economia do Brasil
-173-

Um novo método de governo: Francisco Xavier de
Mendonça Furtado, governador e capitão-general
do Grão-Pará e Maranhão (1751-1759)
-199-

Explicação breve

Espero que se me perdoe a ousadia de publicar umas espreitadelas à história do Brasil – no Brasil. São estudos variados, alguns datados do princípio do século, que têm apenas como marca comum o seu autor e a sua preocupação de entender a formação e o desenvolvimento histórico do Brasil.

História esta que é gosto antigo, dos anos Sessenta de Novecentos, quando tive a sorte de ser aluno do mineiro-gaúcho Guilhermino Cezar na Faculdade de Letras da Universidade de Coimbra. Que me fez estudar a *Carta de Pêro Vaz de Caminha* na leitura de Jaime Cortesão, como me obrigou a percorrer os *Caminhos antigos e o povoamento do Brasil* de Capistrano de Abreu. Interesse de há muito tempo, pois, no meio de um percurso acadêmico que me fez andar também por outras bandas.

Estadas no Brasil, em especial pelos convites para lecionar na Universidade de São Paulo a partir de 1989, permitiram-me – e levaram-me – a pesquisar alguns assuntos e a escrever alguns textos, entre os quais os aqui retomados. Fizeram-me ainda embrenhar na história do Brasil os desafios para colaborar em atividades da Cátedra Jaime Cortesão da Universidade de São Paulo, inicialmente de Carlos Guilherme Mota e depois de José Jobson de Andrade Arruda, continuados por

Vera Amaral Ferlini. Obrigações como Comissário-Geral da Comissão Nacional para as Comemorações dos Descobrimentos Portugueses, precisamente para assinalar os 500 anos da chegada de Cabral a Vera Cruz, mais me levaram a desenvolver esses trabalhos. Feitos com imenso prazer.

Acolheu agora a Dra. Joana Monteleone na sua prestigiada Editora Alameda a minha vontade de arriscar a edição brasileira de algumas dessas páginas. Contei com a sua boa vontade e com o seu profissionalismo para encarreirar estes escritos. Que muito lhe ficam a dever em letra de forma, como devedor sou de muitos amigos brasileiros. Porque no percurso de historiador há que saber receber dos colegas, dos oficiais do mesmo ofício, de todos os que em algum momento, muitas vezes sem saberem, sugeriram alguma pista para o avanço de uma pesquisa. A todos a minha gratidão.

Joaquim Romero Magalhães
Coimbra, 22 de Abril de 2009

As descrições geográficas, a história e a identidade do Brasil: séculos XVI – XVIII

À memória de Guilhermino Cezar da Silva

COMO SE APRESENTA, EM QUE SE FUNDAMENTA e como evolui a imagem que vai sendo construída do Brasil ao longo dos séculos, desde o achamento de 1500 até a independência em 1822?

Há escassos elementos para responder a uma tal pergunta. E nela se incluem ainda não poucos problemas que devem ter uma resposta prévia para que se possa tentar resolver a questão central. Como viram os contemporâneos, como apreciaram e como afinal pensaram a terra em que viviam ou por onde passavam.

Desde logo ressalta a grande questão de saber qual a difusão dos textos escritos. Recorde-se que o primeiro e admirável testemunho sobre a nova terra, a *Carta do achamento* de Pêro Vaz de Caminha, esteve inaproveitado de 1500 a 1817. O que significa que quase nada do que foi observado no momento da chegada à Terra de Vera Cruz esteve na origem do que logo de seguida pôde ser difundido. E por isso a questão vespuciana, porque as cartas do florentino Américo Vespúcio e dos que as aproveitaram mereceram rápida passagem à letra de imprensa. Do mesmo modo, ficou a ser conhecido o chamado *Relato do piloto anônimo* porque o imprimiu Francazano de Montalbodo logo em 1507, nos *Paesi nuovamente ritrovati*. Que difusão teve a alemã *Nova gazeta da terra do Brasil* (*Copia der Newen Zeytung auß Pressillg Landt*)? Grande, pequena? Alguma por certo. Em contrapartida talvez nem valha a pena perguntar quantos poderiam ter tido acesso ao muito oficial "Acto notarial de Valentim Fernandes" ou às cartas de D. Manuel, ou às dos mercadores italianos estantes em Lisboa – antes do século xix e da sua revelação pelos eruditos...

Desde os primeiros relatos e fragmentos de apressadas descrições podemos supor que algumas impressões tivessem tido larga difusão pela Europa culta. Mas será de nos perguntarmos ainda se quantos para além do Atlântico começaram a emigrar dispunham de alguma informação ou conhecimento sobre a terra, se saberiam sequer que existia essa quem soubesse alguma coisa sobre tão longínquas paragens. Apesar do seu êxito editorial, não muitos em Portugal ou no Brasil tampouco teriam lido o testemunho de Hans Staden – *Warhaftige Historia und Bescheibung eyner Wilden, Nackteten Grimmingen Monsshfresser Leuten, in der Newenwelt America gelegen* – só publicado em meados do século (1557). O que é pouco provável, para não dizer nada provável.

Como sempre acontece quando nos debruçamos sobre estas questões de fontes, temos apenas vestígios nos registos das emissões produzidas, ficando em perfeita ignorância quanto à respectiva recepção pelos que em cada momento se podem considerar os consumidores da informação disponível. Pelo melhor, sabemos o que se publicou e onde; ignoramos quem leu – talvez suspeitemos quem poderia ter lido.

Informação esta que aqui se entende para reconhecimento do concreto, porque isso seria o importante. Construção e representação de um espaço novo e ainda não descrito, que ficava em aberto para ser explorado e ocupado. Onde, provavelmente, por força da transmissão oral e dos *topoi* dos conhecimentos generalizados entre a gente ilustrada, também ganhava grande força motivadora a dimensão mítica, marcada pela cultura greco-romana. Para recordar apenas um episódio com sequência, frei Gaspar de Carvajal conseguiu mesmo ver as famosas amazonas a lutar à frente dos seus tributários aquando da expedição de Orellana, pelo rio que delas tomaria o nome, em 1542: "Estas mulheres são muito brancas e altas, têm cabelo muito comprido e entrançado e revolto na cabeça; e são de grandes membros e andam desnudas em pelo, tapadas as suas vergonhas com os seus arcos e flechas nas mão fazendo tanta guerra como dez índios"... Dominante presença da história e histórias antigas que o humanismo cultivava e que filtrava (e procurava adaptar) a seu jeito a informação *de visu* que ia sendo obtida. Porque essa bagagem cultural anterior não era uma reserva que pudesse ser afastada ou que em menor ou maior grau não contaminasse o que foi sendo escrito e – há que supô-lo – dito. Mas a experiência das coisas, as vivências dos que percorriam as novas paragens, começavam a sobrelevar aos dizeres dos antigos – como se vê logo pelos contemporâneos *Naufragios y comentarios* de Alvar Nuñez Cabeza de Vaca (1555). As coisas começavam a mudar, porque outra era a utilidade buscada e outros os pontos de referência que tinham de ser utilizados.

Com o seu *Tratado da terra do Brasil* – e depois com a *História da província de Santa Cruz a que vulgarmente chamamos Brasil* –, Pêro de Magalhães Gândavo procura dar a conhecer "em breves palavras a fertilidade e abundância da terra do Brasil para que esta fama venha a notícia de muitas pessoas que nestes Reinos [de Portugal] vivem com pobreza, e não duvidem escolhê-la para seu remédio."

O propósito de Pêro de Magalhães era mostrar as boas condições da terra e a ela atrair quantos quisessem emigrar. Porque apesar da distribuição das capitanias (a partir de 1534) e da instalação do governo geral (1549) a população ainda era escassa. Assim, logo ao descrever a capitania de Itamaracá explicita: "Há nesta capitania muitas e boas terras para se povoarem e fazerem nela fazendas". Na capitania do Espírito Santo se podem fundar algumas povoações "e conseguir proveito das terras viciosas que por esta costa estão desertas". E assim por todo o Brasil se abrem possibilidades a quem nele se queira fixar.

Propaganda de emigração que o leva a escrever uma pequena e pouco detalhada informação, a suficiente para fazer passar o seu recado. Para o que adopta o velho e provado esquema das corografias: nome da terra, localização extensão, senhorio, atividades produtivas, população. A que vai acrescentar aquelas que lhe parecem ser as possibilidades que se abrem na nova terra. Por observação ou por suspeita, e alguma coisa do gentio dela, não deixando de destacar o canibalismo que continuava a impressionar fortemente os europeus. A descrição de Pêro de Magalhães Gândavo não é otimista, mas mostra com clareza o que se encontra em aberto para quem se quiser arriscar a ir para lá viver. Prosa que teve a boa sorte de ser impressa – e ainda por cima com o patrocínio poético de Camões. Mas uma vez editada em letra de forma, não mais tornou a ser difundida. Talvez porque depressa a realidade se alterou e o que ficara escrito perdera atualidade. E a sua difusão não terá sido a maior.

Já de trás e de outras paragens, vinha uma outra via de divulgação, que é de presumir muito mais eficaz – e abrangendo uma difusão muito mais larga. Uma das formas da Companhia de Jesus se manter informada do que os seus membros andavam fazendo pelas várias províncias consistia na redação anual de uma carta que era enviada para Roma, ao Geral. Assim se registavam e passavam as notícias consideradas importantes para o desenvolvimento do instituto e se relatavam acontecimentos, sobretudo edificantes, que depois eram difundidos por colégios e casas professas. Quanto mais se destacassem atitudes e comportamentos que servissem de exemplo, melhor. Era esse o efeito que as cartas deviam provocar.

Escreveu-as no vivo do espanto pela novidade da terra e dos homens do Brasil Manuel da Nóbrega. Outros as redigiram já com mais experiência e com mais sabedoria literária, entre os quais José de Anchieta, recheando as suas missivas de importantes observações, não apenas sobre o estado das almas mas do que se passava nas terras. As cartas cumpriam funções de vivo exemplo para os colegiais e para os irmãos a que se destinavam, tendo até havido traduções publicadas e largamente divulgadas. Além de que muitas delas corriam mundo na internacional linguagem do latim.

Tendo a Companhia de Jesus um como que sentimento de posse relativamente ao Brasil e às suas gentes, o interesse dos padres passava por que houvesse um pleno conhecimento do que por lá iam fazendo. O que nem sempre garante o valor integral das informações registadas. No entanto, transparecem notas vivas do maior interesse, naquelas em que a edificação das almas não implica distorções piedosas – como o sempre exagerado número dos catecúmenos ou os sempre provisórios resultados da evangelização. Quase sempre entusiásticos, pelo menos às primeiras impressões, o desânimo também emerge, porque era muito volátil o cumprimento por parte dos naturais dos preceitos da nova religião – para já não falar em complicações teológicas que os padres naturalmente evitavam. Evitavam, mas a que não podiam fugir.

Os jesuítas não se limitavam a apresentar as suas obras e os seus feitos exemplares. Homens cultos, de formação humanística, procuravam entender e explicar o que viam e observavam. E assim escrevem sobre plantas e animais ou, muito especialmente sobre os índios. José de Anchieta vai mais longe. Escreve em 1584 um primeiro esboço de uma história do Brasil. Alinha governadores e bispos, conta dos índios e das suas relações com os portugueses nos diferentes núcleos de colonização. Rascunha sobre a vinda dos primeiros jesuítas com Tomé de Sousa, dos segundos com D. Duarte da Costa, e dos que adiante se lhes foram juntando. Desenvolve a descrição das ocupações e trabalhos da Companhia, dos seus colégios e das virtudes dos provinciais. Passa depressa sobre as relíquias que iam colecionando, demorando-se um pouco mais sobre os costumes dos Brasis, que conhece bastante bem. E termina com um ataque aos brancos e ao que fazem tiranizando os índios, o que tem como resultado impedir as conversões. Forte condenação. Outras informações sobre a terra e os seus naturais, seus homens e suas mulheres, seus usos e práticas se ficaram a dever a Anchieta. Como a outros. Embora o proselitismo jesuíta esteja bem à tona, há que reconhecer que desses escritos resulta um bom conjunto de informações sobre a terra e as suas gentes.

Excelente observador se revela também o padre Fernão Cardim, jesuíta alentejano transplantado além-mar. Por volta de 1584 descreve o clima e terra do Brasil, que é uma apresentação das "coisas notáveis", dos animais e das plantas que aí havia ou já se cultivavam. No mesmo intento de apresentação constam os naturais, seus costumes, adoração e cerimonias. Também se lhe deve uma missiva descritiva de uma longa viagem e missão jesuítica efetuadas de 1583 a 1585. De grande interesse pela soma de informações que transmite sobre o conjunto do espaço de missão, e não apenas sobre a vida religiosa e social.

Nada do que havia no Reino faltava no Brasil, e muito mais abundava naquilo que o Reino não tinha. É a sempre subjacente visão edénica que os jesuítas transmitem. A crer em Fernão Cardim, ou a aceitar como realidades os seus desejos, a terra cresce e transforma-se: "Em fim esta terra parece outro Portugal."

Grande fortuna teve o escrito do frade cosmógrafo André Thevet, intitulado *Les singularitez de la France Antarctique autrement nommée Amerique & de plusieurs Terres & Isles decouvertes de nostre temps*, saído em Paris, em 1557. Nascido no princípio do século em Angoulême, professa como franciscano, e está ao serviço do rei de França como cosmógrafo. Thevet será um dos primeiros europeus a descrever o que viu e ouviu contar no Brasil, onde esteve pouco mais de dois meses em 1555-1556. Ido na expedição comandada por Nicolas de Villegagnon, pouco por ali se demora. Mesmo assim o suficiente para deixar algumas notícias de muito interesse sobre o Novo Continente. *Singularidades* muito estimadas, pelo que o relato foi reimpresso duas vezes no ano seguinte – 1558 –, merecendo pronta tradução em italiano – 1560 e 1584.

Contra André Thevet escreve Jean de Léry, que pelo mesmo tempo viveu no Brasil. Calvinista, vem de Genebra para o forte de Coligny, na baía de Guanabara, em 1556. Aí permaneceu até 1558. Regressado a Genebra, tardará em publicar a sua *Histoire d'un voyage en terre de Brésil* – 1578 –, a que seis edições posteriores e tradução latina asseguram difusão por toda a Europa. Obra de um pastor protestante, irritado com as falsas ou apressadas informações do católico Thevet, que procura rebater. Das *Singularidades* diz Jean de Léry estarem inçadas de mentiras. O que, bem vistas as coisas, é polémica religiosa e não propriamente levantada sobre o que ambos puderam observar da terra e das gentes do Brasil.

A *Histoire d'un voyage en terre du Brésil* resulta de uma apurada observação, de quem durante algum tempo viveu empenhadamente esse ensaio de estabelecimento dos franceses além-Atlântico. Como Léry escreve, Thevet só por lá passou dez semanas... e ainda por cima acamado. Léry não. Sempre atento, encanta-se com a baía de Guanabara e descreve os homens e mulheres do Brasil, como nota os mantimentos que consomem, as aves e os animais selvagens e os irritantes insetos que há nesse meio que se descobre. Sabe dos ritos religiosos e familiares, diz da guerra e da hospitalidade, dos comportamentos na doença e perante a morte. Procura saber alguma coisa da origem dos grupos tupinambás e tupiniquins e das línguas que falavam. Como era inevitável, demora-se sobre o canibalismo que considera como um ritual guerreiro e não como uma forma corrente de alimentação – mesmo se admite que os íncolas consideravam a carne humana "maravilhosamente boa e delicada". É a mais completa observação e divulgação do Brasil e dos seus naturais até então impressa na Europa, a que as várias gravuras muito ajudam.

As impressões de atentos mas, por força, superficiais observadores irão sendo deixadas para trás. Impõe-se agora a visão muito mais rica dos que constroem uma vivência muito direta do objeto que intentam apresentar. E que precisam que esse escrito seja convincente para obter do poder real o apoio necessário a pretendidas expedições para o interior na prospecção de metais preciosos. Para mostrar a seriedade do seu propósito, descreve Gabriel Soares de Sousa o Brasil como um todo. E fá-lo com conhecimento do objeto, pois ali vivia.

Interessa-se Gabriel Soares de Sousa não só pela terra, sua história, geografia e enumeração de recursos. Sabe ou compila dados sobre as árvores e frutos comestíveis, sobre as plantas medicinais, as madeiras, as aves, os insetos, os mamíferos, os peixes, os batráquios, os répteis. Das gentes tem razoável conhecimento dos tupinambás, de que apresenta um quadro bastante pormenorizado, o mais perfeito até então. Com isto nos dá um muito completo relato de uma vida vivida a fazer avançar a colonização do Brasil. Significativamente nada detalha quanto ao que se suspeitava sobre esmeraldas, ouro e prata: precisamente o que pretendia encontrar.

Os naturais são a primeira e principal dificuldade com que ainda se deparam os colonos portugueses no Brasil nesse ano de 1587. Com poucas exceções, o retrato traçado e transmitido por Gabriel Soares de Sousa mostra a população branca – ou mestiça de brancos e índios – acuada em uns poucos centros habitados, reduzida a uma vida quase impossível, fazendo frente a ferozes naturais que quando podem destroem engenhos e fazendas.

Como fundamento ao propósito revelado pela roteiro de Gabriel Soares de Sousa de mostrar "as grandes qualidades do Estado do Brasil", põe um alvitre para o governo proceder empenhadamente à defesa militar – fortificando os portos – e à aplicação de capitais como meio de assegurar a colonização de tão bela terra, "capaz para se edificar" nela um "grande império." O que não tardou a acontecer, mesmo se não houve o investimento desejável nas condições de defesa.

Tendo passado à Índia em 1602, o francês Francisco Pyrard, natural de Laval, escreve as suas andanças pelo Índico e pela Ásia em 1611. Tendo no regresso de uma viagem atribulada tocado no Brasil, aproveita para transmitir as suas observações. Não é de estranhar que reivindique para os franceses a descoberta do Brasil. Era ainda a nostalgia da frustrada França Antártica.

A Bahia que Francisco Pyrard vê e descreve – *Voyage de Pyrard de Laval aux Indes orientales* (1601-1611) – é já uma cidade com o seu aparato urbano em 1610. Facilitando a ligação entre a praia e o alto do núcleo habitado, um engenhoso elevador chama a atenção do viajante. Cidade portuária, com os seus armazéns e com uma "bela e grande rua, bem povoada de toda a sorte de lojas de mesteres e artífices". Cidade portuguesa, com a sua sé. Com colégio de jesuítas, com misericórdia, hospital, onde se aquartelam três companhias de infantaria e residência do vice-rei. Com muitos conventos – franciscanos, bentos e carmelitas. Cidade portuguesa: "os portugueses governam-se no Brasil em tudo como em Portugal e não como nas Índias orientais". Observação pertinente.

A riqueza principal é o açúcar: "não julgo que haja lugar em todo o mundo onde se crie mais açúcar e tanta abundância como ali. Não se fala em França senão no açúcar da Madeira e da Ilha de São Tomé, mas este é uma bagatela em comparação com o do Brasil". Aí já estavam em laboração cerca de 400 engenhos. Isto na área litorânea, entre Pernambuco e a Bahia.

Ao contrário da generalidade dos portugueses, que inicialmente com o Brasil se encantavam e nele encontravam um como que paraíso terrestre, este francês acha a terra muito má, incapaz de servir para habitação se não fosse o atrativo pelos rendimentos do açúcar e do pau-brasil. Não escapou ao seu olhar atento a distinção entre a agricultura do açúcar e do tabaco para exportação e as culturas para sustentação. Estas fornecem arroz, milho grosso e miúdo, raízes de mandioca, batatas e outras. Milho não comiam os homens, dando-o aos animais. Criam gado e aves. Há frutas com abundância, laranjas, limões, bananas, coco e gengibre verde. Este só pode ser levado de conserva, para não fazer concorrência ao asiático. Belas hortas cheias de boas hortaliças, alfaces, repolhos, melões, pepinos, rábanos. Visão elementar, superficial, que indica alguma coisa do que viu. Mas apenas com interesse lúdico, curiosidade distante de quem nada propõe relativamente ao futuro da terra. Assim, como curiosidade que era, saiu dos prelos em 1611 (com reedições logo em 1615 e 1619), num tempo em que em França havia quem preparasse uma expedição que veio dirigida bem para o norte.

Entretanto, os escritos portugueses – com exceção do de Pêro de Magalhães Gândavo e da sua *História da província de Santa Cruz a que vulgarmente chamamos Brasil* – iam ficando manuscritos. Obras de interesse geral como a de Fernão Cardim (*Tratados da terra e gente do Brasil*) ou como a de Gabriel Soares de Sousa (*Tratado descritivo do Brasil em 1597*) não passavam ao público em forma impressa. Não parece de aceitar que tivesse sido o acaso que levou a que quase todos estes escritos tivessem ficado inéditos, embora não inteiramente desconhecidos. No entanto, e apesar da larga difusão dos manuscritos corrente ao tempo, a impressão significava uma publicidade acrescida que as autoridades talvez não estivessem interessadas em promover. Porque apontavam suspeitas de riquezas que convinham manter em segredo. Se bem que muito se buscasse o ouro sem que se encontrasse, nem por isso se desesperava. Mais valia segredar do que assoalhar uma existência de que havia fortes indícios? E que continuava a atrair aventureiros? Era uma questão de defesa nesse fim de século em que os impérios português e castelhano se viam acossados um pouco por todos os seus domínios? Assim parece.

Em 1627 frei Vicente do Salvador escreve a primeira *História do Brasil*, que também ficou por imprimir. "Da largura que a terra do Brasil tem para o sertão não trato, porque até agora não houve quem a andasse por negligência dos portugueses, que, sendo grandes conquistadores de terras, não se aproveitam delas, mas contentam-se de as andar arranhando ao longo do mar, como os caranguejos." Esta murmuração do frade franciscano quanto à "negligência dos portugueses que se não aproveitavam das terras do Brasil" relaciona-se muito diretamente com não haver uma continuada prospecção de metais preciosos que se achariam nos sertões. Porque só por essa falta de persistência, entendia frei Vicente, que ainda não tivessem sido encontrados. Sendo as terras do domínio castelhano confinantes, não parecia concebível que aí se tivessem descoberto "tantas e tão ricas minas" e Portugal continuasse sem as possuir. Mas a vida dos colonos junto da costa era indispensável para a comercialização dos produtos agrícolas, em especial do açúcar. Como se diz da Bahia – e pode generalizar-se – "todo o meneio destas gentes é por água". Não menos isso contava para a defesa dos moradores, que ficariam desprotegidos pelos matos, que o gentio bravo habitava, nas palavras contemporâneas de Diogo Campos Moreno no também inédito *Livro que dá rezão do Estado do Brasil*, de 1612. Excelentes informações também ficaram por publicar nos *Diálogos sobre a grandeza do Brasil*, de Ambrósio Fernandes Brandão.

Entretanto os franceses não desistiam de uma instalação no Brasil. O que acabaram por concretizar em 1612, na fundação de São Luís do Maranhão. De pouca dura, pois estavam de regresso em 1615. Porém isso valeu para que Claude d'Abbeville escrevesse a *Histoire de la mission des peres capucines en l'ile de Maragnan* (*História da missão dos padres capuchinhos na ilha do Maranhão e terras circunvizinhas*), emparelhando com a contemporânea *Suite des choses mémorables advenues en Maragnan, les années 1613 et 1614* (*Viagem ao norte do Brasil feita nos anos de 1613 a 1614*), de Yves d'Évreux. Padres capuchinhos que registaram informações *de visu*, depois publicadas em França. Mas aí se puderam ler algumas descrições das terras, e sobretudo da flora e da fauna, muito menos atentos às gentes ou à terra mesma. Yves d'Évreux, sabedor de insetos, descreve os que viu e se desconheciam na Europa. O autor invoca a seu favor ter estado no Maranhão dois anos e não só os quatro meses em que estanciou Claude d'Abbeville. Também os capuchinhos alinharam na admiração pelos trópicos, em detrimento da sua Europa:

> No inverno a terra é estéril na Europa, e no Brasil sempre fecunda; na Europa a terra é horrível no inverno, com a erva morta, as árvores desfolhadas, tudo é seco. No Brasil é a verdura permanente, a terra está sempre adornada de belas plantas e de flores diversas e raras. Em suma, há no Brasil uma eterna primavera única ao Outono e ao verão.

É opinião de Claude d'Abbeville, mais um que se sentia no paraíso terrestre...

Sobremaneira importante para o conhecimento do Brasil – ou de parte do Brasil na Europa – vai ser a presença holandesa em Pernambuco (1630-1654). O grupo por que se fazia acompanhar Maurício de Nassau construirá a partir do Recife uma obra ímpar em informação descritiva. E ainda uma notável cartografia, esclarecedora para o conhecimento da terra. Que mostra também o cuidado que os novos senhores puseram no apuramento desse saber. Para apenas citar um famoso autor, Gaspar Barleus (*Rerum per octennium in Brasilia*), torna-se patente que consegue passar muitas informações sobre o que então foi visto e observado, descrevendo e dando pormenores da natureza, dos recursos e da vida na colônia – que lhe foram transmitidos. Para além dos feitos heroicos e das manifestações de grandeza da personagem principal (Maurício de Nassau), o cenário não resulta apoucado. Porque tem o cuidado de situar os acontecimentos, para bem elucidar a narrativa, seja no Brasil, em África ou na Europa.

Como bom holandês, Caspar van Baerle não deixa ainda de quantificar os gastos, apresentar estimativas para o que se ganhou e para o que se perdeu. Para isso lança mão e incorpora no seu escrito informações várias, descrições, relatórios, cartas. Os leitores dos Países Baixos terão ficado a conhecer com algum pormenor o quadro em que se desenrola a atuação de um grande comandante militar ao mesmo tempo que notável administrador. E homem de curiosidade cultural. Também ao louvor do comandante-administrador se dedica Joan Nieuhof na sua *Gedenlweerdige Brasilaense Zeeen Lant Reise*, que continua a narrativa encetada por Barleus. Ao mesmo tempo vão sendo conhecidas pinturas de Frans Jansz Post, de Albert Eckout, bastantes delas difundidas por meio das gravuras abertas por Zacharias Wagner (incomparavelmente mais esclarecedoras do que as ilustrações de Hans Staden ou de Jean de Léry). A imagem do Nordeste brasileiro, refeita na Europa, passa a ser muito mais completa e precisa. Mas teriam estes trabalhos dos protestantes e inimigos do norte corrido em Portugal? Na corte de D. João IV conheceu-se a obra de Barleus, que o embaixador português enviou do norte para Lisboa. Mas não há sinais de mais divulgação dos outros trabalhos. As censuras (inquisitorial, episcopal e do paço), provavelmente, estariam atentas. Como alguma coisa poderia haver de contaminado pelos hereges, convinha arredá-la. E não seria de bom tom recordar a humilhante ocupação neerlandesa e a fundação do Recife. Talvez por isso da parte portuguesa se respondia com uma séria produção narrativa e testemunhal, sobretudo interessada nos feitos militares: frei Manuel Calado, D. Francisco Manuel de Melo, Francisco de Brito Freire, frei Rafael de Jesus...

Para contrapor à produção holandesa haveria apenas a *Crónica da Companhia de Jesus*, de Simão de Vasconcelos (1658). Porque ao relato edificante da chegada das primeiras obras dos apóstolos jesuítas no Brasil lhe antepõe uma cuidadosa descrição da terra e das suas gentes, tendo como título *Notícias antecedentes, curiosas e necessárias das cousas do Brasil*, deverá ter sido o mais divulgado contributo impresso português sobre a terra e as gentes brasileiras no século XVII. Todavia, pobre informação, sem ilustrações.

Em 1711 um jesuíta faz publicar sob o pseudônimo de André João Antonil uma obra intitulada *Cultura e opulência do Brasil por suas drogas e minas, com varias noticias curiosas do modo de fazer o assucar; plantar, & beneficiar o tabaco; tirar Ouro das Minas; e descubrir as da Prata; e dos grandes emolumentos, que esta conquista da America meridional dá ao Reyno de Portugal com estes, & outros géneros, & contratos reais*. Título prolixo, quase um sumário, de uma magnífica descrição do Brasil de 1711, em especial do Brasil açucareiro. Publicação logo mandada retirar de circulação por ordem régia, pelo que poucos exemplares subsistiram. O autor, que se diz "O anônimo Toscano", terá sido o jesuíta italiano João António Andreoni. Atrevera-se a dar a conhecer por dentro a cultura açucareira e a descrever com pormenor todos os trabalhos e necessidades que nela havia. Com conhecimento de causa: o saber de quem viveu na Bahia durante 35 anos. Não só. Punha também a claro "todos os caminhos que há para as minas do ouro descobertas e se apontam outras que ou estão para se descobrir ou por beneficiar." Tudo particularidades, em especial o acesso ao território das Minas, que não convinham que se tornassem públicas e acessíveis a estrangeiros.

Na corte temeu-se que a informação nele contida pudesse ter ido longe demais e que por ela se atraísse gente indesejável ao Nordeste e a Minas. Estava-se em plena Guerra da Sucessão de Espanha. Não convinha assoalhar tais notícias e dar indícios de acessibilidade a imensas riquezas de que muitos sonhavam apropriar-se. Tanto mais quanto as ameaças dos franceses ao Brasil estavam ainda em curso – e viriam a concretizar-se com a tomada do Rio de Janeiro (1711). Expedições predadoras, que muito alarmaram Lisboa.

Nem sempre de vista, o padre Andreoni descreve com pormenor e algum rigor muitos dos segredos que estavam bem guardados fora dos espaços brasileiros. Porque de uma verdadeira descrição se trata. Elogiosa, por vezes exagerada. Sempre fundamentalmente verdadeira. E didática. Alguns capítulos impediram de todo a circulação da obra. Trata-se do *Roteiro do caminho da Vila de São Paulo para as Minas Gerais e para o Rio das Velhas*, em que se "apontam os pousos e paragens do dito caminho, com as distâncias que tem e os dias que pouco mais ou menos se gastam de uma estalagem para outra, em que os mineiros pousam e se é necessário se descansam e refazem do que hão mister e que hoje se acha em tais paragens" (cap. x). A que se segue o *Roteiro do caminho velho da cidade do Rio de Janeiro para as Minas Gerais dos Categuás e do Rio das Velhas* (Cap. xi) e o *Roteiro do caminho Novo da cidade do Rio de Janeiro para as Minas* (Cap. xii), e o *Roteiro do caminho da cidade da Bahia para as Minas do Rio das Velhas* (Cap. xiii). Como se esta revelação não bastasse, acrescenta-se ainda o modo de extrair o ouro das minas, de conhecer o minério que contenha prata e de como a separar. E ainda não contente com isso, o jesuíta alarga-se em considerações que revelam a ausência de acatados representantes da autoridade régia por estas paragens.

Dar razão da força e alimentar a tomada de consciência do que valia a grande terra brasileira era um risco e um perigo. Por isso, mais do que por razões de pormenor ou de inconvenientes informações, a *Cultura e opulência do Brasil por suas drogas e minas* tinha que desaparecer. A lenta gestação do sentimento de unidade não podia ser conscientemente sentida. Mas era decerto pouco desejável que se estampasse um tal rol de informações úteis em livro. E a afirmação da autoridade régia – que começava a fazer-se sentir com a força que o ouro tinha vindo permitir ao absolutismo joanino – não hesita em fazê-lo desaparecer. Havia que aumentar os cuidados para se evitarem as frequentes explosões de descontentamento social que já se tinham experimentado e que eram temíveis. Excelente sentir da terra e das gentes mostra o jesuíta padre João Felipe Bettendorff na sua *Crónica da missão dos padres da Companhia de Jesus no Estado do Maranhão*, que abarca boa parte do século XVII (de 1661 até a década de noventa), transmitindo uma observação e uma vivência muito claras das regiões amazônicas, com especial relevo para a importância dos rios. Misturada a informação sobre a terra com os feitos dos padres seus companheiros, no entanto soube encontrar uma visão dos nativos que é capaz de muito transmitir daquilo a que assistiu e em que participou.

Com o surgir do ouro, finalmente!, há necessidade de refazer o conhecimento do Brasil, de obter descrições e de cartografar as terras que de novo vão sendo conhecidas. Dessa necessidade se apercebe o rei, que vai promover a formação e as expedições dos padres cartógrafos, Domingos Capassi e Diogo Soares, que irão contar com conhecimentos frustres de anteriores exploradores dos sertões. Escreve um padre jesuíta em 1730: "Tenho já junto uma grande cópia de Notícias, vários roteiros e mapas dos melhores sertanistas de São Paulo, Cuiabá, Rio Grande, e da Prata e vou procurando outras, a fim de dar princípio a alguma carta, porque as estrangeiras andam erradíssimas, não só no que toca ao Sertão, mas ainda nas Alturas e Longitudes". Era todo um espaço de novo conhecido por força das incursões paulistas que se tornava indispensável bem representar para garantir um domínio efetivo e não apenas passageiro. Mapas tinham vindo a ser traçados, muitos deles sem rigor nas coordenadas. Alguns indicavam acidentes, um pouco por palpite, um pouco por uma experiência do terreno, fixando erros mas também dando algumas indicações úteis aos que pelos rios navegavam. Porque dos que se aventuravam por esses cursos de água adentro poucos teriam conhecimentos para elaborar instrumentos rigorosos de orientação. Mas tinham por si a experiência de gerações de colonos e de aventureiros, sobretudo de índios e mamelucos antes de meados de Setecentos, com pouco mais havia que contar. O esforço de delimitação de fronteiras decorrente dos Tratados de Madri (1750) e de Santo Ildefonso (1777) vai mudar as coisas.

Com o ouro define-se um novo centro econômico em Minas Gerais, em que há novos recursos e se ocupam novos espaços. E também, pela conflitualidade com os representantes régios e com os emigrantes recentes que depressa queriam enriquecer, uma tomada de consciência da situação em que se encontrava a colônia americana. Em paralelo havia que registar o passado como base de uma memória identitária. Ao fundar, em 1719, a Real Academia da História, era propósito de D. João V que dela saísse a história eclesiástica e a história civil do Reino de Portugal. Nela tinham também cabimento as histórias dos Reinos e Senhorios dos reis de Portugal. Da história do Brasil se encarregou o baiano Sebastião da Rocha Pitta que lhe pôs o título de *História da América Portugueza*. Lavrador de canas e coronel de ordenanças, acadêmico da Real Academia da História Portuguesa, da Academia Brasílica dos Esquecidos, talvez formado em Direito Canônico por Coimbra, estava de pleno integrado na cultura portuguesa dominante. Não teve, como autor, a mínima atenção para com os sentimentos que já se manifestavam em surdina de recusa do Brasil-colônia às formas assumidas pela governação portuguesa. Sentimentos que de uma maneira ainda difusa começavam a surgir entre os nascidos e criados no Brasil, ou há muito residentes, e que de modo diferente dos portugueses recém-chegados entendiam a terra e as gentes. Menos ainda, é bom de ver, podia Sebastião da Rocha Pitta antecipar sentimentos de independência, cegueira que mais tarde lhe assacaram para lhe denegrir a obra. Injusto julgamento retrospectivo de uma história datada de 1724...

Nos dez livros da *História da América Portugueza* o acadêmico correspondente da Real Academia da História Portuguesa escreveu as bajulices à autoridade política que uma tal pertença acarretava e seriam de esperar. Mas não deixou de mostrar a terra na sua variedade geográfica, com as suas produções e recursos e com os seus primitivos habitantes. Primeiro essa visão global. Segue-se depois uma descrição das províncias do Brasil, com informações não dispensáveis. Nem sempre um cronista exato, no entanto o seu orgulho pela terra do Brasil é genuíno e salta a cada página nos feitos que relata, nas parcas descrições que enceta, nos naturais que elogia – ou não naturais mais aí criados, como o padre António Vieira. Quando pode, não deixa de elogiar os "engenhosos filhos" da América Portuguesa. Com sentimentos de orgulho que devem ser entendidos, que já puderam ser tidos como de ufanismo precoce.

Veja-se o que escreve sobre a guerra dos Palmares, comunidade de escravos fugidos que não minimiza, pois formavam "uma república rústica a seu modo bem ordenada", com quem alguns moradores se entendiam a troco de segurança. Também se protege de acusações de mal-dizer usando de artifícios retóricos simples: de um governador do Rio de Janeiro que trouxe de Minas amostras de metal "que o podiam enriquecer" prefere presumir que o tivesse feito para "informação que havia de dar a el-rei da qualidade das minas". Já tudo tinha sido dito. Para o que ao tempo era possível. Matérias de eventual melindre, como a Guerra dos Emboabas com os paulistas nas Minas ou dos mascates com os mazombos em Pernambuco têm algum desenvolvimento, e escondem mesmo menos do que mostram. E assim os motins fiscais ocorridos na Bahia em 1720, em que aproveita para defender os naturais do Brasil e acusar os "filhos do Reino" e os estrangeiros a eles aliados. Quem quiser que o saiba ler. A fidedignidade essencial da *História* não deixa de satisfazer, se bem que envolta nas roupagens barrocas de um provincianismo áulico a que não poderia ter fugido.

Pelos mesmos anos, embora publicados anos depois pela primeira vez, em 1749, ia o governador e capitão-general do Estado do Maranhão de 1726 a 1729 Bernardo Pereira de Berredo pacientemente registando os acontecimentos nos seus *Anais Históricos do Estado do Maranhão*. Menos generalista do que Sebastião da Rocha Pitta, apenas interessado em transmitir o que acontecera e o que soubera que se ia passando na região que governava, colecionou um conjunto variado de notícias sobre o Norte do Brasil de 1644 a 1718. Queria com isto "juntar matérias para o edifício de uma história, que mostrasse bem a todo o mundo o quanto se dilatavam os vastos domínios portugueses". Obra escrupulosa e "tão cheia de zelo" que não ficou arquivo que não examinasse, escritura que não lesse. Também caprichou nas informações militares, tendo consultado sobre isso as relações escritas que encontrou.

Na pobre literatura existente ao tempo sobre a América Portuguesa da primeira metade do século XVIII, os *Anais* sobressaem como trabalho de boa consciência, se bem que nem sempre de interessante leitura. O estilo barroco e áulico, que seria de esperar, também por aí se encontra esparramado. Com os *Anais* fica o Estado do Maranhão – Amazônia, Pará, Maranhão e Ceará – a dispor do primeiro grande relato histórico que lhe marca a individualidade. Singularidades que as condições da navegação impuseram e que a política reconheceu como conveniente para administrar esses espaços com independência relativamente ao restante que merecia a designação de Estado do Brasil.

Com as obras de Sebastião da Rocha Pitta e de Bernardo Pereira de Berredo fica esboçada e ao alcance de muitos a história possível do conjunto da imensa colonia da América do Sul. Espaço que estava a ser considerado central nas reflexões sobre Portugal. A tal ponto que houve quem disso tirasse as necessárias consequências políticas. O diplomata D. Luís da Cunha, que distanciadamente – de Londres, de Paris, de Madri ou da Haia – refletiu sobre Portugal avança mesmo em 1735-1736 com uma proposta radical. "Visionária", como ele próprio escreve, que poderia vir a ser lembrada mais tarde. Como foi.

Para ver "florentíssimo e bem povoado aquele imenso continente do Brasil", deveria o rei de Portugal tomar o título de "imperador do Ocidente", deixando a Europa e indo estabelecer-se além-Atlântico. E acrescenta: "na minha opinião o lugar mais próprio da sua residência seria a cidade do Rio de Janeiro, que em pouco tempo viria a ser mais opulenta que a de Lisboa."

Bem vistas as coisas, e comparadas as vantagens, o Brasil ficava a ganhar a Portugal. Tinha trigo em abundância, na Colônia do Sacramento e no Rio de Janeiro. Nem seria preciso que fosse muito, porque os moradores "vivem muito bem da farinha de pau." Sal havia na capitania de Pernambuco. Quanto ao vinho, não faltavam as "parreiras que frutificam duas vezes no ano". Só era preciso ter cuidado e trabalhar. "Supondo, porém, em uma palavra, que na América faltam muitas coisas que crescem na Europa, e é constante que tão bem na Europa faltam muitas e mais preciosas das que crescem na América com esta grande diferença que as que não há no Brasil se podem vir a ter com a indústria e aplicação, porém não há aplicação nem indústria bastante para produzir em Portugal o que há no Brasil, a saber o ouro, os diamantes, sem ser impossível descobrir minas de prata no Maranhão". Mão de obra não escasseava, e a emigração depressa se encarregaria de aumentar a população. Para conservar Portugal o rei necessitava totalmente das riquezas do Brasil e de nenhuma maneira das de Portugal, "que não tem para sustentar o Brasil, de que se segue, que é mais cômodo e mais seguro estar onde se tem o que sobeja, que onde se espera o de que se carece."

Papel de relevo desempenha a língua na construção lenta da identidade. E, a exemplo do que acontecera no Portugal do século XVI com Camões e *Os Lusíadas*, a poesia épica de temas brasileiros faz o seu aparecimento: *O Uraguay*, de José Basílio de Gama (1769) e de *O Caramurú*, de Frei José de Santa Rita Durão (1781). Igualmente a cartografia finissecular mostrará a imagem a que se chegara depois das demarcações decorrentes dos tratados de limites: a carta da *Nova Lusitânia* de António Pires da Silva Pontes Leme (circa 1798). Porém, a cartografia manuscrita, longe de conseguir uma útil difusão, ficava apenas à disposição dos meios oficiais.

Visto por dentro, pelas Minas Gerais, é o escrito de Joaquim José da Rocha, *Geografia histórica da capitania de Minas Gerais*, de 1778-1780. A que se seguirá, embora com a ambição de mostrar aspectos importantes para a governação a *Instrução para o governo da capitania de Minas Geraes*, da autoria do magistrado José João Teixeira Coelho. Mais: a preocupação com a quantificação dos rendimentos da capitania e dos ofícios existentes mostra como a intenção de facilitar o bom governo se expõe. Ao beirar o fim do século – e o fim do Brasil como colónia portuguesa –, não deixa de se mostrar como é importante o conhecimento da terra e da sua história. Por isso a *Instrução* principia precisamente pela descrição corográfica das Minas e as riquezas da terra, nesse terreno "quase todo montuoso, cheio de matos, cortado de muitos rios, e fértil em milho, feijão, trigo, centeio, arroz e hortaliças boas de todas as qualidades."

De todo o esforço de domínio do espaço e da reflexão escrita resultará finalmente uma visão descritiva global da terra e do Brasil, com a informação bem arrumada para se abarcar o conjunto do território: é a *Corografia brazilica ou relação histórico-geografica do Reino do Brazil*, da autoria do padre Manuel Ayres do Casal. Embora publicada pela primeira vez no Rio de Janeiro um pouco mais tarde, em 1817, já no essencial estaria pronta nos finais do século anterior – pelo menos as informações datáveis não ultrapassam em geral os princípios do século XIX, com uma outra ainda de 1815 – estas poucas. Dá o padre Ayres do Casal poucas indicações sobre o seu trabalho. Lá vai no entanto dizendo que se socorreu de manuscritos. Há-de ter procurado quem o informasse, pois não pode ter calcorreado e conhecido *de visu* tudo aquilo que descreve. A que, apesar disso, consegue dar uma notável unidade, não parecendo hoje apenas um "simples colecionador e registador de fatos", ao contrário do que escreveu Caio Prado Júnior.

Bem integrada no espírito das Luzes, a *Corografia* procura antes do mais ser útil aos vassalos de Sua Majestade. Começa, naturalmente, pela história da América e da sua descoberta por Cristóvão Colombo. E o Brasil é considerado como na América meridional: concepção que remete para uma história continental. Só depois entra na descoberta, publicando em nota a carta de Pêro Vaz de Caminha. Primeira publicação do relato do achamento da nova terra de Vera Cruz. Só depois de uma breve resenha histórica passa a um sucinto quadro geográfico, arrumado em função do território: serranias, cabos, baías e portos principais, ilhas, rios, minérios, animais, índios, organização religiosa, insetos, aves e plantas.

Visão primeira do território apresentado como uma unidade. Só depois dela começa a descrever as províncias, iniciando o percurso pelo Sul, pelo Rio Grande. Um pouco de história, uma enumeração dos rios e lagoas, cabos, portos e ilhas, mineralogia, fitologia e zoologia. Seguem-se as povoações com indicações decerto úteis, como os caminhos que devem ser percorridos. Passa depois a percorrer as demais províncias terminando com as de Solimões e da Guiana. Sempre seguindo o mesmo esquema arrumado, para facilitar a visão do leitor. Estranha é a inclusão do Paraguay – denominando-o Paraná – como província brasileira.

Trata-se de uma atenta corografia. Nela se concretiza um Brasil que é também uma afirmação da nação brasileira – esse Reino do Brasil que figura no título da obra – das suas riquezas e virtualidades. Não já a América Portuguesa, mas Brasil. Aí sobressai bem nítida, em fins do século XVIII e princípios do século XIX, essa variedade articulada de recursos que torna o território uma unidade destacável do restante continente. Ainda que fosse necessário em pormenor ajustar as fronteiras. Com a obra de Manuel Ayres do Casal, fica a dispor-se de uma descrição que transmite o conjunto da terra brasileira, que a marca como identidade.

Faltava ainda concretizar a independência política completa, fora do Reino Unido de Portugal, Brasil e Algarves. Para isso estava a contribuir um conjunto de políticas gerais para todo o território, apesar de não estar marcado esse objectivo. Mas de que acabava por emanar *volens nolens* essa tomada de consciência de uma "personalidade de sentimento" que levaria declaração de independência do novo Estado e à plena realização política da Nação brasileira, que ocorrerá no tumultuoso enquadramento do final do Antigo Regime.

Bibliografia

Abbeville, Claude d'. *História da missão dos padres capuchinhos na ilha do Maranhão e terras circunvizinhas*. Belo Horizonte/São Paulo: Editora Itatiaia Limitada/Editora da Universidade de São Paulo, 1975.

Anchieta, José de. *Cartas e informações, fragmentos históricos*. Belo Horizonte/São Paulo: Editora Itatiaia Limitada/Editora da Universidade de São Paulo, 1988.

Andrade, António Alberto Banha de. "O acto notarial de Valentim Fernandes (1503) e o seu significado como fonte histórica". In: *Arquivos do Centro Cultural Português*. Paris: Fundação Calouste Gulbenkian, vol. v, 1972.

Antonil, André João. *Cultura e opulência do Brasil por suas drogas e minas*, ed. Andrée Mansuy. Lisboa: CNCDP, 2001.

Azpilcueta Navarro e outros. *Cartas avulsas*. Belo Horizonte /São Paulo, Editora Itatiaia Limitada/Editora da Universidade de São Paulo, 1988.

Barléu, Gaspar. *História dos feitos recentemente praticados durante oito anos no Brasil*. Belo Horizonte/São Paulo: Editora Itatiaia Limitada/Editora da Universidade de São Paulo, 1974.

Berredo, Bernardo Pereira de, *Anais históricos do Estado do Maranhão*, 4ª ed. Rio de Janeiro: Tipo Editor, 1988.

Bettendorff, Padre João Felipe. *Crónica da Missão dos Padres da Companhia de Jesus no Estado do Maranhão*, 2ª ed. Belém: Fundação Cultural do Pará Tancredo Neves/Secretaria de Estado da Cultura, 1990.

Brandão, Ambrósio Fernandes. *Diálogos das grandezas do Brasil*, ed. José António Gonsalves de Mello, 3ª ed. Recife: Fundação Joaquim Nabuco/Editora Massangana, 1997.

Calado, Frei Manuel. *O valeroso Lucideno*, Belo Horizonte/São Paulo: Editora Itatiaia Limitada/Editora da Universidade de São Paulo, 1987.

Caminha, Pêro Vaz de. *Carta a el-rei D.Manuel sobre o achamento do Brasil (1 de Maio de 1500)*, ed. Manuel Viegas Guerreiro, Lisboa: Imprensa Nacional/Casa da Moeda, 1974.

Cardim, Fernão, *Tratados da terra e gente do Brasil*, ed. Ana Maria Azevedo, Lisboa: CNCDP, 1997.

Cartas do Brasil e mais escritos do P. Manuel da Nóbrega (Opera Omnia). ed. Serafim Leite, Coimbra: Acta Universitatis Conimbrigensis, 1955.

Carvajal, Gaspar de, Almesto, Pedrarias de, Rojas, Alonso de. *La aventura del Amazonas*, ed. Rafael Díaz, Madrid: Historia 16, 1986.

Casal, Pe. Manuel Aires do. *Corografia Brasílica ou Relação Histórico-Geográfica do Reino do Brasil*, Belo Horizonte/São Paulo: Editora Itatiaia/Editora da Universidade de São Paulo, 1976.

Coelho, João José Teixeira. *Instrução para o Governo da Capitania das Minas Gerais (1782)*, ed. Caio César Boschi, Belo Horizonte: Secretaria de Estado da Cultura/Arquivo Público Mineiro/Instituto Histórico e Geográfico Brasileiro, 2007.

Cunha, D. Luís da. *Instruções políticas*, ed. Abílio Diniz Silva, Lisboa: CNCDP, 2001.

Diário da Navegação de Pêro Lopes de Sousa, 1530-1532. ed. Cmdt. Eugénio de Castro, 2ª ed., Rio de Janeiro: Comissão Brasileira dos Centenários Portugueses em 1940, 1940.

Dias, Carlos Malheiro (dir.). *História da Colonização Portuguesa do Brasil*, Porto: Litografia Nacional, 1921-1924, t. III, p. 240 e 263.

Epicos Brasileiros. Nova Edição [por Francisco Adolfo de Varnhagen], Lisboa: Imprensa Nacional, 1845.

Évreux, Yves d'. *Viagem ao norte do Brasil feita nos anos de 1613 a 1614*, 3 ª ed., São Paulo: Editora Siciliano, 2002.

Gândavo, Pêro de Magalhães. *Tratado da terra do Brasil e História da Província Santa Cruz a que vulgarmente chamamos Brasil*, Belo Horizonte/São Paulo: Editora Itatiaia Limitada/Editora da Universidade de São Paulo, 1980.

Greenlee, William B. *A viagem de Pedro Álvares Cabral ao Brasil e à Índia pelos documentos e relações coevas*, Porto: Livraria Civilização, s./d.

Jesus, Fr. Raphael de. *Castrioto lusitano : parte 1 : entrepresa, e restauraçaõ de Pernambuco; & das Capitanías confinantes : varios, e bellicos successos entre portuguezes, e belgas acontecidos pello discurso de vinte e quatro annos, e tirados de noticias, relaçoes, & memorias certas*. Lisboa: na impressaõ de Antonio Craesbeeck de Mello, 1679.

Leite, Serafim. *Cartas dos primeiros jesuítas do Brasil*, São Paulo: Comissão do IV Centenário da cidade de São Paulo, 1954.

Léry, Jean de. *Histoire d'un voyage en terre de Brésil (1578)*, ed. Frank Lestringant, Paris: Le Livre de Poche, 1994.

Lisboa, Frei Cristóvão de. *História dos animais e árvores do Maranhão*, Lisboa: CNCDP, 2000.

Magalhães, Joaquim Romero e Miranda, Susana Münch. *Os primeiros 14 documentos relativos à armada de Pedro Álvares Cabral*, Lisboa: CNCDP, 1999.

Melo, D. Francisco Manuel de. *Epanáforas de vária história portuguesa*, ed. Joel Serrão, Lisboa: Imprensa Nacional/Casa da Moeda, s/d.

Moreno, Diogo de Campos. *Livro que dá razão do estado do Brasil – 1612*, ed. Hélio Vianna, Recife: Arquivo Público Estadual, 1955.

Nieuhof, Joan. *Memorável viagem marítima e terrestre ao Brasil*, São Paulo: Livraria Martins, 1942.

Nuñez Cabeza de Vaca, Alvar. *Naufragios y comentarios*, ed. Roberto Ferrando, Madri: Historia 16, 1985.

Pereira, Maria Helena da Rocha. "As amazonas: destino de um mito singular". In: *Oceanos*, Lisboa: CNCDP, nº 42, Abril/Junho 2000.

Pitta, Sebastião da Rocha. *História da América Portugueza desde o anno de mil e quinhentos do seu descobrimento até o de mil e setecentos e vinte e quatro*, 2ª ed., Lisboa: Francisco Arthur da Silva, 1880.

Pyrard de Laval, Francisco. *Viagem*, trad., Porto: Livraria Civilização, 1944.

Rau, Virgínia. "Relação Inédita de Francisco de Brito Freire sobre a capitulação do Recife", sep. de *Brasília*, vol. IX, Coimbra: Coimbra Editora, 1954.

Rocha, José Joaquim da. *Geografia histórica da capitania de Minas Gerais; Descrição geográfica, histórica e política da Capitania das Minas Gerais*, ed. de Maria Efigênia Lage de Resende, Belo Horizonte: Fundação João Pinheiro, 1995.

Rodrigues, José Honório. *História da história do Brasil, 1ª Parte. Historiografia Colonial*, São Paulo: Companhia Editora Nacional/MEC, 1979.

Silva, Maria Lêda Oliveira Alves da. *História e política no Brasil de Seiscentos. A "História do Brazil" de frei Vicente do Salvador*, Lisboa. dissertação de doutoramento pela UNL, 2006; Salvador: Fundação Oderbrecht, 2009.

Sousa, Gabriel Soares de. *Tratado descritivo do Brasil em 1587*, São Paulo: Companhia Editora Nacional, 1987.

Thevet, André. *Le Brésil d'André Thevet. Les singularités de la France Antarctique*, ed. Frank Lestringant, Paris: Éditions Chandeigne, 1997.

Vasconcelos, Simão de. *Notícias curiosas e necessárias das cousas do Brasil*, ed. L. A. de Oliveira Ramos: Lisboa, CNCDP, 2002.

Mundos em miniatura: aproximação a alguns aspectos da cartografia portuguesa do Brasil (séculos XVI a XVIII)

Ao Almirante Max Justo Guedes

RESUMIR A IMENSIDADE DO MUNDO numa simples folha de papel – ou de papiro ou de pergaminho que seja – é uma tarefa que há milhares de anos desafia os homens. Porque cartografar não é mais do que reduzir os espaços reais para os apreender através de minúsculos desenhos. Pretende-se ver a amplitude do mundo real numa dimensão que os olhos dos humanos possam abarcar. Olhar que nos diga onde estamos e qual o caminho pelo qual queremos caminhar. Mas a dimensão não é o único fator que dificulta a utilização dos mapas. É que também é necessário dominar a linguagem em que estão desenhados.

Para quem não é especialista, a tarefa é muito complicada, já que há que ter nos olhos a chave, a convenção ou o código que permita a interpretação do desenho. E isso não é intuitivo nem imediato. Tem uma história. E há códigos perdidos, há traços que não sabemos interpretar, há vestígios de culturas ou de imaginações que se perderam. Não se pode dizer que os que traçaram essas linhas não souberam desenhar. O que se passa é que na nossa "forma mentis" perdemos os significados desses sinais. Mas os cartógrafos de outros mundos, de outras culturas, de outras civilizações, viam o que nós esquecemos – ou nunca soubemos. Porque o tempo do observador é aqui uma coordenada determinante. E mesmo no nosso tempo, estamos já atrasados pelo que respeita a novas formas e a novos códigos.

Estudar a cartografia não é fácil. Por muitas razões, e não apenas pela falta dos códigos contemporâneos. É também materialmente complicado. As folhas autênticas não estão disponíveis, ou só o estão muito poucas vezes, pelo que há que estudar em reproduções, muitas vezes de má qualidade, que, ainda por cima, só estão disponíveis nas bibliotecas, já que os nossos escritórios não estão preparados para receber atlas e outras publicações de grandes dimensões. Mas há mais. Há mapas que estão encaixilhados em estruturas rígidas e nem sequer foram radiografados para se saber o que ocultam. Procedimentos normais com pinturas antigas não têm sido praticados com os mapas mais preciosos. Assim acontece com o célebre Cantino. Há uma folha de pergaminho colada no espaço brasileiro e nunca foi averiguado o que poderá estar por baixo. E isso podia ser decisivo para se saber mais sobre uma peça fundamental para o estudo da evolução da imagem do Mundo em começos do século XVI.

Tampouco sabemos tudo sobre os mapas que estão nas grandes bibliotecas. Claro que sabemos das preciosidades. Mas para o historiador isso é o que importa menos. Porque há peças que estão por catalogar ou estão incluídas em livros, e que são cadeias indispensáveis para reconstituir o percurso informativo. Porque os mapas não são quase nunca desenhados sem copiar outros anteriores. Nenhum cartógrafo – salvo os que podemos imaginar encarregados de figurar num espaço virgem – está trabalhando em espaços totalmente desconhecidos e vai a criar alguma coisa também totalmente nova. O bom cartógrafo é um bom copista. Limita-se a copiar o já averiguado e a acrescentar o que de novo foi observado. E os que vierem depois farão o mesmo. Pelo que se reconstituem verdadeiras genealogias que indicam as etapas de uma caminhada do saber geográfico. Assim é a disciplina.

Da cartografia portuguesa primitiva, do século XV, são poucos os exemplares: só temos três. O que significa que nos falta muita informação. E sobre os que conhecemos, há sempre que perguntar para que serviria cada um deles. É muito difícil aceitar que alguns dos que temos tenham sido cartas de navegação prática. Podemos imaginar que a bordo das naus e das caravelas a duração dos mapas não podia ser muita. Água, acidentes, pouco cuidado, tudo tenderia para os puir e os rasgar. Não há como imaginar que um mapa fizesse mais de uma viagem. E boa parte dos que hoje possuímos são objetos de luxo e de arte. Para que foram feitos? Porque se há que perscrutá-los pelo lado do emissor não importa menos considerá-los pelo lado do receptor. A apropriação simbólica do espaço, a sua criação e produção é o que se reproduz no desenho da miniatura.

O belíssimo *Atlas Miller*, sabemos que foi uma oferta para o papa Leão x. Não podia servir para navegar. O famoso Cantino esteve guardado durante séculos em Ferrara e depois em Modena. O mapa-mundi de Martellus está em duas folhas de um livro que nunca esteve num navio – é o resultado de uma investigação teórica e não é uma carta de marear.

A curiosidade ia impondo que se acrescentassem novidades também na cartografia de luxo – não para navegadores mas para reis, senhores e sábios. As novas terras são registadas: é o caso do mapa-mundi de Enricus Martellus Germanicus (1489) que é a primeira tentativa de apresentar a passagem entre dois oceanos a sul da África. E isto quando só passava, quando muito, apenas um ano da descoberta de Bartolomeu Dias (1488). Supõe-se que o cartógrafo não viu um mapa com essas informações, que as recebeu de fontes portuguesas – apesar de uma forte presença de Ptolomeo – disse-se por isso que tem uma raiz luso-ptolomaica. Os mapas de Enricus Martellus foram desenhados em Itália onde as informações portuguesas cedo chegavam. Informações sobre as novas terras descobertas que vão sendo difundidas por mapas comprados, mapas oferecidos e mesmo mapas roubados, para nós são peças soltas de séries que penosamente procuramos ordenar.

Em 22 de abril de 1500, ao chegar à praia de uma terra nova a que chamaram de Vera Cruz que não se sabia se era ilha ou terra firme –, o físico e cirurgião mestre João Farras escreve ao rei D. Manuel dizendo-lhe que havia uma disputa entre ele e os pilotos da armada de Pedro Álvares Cabral: no Cabo de Boa Esperança se saberia quem dizia verdade, se os pilotos com o mapa, se ele com o mapa e com o *estrolabio*. E acrescenta:

> Quanto senhor al sytyo desta terra mande Vosa Alteza traer un mapamundi que tiene Pero Vaaz Bisagudo e por ay podrra ver Vosa Alteza el sytyo desta terra en pero aquel mapamundi nom certifica esta terra ser habitada o no, es mapamundi antiguo y ally fallera Vosa Alteza escrita tambyen la Myna.

Quer isto dizer que mesmo chegando a uma terra nova, que pela primeira vez naquela viagem se achara, o rei podia num mapa-múndi – e só num mapa-múndi – saber onde é que ficava. Pelos mapas-múndi haveria a possibilidade de achar a resposta que se queria. Era uma cartografia em parte fantástica, como a de Fra Mauro, a de Toscanelli e a de Martim Behaim (às vezes dito Martinho de Boémia), onde se procurava miniaturizar toda uma imagem da terra, mesmo que fora da realidade estivessem as formas do que se ignorava. Mas não representavam invenções: eram interpretações segundo os paradigmas que se seguiam. "Misturavam-se descrições não-cartográficas com interpretações cartográficas". E iam-se incorporando informações novas, as que recebiam nas suas oficinas estes cosmógrafos. Misturando-se com a tradição e com as teorias e crenças. E respeitando as autoridades antigas, como o sempre presente Ptolomeo – que é uma modernização humanista do século xv, relativamente ao pensamento grego tradicional. Em alguns casos de dúvida as cores dos desenhos poderiam servir de sinais indicativos a que iam sendo acrescentadas as novidades que os portugueses e andaluzes traziam das suas andanças a desvendar o mundo novo. Seguramente que nestes mapas-múndi sempre haveria uma resposta. Diz-se que Fra Mauro é um compêndio de fontes geográficas: nele se incluem as explorações portuguesas em África, a Geografia de Ptolomeo as cartas-portulano do Mediterrâneo e as narrativas de viagens como as de Marco Polo e de Nicolo di Conti. Fra Mauro é o que mais tarde se chamará um geógrafo de gabinete – um erudito sem experiência de navegação. Que tem de concatenar a imensa informação que chega a Veneza com uma concepção do Mundo que quer apresentar como prova. Nem tudo seria "coisa vista por olho". As observações diretas que pilotos e navegantes podiam fazer registam-se em mapas parciais, como resultado das viagens de descobrimento, onde se desenhavam mapas para navegação, na linha das cartas-portulanos mediterrânicas concebidas para fins práticos. Só depois se incorporavam na visão global erudita e sobretudo terrestre proposta pelos mapa-múndi. Assim, o conhecimento do Mundo renovava-se muito devagar. Porque os mapas parciais, nascidos da observação, não procuravam provar nada. Eram os mapas-múndi que pretendiam apresentar uma visão global miniaturizada do Mundo. Só em princípios do século XVI a contaminação do observado se faz sentir vivamente na cartografia de gabinete, de raiz erudita.

O peso do antigo não deixa de estar presente. É o que se vê nas primeiras representações do sul da África, que apesar de muito corretas se estende para o leste, para não abandonar totalmente a concepção ptolomaica. Há como que uma resistência à novidade. Eram terras ainda não percorridas pelos navegantes lusos. Ou permaneciam como velhas tradições medievais.

D. Manuel, se mandou vir o mapa-múndi de Pero Vaz Bisagudo, decerto que terá visto algumas ilhas a oeste do Atlântico, e decerto que também terá visto a Ásia representada a oeste. E pôde localizar a Terra de Vera Cruz, a 17 graus de latitude sul, o que implica que o dito mapa-múndi tivesse a graduação indicada. Mas só se veria com alguma aproximação à realidade quando no padrão real fossem desenhadas as linhas que correspondiam às terras que os navegantes de Cabral descobriram, viram e registaram. É o mais provável. Porque esses mapas velhos davam as visões possíveis do mundo desconhecido. Cristóvão Colombo levava um mapa "con muchas islas pintadas" que lhe servia para discutir a rota que ia escolhendo. E muitas vezes esses mapas garantiam a existência de terras fantásticas, que não se perdiam com as novidades incorporadas. Não se encontrariam nos lugares onde se esperavam, mas havia que aguardar até que desaparecessem em definitivo. A Ilha de São Brandão persistiu no Atlântico, empurrada para várias posições até 1867... Por rotina ou por inadvertência, muitos arcaísmos permanecem nas cartas geográficas.

Em 1501 veio a Lisboa Alberto Cantino, agente de Hércules, duque de Ferrara, para obter mapas. Pagou a um anônimo português a cópia do padrão real que se encontrava nos armazéns reais da Guiné e Índia, que levou para o seu senhor às escondidas. Com o nome do espião se conhece hoje o planisfério de 1502, o chamado mapa de Cantino. É uma obra preciosa. A representação da África – salvo pelo que toca ao mar Roxo ainda por bem conhecer na época – é de uma assinalável perfeição. E com isso o abandono do paradigma ptolomaico – o qual se mantém na representação do Golfo Pérsico e em algumas das legendas. Inclusivamente pode crer-se que pela África começou o cartógrafo o seu trabalho. Acontece que na representação do continente se colocou a grande e principal rosa dos ventos. Não figura a escala de latitudes, que já se registava em outro mapa português da época, mas encontram-se desenhadas as linhas equinocial, do Trópico de Câncer, a do Trópico de Capricórnio e o Círculo do Ártico em projeção cilíndrica quadrada. Pode supor-se que nas margens (hoje cortadas) se liam as latitudes – o meridiano graduado, como se vê no mapa de Caverio que em grande parte é uma cópia do Cantino. E ainda, de importância capital num mapa-múndi de inícios do século XVI, a linha de Tordesilhas – figura da linha que de fato não podia traçar-se. O mar Roxo (mar Vermelho) do Bab-el-Mandeb até ao Suez só se desenhará com rigor em 1540, pela mão de D. João de Castro, o autor do *Roteiro do mar Roxo*, resultado de observação e de cálculos astronómicos que representou um grande avanço científico na sua época.

São diferentes os cuidados que se veem nas representações do Novo Mundo – no norte e no sul. O mapa de Cantino foi desenhado depois da chegada de Cabral a Vera Cruz, em 1500, e pouco depois do retorno da expedição de 1501-1502 de Gonçalo Coelho, na qual figurava Américo Vespúcio (no que seria a sua terceira viagem, chegada a Lisboa em março de 1502). Mas ainda não recebe a contribuição de João da Nova, posto que a ilha da Ascensão tenha sido descoberta por um dos navios de Cabral, também no regresso, em 1501. Em 19 novembro Alberto Cantino estava já em Roma donde escreve ao duque e anuncia o envio do planisfério – pelo qual pagou doze ducados de ouro. Pode, pois, dizer-se que o mapa recebeu uma última mão por setembro-outubro de 1502. Assim, tinha o cartógrafo – e imaginamos que fosse um bom cartógrafo dos armazéns reais o autor do protótipo do qual temos uma cópia parcial –, muitas e novas informações para acrescentar ao padrão real. Porque daí foi por sua vez copiado clandestinamente o exemplar magnífico que conhecemos. Porque não era permitida pelo rei a divulgação dos mapas nem dos globos terrestres. É este mapa de 1502 a cópia de um mapa aberto – não completo –, aguardando pelas novidades que podiam vir das novas descobertas. Ao contrário dos mapas-múndi interpretativos, nele não se demonstrou nada. No planisfério vemos já a costa leste do Brasil. Com poucos topônimos ainda, mas quase todos serão os definitivos. Mas muito poucos e numa caligrafia diferente da do resto do mapa. O futuro *piloto-mayor* da Casa de la Contratación a Indias, Américo Vespúcio, não desenhou ou não passou os seus papéis para os armazéns reais. Porque a costa do Brasil se acha aqui muito mal documentada. No interior veem-se três araras e 26 árvores de pau-brasil. E, como não admira, nenhum acidente geográfico. Muitas anomalias podem ser detectadas no planisfério, inclusivamente as legendas de duas mãos diferentes. A ponto de não ser impossível que seja uma peça roubada antes de concluída – uma boa hipótese. O que também confirma que se trata de um mapa de luxo, para oferecer a alguém.

Ao datar o Cantino de fins de 1502, há que acrescentar que a Ásia não era ainda conhecida pelos portugueses a ponto de registar com muito rigor os topônimos asiáticos. Grande parte das informações das legendas foi obtida junto de mercadores orientais. Porque mercadorias eram o que as armadas portuguesas procuravam – como se lê em muitas das legendas do mapa. Em 1502 os portugueses não tinham ainda a possibilidade física de ter recolhido diretamente novas informações.

A cartografia portuguesa de Quinhentos ganha muito maior rigor geográfico pela generalização da observação astronômica. Os pilotos medem a altura da estrela polar e muito mais a do sol – no hemisfério sul, mas não só. E logo na cartografia se fixa e apresenta a tábua de latitudes. Há que perguntar se isso implicou a introdução da ideia e o traçado de uma projeção. E que projeção? Não parece provável. O que se passou foi a continuidade com o registo do rumo magnético e a estima das distâncias percorridas da maneira tradicional, acrescentada e corrigida com as latitudes, sendo que as longitudes continuaram a ser estimadas pelas distâncias percorridas. O que ao alargar-se a todo o globo multiplica os erros. Mas a grande dificuldade de traçar as linhas junto ao norte e ao sul do planeta leva a que se imponham as escalas oblíquas – junto da Terra Nova, para dar um exemplo. A maior dessas dificuldades é sempre a que resulta da impossibilidade de medir a longitude. Havia que arbitrar umas tantas léguas por grau percorrido, o que provoca não poucas confusões, o que por então não vai ter uma solução definitiva. Mas os esforços dos portugueses vão no caminho do aperfeiçoamento da representação do planeta.

Ao planisfério de Cantino temos de voltar uma e outra vez. Porque além da quase perfeita representação da África, tem já bons troços da Ásia e do Novo Mundo. Ao começar a cartografar a Ásia, sabia-se que além do mais se herdavam informações dos próprios asiáticos e dos árabes, sempre com a atenção devida a Ptolomeo. Ora os portugueses "expulsaram Ptolomeo" da representação da Ásia em 1502. Foi o que fez o cartógrafo anônimo do Cantino, porque os portugueses tinham já recomposto o mapa oriental com dados asiáticos. Ao chegar ao Índico e ao Pacífico as novidades serão ainda mais intensas. E uma vez mais, também, o reencontro com Castela e a necessidade de dirimir a dificuldade posta pelo Tratado de Tordesilhas, agora pelo que respeita ao antimeridiano cuja necessidade de traçado se descobria. As estimas no Índico e no Pacífico vão sendo melhoradas, e a conclusão será que as Malucas ficam no hemisfério português e não no castelhano. Melhoram-se muito os mapas com a inclusão dos desenhos feitos à vista dos locais. Desenhos "tirados do natural", como se dizia.

Mas outros países da Europa também querem participar nos tratos ultramarinos. E para isso vão atrair pilotos e cartógrafos portugueses. O que leva a que em França se desenvolva uma escola de cartografia de produção franco-portuguesa. Os mapas portugueses da segunda metade do século XVI vêm muitas vezes em *Atlas*, que, seguramente, se destinavam ao estudo e à satisfação da curiosidade geográfica, mas que influíram na cartografia que começa agora a crescer que é a holandesa. Com o fundamental *Theatrum Orbis Terrarum* de Abraham Ortelius, de 1570, e em seguida acontece a revolução introduzida por Mercator, em 1590, com o seu *Atlas sive cosmographicale meditaciones de fabrica mundi et fabricati figura*. Há ainda a considerar que a muito boa e moderna cartografia passa também a ser impressa a partir dos trabalhos dos gravadores mais hábeis e reproduzida nas melhores tipografias, que são as de Flandres. E vêm a seguir os famosos *Neptune*, que amplificam a cartografia em quantidade e em qualidade.

Muitos serão os mapas do Brasil e muitos deles em Atlas manuscritos de luxo. Há que referir a preciosa folha do *Atlas Miller*, de Lopo Homem-Reinéis, de enorme beleza. Mas a grande novidade sobre o Brasil vai vir com o *Roteiro de todos os sinais* de 1586, de Luís Teixeira, que com detalhe nos mostra os mais importantes troços das costas já com as povoações que estavam a crescer nos inícios da colonização. Como acontecia nos velhos portulanos, o interior mostrava-se muito desguarnecido. Quando muito, no mapa geral do território de sul para norte a representação de um rio – que será o Amazonas – e de norte para sul um outro – que representa o rio da Prata. Quase unidos, ou mesmo saindo de um mesmo lago, cada qual para sua banda. Corresponderá isso à concepção do Brasil como uma ilha, intento precoce mítico, de concepção local, para marcar a separação das conquistas de Portugal e de Castela? Que a cartografia, dirigida pelo Estado, vai difundir? E ainda empurrada para leste, a fim de incluir o rio da Prata no hemisfério português: o que foi dito como uma "gigantesca falsificação cartográfica" – que vai perdurar. A presença portuguesa no Brasil só vai acontecer depois de provados os grandes lucros do açúcar. Só no século XVII a penetração para o interior de São Paulo com as expedições para caçar escravos índios vai proporcionar o conhecimento de acidentes geográficos em especial pelos rios. Porque como os rios na América do Sul em geral correm muitas léguas de este para oeste eram a via de penetração no interior do continente. E essa vai ser a rede de comunicação dos portugueses. A cartografia portuguesa do Brasil tem a vantagem de criar uma coisa nova, sem concorrência. E essa novidade vai ser possível por dois séculos mais – até a independência em 1822.

O roteiro de todos os sinais, conhecimentos, fundos, baixos, alturas e derrotas que há na costa do Brasil desd'o Cabo de Santo Agostinho até o Estreito de Fernão de Magalhães tem doze desenhos, que correspondem a descrições de rotas úteis. Um pequeno exemplo: "Primeiramente devo saber que el Cabo de Santo Agostinho está em altura de oito grados e meo he terra baixa e tem muito arvoredo junto do mar, e parecem alguns campos sem arvores". Mas há mais indicações. O mapa final, onde está representado todo o território do Amazonas à Terra do Fogo tem na vertical uma tábua de latitudes – de 2 norte a 53 sul. Na horizontal tem uma escala de 100 léguas repartidas por 2, 10 e 50.

Nos *Atlas* portugueses do período dito de esplendor (séculos XVI-XVII), vamos encontrar muitos onde se representa o Brasil. A grande colônia portuguesa vai destacar-se no conjunto do império. Porque era um espaço imenso – de dimensões continentais – porque era o mais rico do domínio português, pela produção do açúcar. O que impunha que fosse conhecido e representado. Além disso, a busca de índios para o interior, e a concomitante pesquisa do ouro ia impor que se percorressem os rios e se reconhecesse o território. Há vestígios de desenhos muito frustres de itinerários, que ainda não é cartografia. Uma das expedições ao interior – de Belém do Pará a Quito por Pedro Teixeira, en 1637-1638 – provocará outras expedições que proporcionaram elementos de conhecimento empírico do território. E provocarão registos cartográficos. Frutos da observação e de informações que se iam recolhendo. Inclusivamente pode pensar-se que os índios faziam representações em que miniaturizavam o seu mundo. Que era maior do que se supõe, porque eles eram grandes andarilhos. E conheciam muito bem as florestas e os rios tropicais.

Nas cartas-portulanos o que interessava ao cartógrafo eram as representações das costas. Certas deformações explicam-se mesmo por essa razão. Um cabo mais difícil de passar, uma praia inconveniente para descer terão mais destaque. Porque nas cartas há sempre elementos de reconhecimento indispensáveis à navegação, elementos que são essenciais nos roteiros. Roteiros e descrições de rotas marítimas que continuam a sempre indispensáveis para a navegação, por mais que se aperfeiçoem os mapas. E por isso também muito controlados para evitar que fossem parar ao estrangeiro. Duas maneiras se inventaram para fazer conjugar as necessidades de ambos os intrumentos: misturar os dois tipos de informação num manuscrito ou numa publicação – e isso é o caso do *Roteiro do mar Roxo* de D. João de Castro, e do que podemos chamar *Roteiro do Brasil*, de 1586 ou de outros – de que resulta a descrição literária, o desenho em plano da costa e ao mesmo tempo a sua vista em elevação. Isto significa impor à cartografia uma distorção que permita em simultâneo apresentar o mapa e os elementos constitutivos dos roteiros: foi a solução adotada com imenso êxito nos Países Baixos por Lucas Jansz Waghenaer, misturando a projeção vertical com a projeção oblíqua, como se o observador estivesse no mar, nos seus *Spieghel der Zeevaerdt* e *Thresoor der Zeevaert* (espelho e tesouro dos navegantes). E para responder às práticas da navegação costeira algo de semelhante se adotou nos roteiros portugueses do Brasil.

No século XVII, de 1630 a 1654, dá-se a ocupação neerlandesa do Nordeste brasileiro. E com ela a chegada de um cartógrafo alemão Georg Marcgraff, geógrafo, astrônomo e naturalista que tinha estudado en Leiden e que teve como tarefa desenhar os mapas dos novos domínios holandeses, o que vai representar um avanço notável. *Rerum per Octennium in Brasilia*, de Gaspar Barleus, é uma espécie de relação de tudo o que se passou no governo de Johan Maurits von Nassau-Siegen. Aí figura a magnífica cartografia de Marcgraff, também ilustrada com preciosos pormenores do pintor Frans Post, também utilizando fontes portuguesas. O rei de Portugal, D. João IV, obteve um exemplar da obra, apesar de estar excomungada pela sua origem protestante. Muitos mapas foram feitos neste período pelos holandeses, alguns de muito interesse para marcar a presença holandesa no Brasil, mas também em África. Devem recordar-se os mapas desenhados por Cornelis Bastiaansz Golijath nos primeiros anos da conquista, que incluem os territórios africanos. Não se pode esquecer que os holandeses necessitavam da conquista de África para garantir o fornecimento de escravos às suas novas colónias de Pernambuco. Em simultâneo, continuam a desenhar-se *Atlas* e mapas portugueses do território que confirmam como era deficiente o conhecimento do interior. Mesmo do interior imediato. Na "Descripção do Brasil" de 1640, de João Teixeira Albernaz, vê-se a grande lagoa chamada Lagoa dos Patos. Mas a lagoa menor, a Lagoa Mirim, nem sequer está dito que exista. Porque, como também se vê nos desenhos, do rio da Prata até São Vicente, não havia ainda nenhuma povoação. Só em redor de São Vicente – Santos começam as representações de povoados. E com muitos vazios ainda. O Brasil só estaria já bem ocupado em torno do Rio de Janeiro, de Salvador da Bahia e na capitania de Pernambuco em redor de Olinda. Eram as regiões açucareiras. Mas a cartografia portuguesa do período já não é um trabalho de primeira importância para o Estado. Pode dizer-se que se caiu então num período de inércia. Os verdadeiros interesses portugueses dos anos da restauração da independência política (1640-1668) empurram para o conhecimento das raias com Castela na Península, suas fortalezas e obras de defesa. Tanto pior, porque agora as exigências científicas se impõem, depois da criação da Académie Royale des Sciences de Paris e do Observatoire em 1666. Impõe-se tratar da elaboração científica dos mapas. As longitudes passam a medir-se pelos eclipses dos satélites de Júpiter; dinamiza-se a construção e a utilização do cronômetro. Vai passar o tempo das estimativas e da velha cartografia. Agora a astronomia e a trigonometria comandam. A Académie des Sciences não tarda a enviar expedições científicas para vários pontos do Mundo. Em 1682 se desenhou o grande planisfério de Jean-Dominique Cassini, um marco da modernidade científica.

No Brasil continuam a fazer-se mapas de utilidade imediata, para as necessidades da navegação e do comércio. Mas são cartas sem rigor – se bem que suficientes para a orientação nas costas de um mar bem conhecido. O grande desenvolvimento na apreensão da terra brasileira vai dar-se com as necessidades trazidas pelo conflito em redor do rio da Prata e da demarcação dos territórios portugueses e espanhóis na América do sul. E assim entramos nos grandes problemas do século XVIII.

Sabe-se que o rei de Portugal queria a divisão da América do Sul pelo Amazonas e pelo rio da Prata. Para o conseguir mandou construir uma fortaleza – a Colônia do Sacramento – na margem esquerda do estuário platino. Isto passou-se em 1680. Mas por ali nunca houve paz, senão provisoriamente, mesmo se muito foi o contrabando da prata. Por meados da primeira metade do século D. João V compreendeu o atraso português nas ciências matemáticas, e fundou o Observatório de Lisboa, empurrou o engenheiro-mor Manuel de Azevedo Fortes para que publicasse uma obra ensinando as regras da cartografia (1722 e 1729). Fez vir numerosos instrumentos astronômicos do estrangeiro. Além disso apoiou e determinou um levantamento cartográfico rigoroso do Brasil. Porque não havia especialistas em Portugal, para o fazer chamou de Itália dois padres jesuítas peritos em geografia, bons matemáticos como se dizia: Domenico Capassi e Giovanni Battista Carbone. Na península fizeram a sua preparação e só um deles, Capassi, passou ao Brasil, em companhia de um outro padre, o português, Diogo Soares. Iam para desenhar a cartografia da colônia. Queria o rei a constituição de um *Novo Atlas do Brasil*. O que não se cumpriu. Passaram primeiro pela colônia do Sacramento, e depois pelo Rio de Janeiro. Do padre Capassi pouco ficou feito, pois morreu quase em seguida. Mas o padre Soares fez um trabalho muito rigoroso e muito extenso. Nos seus mapas tomou como coordenada o meridiano do Rio de Janeiro, fugindo assim dos problemas postos pela linha de Tordesilhas. Mas não pode dizer-se que o seu objetivo – ao contrário do que se pensou – fosse em especial a demarcação da fronteira com a Espanha. Pelas peças desenhadas assim se vê. Mais parece que a preocupação estava na demarcação das raias internas entre as unidades administrativas de governo e das dioceses. Porque com a descoberta do ouro em Minas Gerais, o Brasil se enriquecia e se povoava muito rapidamente. Havia que organizar uma administração que se tornava cada dia mais complexa. Governos, municípios, dioceses, paróquias, havia que arranjar os espaços de tudo isso e evitar os conflitos regionais e locais, explosivos numa sociedade tão conflitiva e cheia de contrastes como era aquela.

Entretanto, no norte, no estado do Maranhão, o conhecimento da terra e a sua cartografia começa a levantar grandes dificuldades. E isso por causa da demonstração feita em Paris pelo geógrafo Guillaume Delisle perante a Académie Royale, a respeito do novo mapa que propõe. O embaixador português em França, D. Luís da Cunha, intrometeu-se a negociar a não publicação de uma prova científica que não era satisfatória para o rei de Portugal. Mas sem resultado. Da melhor maneira que pôde, procurou atrair um outro geógrafo, o francês Jean-Baptiste Bouguignon d'Anville, assinalando-lhe um bom trabalho em África, o que resultou, e daí proveio um excelente mapa do interior do sul do continente africano. E também a construção de cartas da América do sul, o que fez entre 1742 e 1748.

Mas as fronteiras do norte do Brasil continuavam sendo controversas. Em especial negavam-nas os jesuítas, os que melhor conheciam a região, o que dificultava a posição portuguesa. Também da maior importância é o mapa de Charles Marie de La Condamine, desenhado durante a viagem pelo Amazonas de uma missão científica francesa, e publicado pela primeira vez em 1745, que corrigia o anterior, de 1691, do padre Samuel Fritz, impresso várias vezes. La Condamine já fez uma observação de longitude pela observação de um satélite de Júpiter. Portugal perde o argumento que justificava a plenitude do domínio do vale do Amazonas por incluído na partilha de Tordesilhas. Assim se viam os erros da cartografia portuguesa. Vícios antigos, que empurravam o continente para leste, fazendo-o entrar muito mais do que na realidade devia no espaço português delimitado em Tordesilhas. Mas também se pode pensar que não era apenas o traçado por força da política que assim distorcia a representação da realidade. A forte corrente marítima equatorial levaria também a que a longitude estimada parecesse menor.

Por fim Portugal e Espanha iniciam as conversações que vão conduzir ao Tratado de Madri, de 1750. Em Lisboa, o diplomata e secretário do rei que manobrava as negociações, Alexandre de Gusmão, pedia às autoridades do Brasil toda a informação disponível para sustentar as suas propostas perante o negociador espanhol, D. José de Carvajal. E então alguns militares (e alguns mesmo com formação de engenheiros) elaboraram e enviaram novos mapas. Faziam-nos ao mesmo tempo que se ocupavam das fortificações. Contava-se com os conhecimentos cartográficos que tinham progredido no Brasil, e elaboram-se alguns mapas de muito interesse como o chamado mapa Mindlin, de 1746, que mostram o progresso que houve no conhecimento do território – e as propostas de delimitação que se vão apresentando. Até chegar ao famosíssimo Mapa das Cortes que serviu de justificação para a decisão final – mapa que além de anónimo não é muito rigoroso. Nele os portugueses viciavam alguns dados geográficos para sustentar a sua proposta diplomática. Porque se queria mesmo substituir o velho tratado de Tordesilhas pelo princípio do *uti possidetis* e demarcar as fronteiras pelos limites naturais. Mas dos dois lados havia quem pensasse que o seu país ia perder. António Pedro de Vasconcelos, que por longos anos comandara a colônia – de 1721 a 1749 –, bem se esforça por mostrar que o território equivalente não era o que interessava. Porque se impunha considerar determinante a situação da praça (com as consequências estratégicas que daí advinham). Porque havia que manter vigilância sobre os manejos dos castelhanos para entrarem a ganhar com o ouro do Brasil. Muitos não queriam o Tratado de Madri, em Lisboa e em Madri: o acordo a que se chegou deve-se ao empenhamento de D. João V e da filha D. Bárbara de Bragança, casada com Fernando VI e rainha de Espanha. Sabe-se que depois houve que enviar geógrafos delimitadores para a América, o que não se completou por causa da suspensão do convênio. Mas o trabalho ainda realizado pelos demarcadores de ambas as partes no sul do Brasil é de uma qualidade assinalável.

Em seguida ainda há notáveis realizações cartográficas no interior. A necessidade de domínio do território pelo governo do marquês de Pombal e de D. Maria I e depois do príncipe regente D. João – mais tarde D. João VI – já em pleno nas Luzes da Razão implicou expedições em que a cartografia tinha um lugar muito especial. Governadores ilustrados iam para a colônia e aí procuravam bem a representar. Muito em especial, foi o que se passou no Mato Grosso, no interior oeste. Pela descoberta do ouro havia que bem demarcar o domínio português, sempre ameaçado pelos espanhóis – em particular pelo que respeita à navegação pelos rios Guaporé-Mamoré-Madeira. Era preciso controlar esse espaço para garantir o domínio político. Dá-se ainda uma boa conjugação deste esforço com a chegada dos geógrafos encarregados da demarcação das fronteiras que se seguiu ao novo Tratado de Santo Ildefonso (1777). Que será pela parte portuguesa já trabalho de geógrafos saídos da Universidade de Coimbra, em grande parte reformada e renovada em 1772 para responder às necessidades do Brasil. Geógrafos exercitados em Portugal para esse efeito pelo cosmógrafo Dr. Miguel António de Ciera, italiano que trabalhara nas partidas do sul do Brasil em 1753-1756. Um outro destes demarcadores, o Dr. Francisco José de Lacerda e Almeida, receberá depois ordem de passar a Moçambique e intentar a travessia da África. Pela sua experiência era esta uma boa escolha, como se vê pelas observações e por todos os mapas que esboçou do interior do leste africano.

Além do trabalho do Brasil, as demarcações em África foram uma escola do melhor que a cartografia portuguesa produziu. Por fins do século XVIII, António Pires da Silva Pontes Leme vai conseguir desenhar o mapa da Nova Lusitânia (circa 1798), trabalhando sobre 86 cartas parciais, o que fecha o século com a definição cartográfica do Brasil. Com latitudes e longitudes observadas, com indicações de geografia econômica, etnográfica e política.

Muito mais se faria ainda nos anos que precedem a independência de 1822. Mas já será com a corte portuguesa no Brasil (1808). No que Portugal para pouco ou nada é chamado. Mas decisiva foi a cartografia inicial da terra, no século XVI e depois a sua participação na nova cartografia terrestre do Brasil, já científica, que se impõe para bem separar Portugal da Espanha. E, sobretudo, para bem se conhecer e dominar o território.

Bibliografia

A Nova Lusitânia. Imagens cartográficas do Brasil nas Coleções da Biblioteca Nacional (1700-1822), Lisboa: CNCDP, 2001.

A Terra de Vera Cruz. Viagens, descrições e mapas do século XVIII, Porto: Biblioteca Pública Municipal do Porto, 2000.

Cabral, Sebastião da Veiga. *Descrição Corogràfica e Coleção Histórica do Continente da Nova Colónia da Cidade do Sacramento*, sep. da *Revista del Instituto Histórico y Geográfico del Uruguay*, Montevideu: Imprensa Nacional, t. XXIV, 1965.

Cartografia da conquista do território das Minas. Org. de António Gilberto Costa, Belo Horizonte/Lisboa: Editora UFMG/Kapa Editorial, 2004.

Cortesão, Armando e Mota, A. Teixeira da. *Portugaliæ Monumenta Cartographica*, Lisboa, 1960.

Cortesão, Armando. *A suma oriental de Tomé Pires e o Livro de Francisco Rodrigues*, Coimbra: Por ordem da Universidade, 1978.

Descripção de todo o maritimo da Terra S. Cruz chamado vulgarmente o Brazil, feito por João Teixeira, cosmographo de Sua Magestade, anno 1640. Facsímile, 2000.

Garcia, João Carlos (coord.). *A mais dilatada vista do Mundo. Inventário da colecção cartográfica da Casa da Ínsua*, Lisboa: CNCDP, 2002.

Garcia, João Carlos e Almeida, André Ferrand de. "A América Portuguesa nos Manuscritos da Biblioteca Pública Municipal do Porto". In: *A Terra de Vera Cruz. Viagens, descrições e mapas do século XVIII*, Porto: Biblioteca Pública Municipal do Porto, 2000.

Godinho, Vitorino Magalhães. *Documentos sôbre a expansão portuguesa*, Lisboa: Editorial Gleba, vol. I, 1944.

Guerreiro, Inácio. *A carta náutica de Jorge de Aguiar de 1492*, Lisboa: Academia de Marinha, 1992.

La Condamine, Carlos Maria de. *Relato abreviado de uma viagem pelo interior da América meridional*, trad., São Paulo: Edições Cultura, 1944.

Magalhães, Joaquim Romero e Miranda, Susana Münch. *Os primeiros 14 documentos relativos à armada de Pedro Álvares Cabral*, Lisboa: CNCDP, 1999.

Marques, Alfredo Pinheiro. *A cartografia portuguesa do Japão (séculos XVI-XVII). Catálogo das cartas portuguesas*, Lisboa: Fundação Oriente/CNCDP/Imprensa Nacional/Casa da Moeda, 1996.

"Roteiro de Todos os sinais, conhecimentos, fundos, baixos, alturas e derrotas que há na costa do Brasil, desd'o Cabo de Santo Agostinho até o Estreito de Fernão de Magalhães". In: *Boletim Internacional de Bibliografia Luso-Brasileira*, Lisboa: Fundação Calouste Gulbenkian, vol. VI, nº 2, Abril-Junho de 1965.

Zurara, Gomes Eanes da. *Crónica de Guiné*, Porto: Livraria Civilização, 1973.

Estudos

Albuquerque, Luís de. "Algumas observações sobre o Planisfério 'Cantino' (1502)". In: *Estudos de História*, Coimbra: Universidade de Coimbra, vol. VI, 1976.

Albuquerque, Luís de. "Contribution des portugais à la découverte de l'Amérique du Nord". In: *Estudos de História*, Coimbra: Por ordem da Universidade, vol. V, 1977.

Albuquerque, Luís de. "Realidades e mitos de Geografia Medieval". In: *Estudos de História*, Coimbra: Por ordem da Universidade, vol. V, 1977.

Alegria, Maria Fernanda e Garcia, João Carlos. "Etapas da evolução da cartografia portuguesa (séculos XV a XIX)". In: *La cartografia de la Península Ibèrica y la seva extensió al continent Amèrica*, Barcelona: Institut Cartogràfic de Catalunya, 1991.

Alegria, Maria Fernanda. "Representações do Brasil na produção dos cartógrafos Teixeira (c. 1586-1675)". In: *Mare Liberum*, Lisboa: CNCDP, nº 10, 1995.

Alegria, Maria Fernanda, Garcia, João Carlos e Relaño, Francesc. "Cartografia e viagens". In: Francisco Bethencourt e Kirti Chaudhuri, *História da Expansão Portuguesa*, Lisboa: Círculo de Leitores, 1998.

Almeida, André Ferrand de. "Entre a Guerra e a Diplomacia os conflitos luso-espanhóis e a cartografia da América do Sul (1702-1807)". In: *A Nova Lusitânia. Imagens cartográficas do Brasil nas colecções da Biblioteca Nacional (1700-1822)*, Lisboa: CNCDP, 2001.

Almeida, André Ferrand de. *A formação do espaço brasileiro e o projecto do Novo Atlas da América Portuguesa (1713-1748)*, Lisboa: CNCDP, 2001.

Broc, Numa. *La Géographie des Philosophes. Géographes et voyageurs français au XVIIIe siècle*, Paris: Editions Ophrys, 1975.

Bueno, Beatriz P. Siqueira. "'Desenhar' (projetar) em Portugal e Brasil nos séculos XVI – XVIII", *Revista de Estudos sobre Urbanismo, Arquitetura e Preservação*, São Paulo: Universidade de São Paulo/Faculdade de Arquitetura e Urbanismo, Jul.-Dez, 2002.

Caraci, Ilaria Luzzana. "A expansão do Mundo nos planisférios da Biblioteca Estense Universitária de Modena". In: *As novidades do Mundo. Conhecimento e representação na Época Moderna*, coord. de Maria da Graça Mateus Ventura e Luís Jorge Semedo de Matos, Lisboa: Edições Colibri, 2003.

Cortesão, Armando. *History of the Portuguese Cartography*, Coimbra: JICU, 1969-1971.

Cortesão, Armando. "Atlas e história da cartografia". In: *Esparsos*, Coimbra, Por ordem da Universidade, vol. II, 1975.

Cortesão, Jaime. *Alexandre de Gusmão e o Tratado de Madrid*, Rio de Janeiro: Instituto Rio Branco, 1957-1960; reedição, Lisboa: Livros Horizonte, 1983-1984.

Cortesão, Jaime. *História do Brasil nos velhos mapas*, Rio de Janeiro: Instituto Rio-Branco, 1965-1971; reedição Lisboa: Imprensa Nacional/Casa da Moeda, 2009.

Cortesão, Jaime. *Introdução à história das bandeiras*, Lisboa: Portugália, 1964.

Costa, A. Fontoura da. *A marinharia dos descobrimentos*, Lisboa: Agência Geral das Colónias, 1939.

Daveau, Suzanne. "La geographie dans les "roteiros" portugais des XVe et XVIe siècles". In: *Mare Liberum*, Lisboa: CNCDP, 1991, n° 3.

Fernandes, Fernando Lourenço. *O planisfério de Cantino e o Brasil. Uma introdução à Cartologia Política dos Descobrimentos e o Atlântico Sul*, Lisboa: Academia de Marinha, 2003.

Ferreira, Mário Clemente. "O Mapa das Cortes e o Tratado de Madrid – a cartografia a serviço da diplomacia". In: *Varia Historia*, Belo Horizonte: Universidade Federal de Minas Gerais, vol. 23, n° 37, 2007.

Ferreira, Mário Clemente, "Uma ideia de Brasil num mapa inédito de 1746". In: *Oceanos*, Lisboa: CNCDP, n° 43, 2000.

Ferreira, Mário Clemente. *O tratado de Madri e o Brasil meridional. Os trabalhos demarcadores das partidas do Sul e a sua produção cartográfica (1749-1761)*, Lisboa: CNCDP, 2001.

Fonseca, Quirino da. *Um drama no sertão. Tentativa da travessia de África em 1798*, Famalicão: Tip. Minerva, 1936.

Guedes, Max Justo. "A cartografia da delimitação das fronteiras do Brasil no século XVIII". In: *Cartografia e diplomacia no Brasil do século XVIII*, Lisboa: CNCDP, 1997.

Guedes, Max Justo. "Aspectos náuticos da expedição de Pedro Teixeira (1636-1639)". In: Francisco Contente Domingues e Luís Filipe Barreto, *A abertura do Mundo. Estudos de História dos Descobrimentos Europeus*, Lisboa: Editorial Presença, 1987.

Guedes, Max Justo. "A cartografia holandesa no Brasil" In: *O Brasil e os holandeses 1630-1654*, organização de Paulo Herkenhoff, Rio de Janeiro: Sextante Artes, 1999.

Guedes, Max Justo. "A cartografia portuguesa antiga". In: *Tesouros da Cartografia Portuguesa*, Lisboa: Inapa – CNCDP, 1997.

Guerreiro, Inácio. "As demarcações segundo o Tratado de Santo Ildefonso de 1777". In: *Cartografia e diplomacia no Brasil do século XVIII*, Lisboa: CNCDP, 1997.

Guerreiro, Inácio. "Ciência e cartografia: a imagem do Mundo físico em Portugal em finais do séc. XV". In: *El tratado de Tordesillas y su época*, Madrid, 1995, t. II.

Guerreiro, Inácio. "Tábuas, cartas e roteiros". In: Fernando Gomes Pedrosa, (coord.), *História da Marinha Portuguesa, Navios, marinheiros e arte de navegar, 1139-1499*, Lisboa: Academia de Marinha, 1997.

Leite, Duarte, *História dos Descobrimentos, Colectânea de esparsos*, Lisboa: Edições Cosmos, 1959-1960.

Marques, Alfredo Pinheiro. *Origem e desenvolvimento da cartografia portuguesa na época dos descobrimentos*, Lisboa: Imprensa Nacional/Casa da Moeda, 1987.

Mendes, H. Gabriel *Lucas Jansz. Waghenaer e o conhecimento das costas de Portugal no século XVI*, Coimbra, Junta de Investigações do Ultramar, 1969.

Morales Padrón, Francisco. *Historia del descubrimiento y conquista de América*, 5ª ed., Madrid: Editorial Gredos, 1990.

Mota, A. Teixeira da. "A África no Planisfério de Cantino". In: *Revista da Universidade de Coimbra*, Coimbra: Universidade de Coimbra, 1978, vol. XXVI.

Mota, A. Teixeira da. "A viagem de Bartolomeu Dias e as concepções geopolíticas de D. João II". In: *Boletim da Sociedade de Geografia de Lisboa*, Outubro-Dezembro, 1958.

Mota, A. Teixeira da. "Reflexos do Tratado de Tordesilhas na cartografia náutica do século XVI". In: *Revista da Universidade de Coimbra*, Coimbra: Universidade de Coimbra, vol. XXIII, 1973.

Mota, A. Teixeira da. *A cartografia antiga da Africa central e a travessia entre Angola e Moçambique. 1500-1860*, Lourenço Marques: Sociedade de Estudos de Moçambique, 1964, p. 84.

Radulet, Carmen. "Cão, Diogo". In: Luís de Albuquerque (dir.), *Dicionário de História dos Descobrimentos Portugueses*, Lisboa: Editorial Caminho, 1994.

Randles, W. G. L. "Science et cartographie. L'image du monde physique à la fin du xve siècle". In: *El tratado de Tordesillas y su época*, Madrid, 1995, t. II.

Verlinden, Charles "Quand commença la cartographie portugaise?", Lisboa: JICU, 1979.

Washburn, Wilcom E. "Representation of unknown lands in XIV-, XV- and XVI-Century Cartography", Coimbra: JICU, 1969.

As fronteiras do Brasil e o rio da Prata

À memória de Luís Ferrand de Almeida

O Tratado de Tordesilhas de 2 de julho de 1494 – um dos tratados assinados pelo português D. João II com o casal castelhano-aragonês Isabel e Fernando – marcou a expansão hispânica pelos mares e territórios do Atlântico, por terras que depois se ficariam a chamar América. Entre os reis peninsulares havia que determinar o que pertencia a um e aos outros "do que athagora esta por descobrir no mar oçiano." Assim determinaram que

> se faça e asygne pollo dito mar oceano huma Raya ou linha direita de poolo a poolo, *scilicet*, do pollo artico ao pollo antartico que he de norte a sul. A qual Raya ou linha se aja de dar y dê direita, como dito he a trezentas e setenta legoas das ilhas de cabo verde pera a parte do ponente por graaos ou por outra maneira como milhor e mais prestes se possa dar.

O tratado de Tordesilhas impôs aos povos peninsulares o respeito por áreas que não se podiam definir no tempo das assinaturas. Porque, como reconhecem e escrevem os diplomatas, "por graaos ou por outra maneira como milhor e mais prestes se possa dar", se faria a partilha. Ficou registado que se deveria preparar uma expedição para então se pôr o "ponto e signal que convenha por graaos do sol ou do norte ou por singraduras de legoas, ou como melhor se poderê concordar."[1] O que não aconteceu. O mais depressa que se possa... ia durar dois séculos e meio. Porque se no século xv já se sabia medir a latitude com um relativo rigor, a longitude teria que aguardar pelos progressos técnicos e científicos do século xviii – por observações astronômicas e pela invenção do cronômetro de precisão. Mas o que acontece é que os práticos e os governantes tinham mais ou menos uma noção aproximada dos limites: pela embocadura do Amazonas no norte e pelo litoral de Cananeia na costa do Brasil ao sul de Santos.

Logo no século xvi os portugueses tiveram a percepção de que essa fronteira sul ficava sem defesa ou com uma defesa precária na latitude que passava pela delimitação fixada no tratado. A realidade física e as condicionantes econômicas depois impuseram-se. Castela e as suas Índias, ao descobrir-se a prata no Potosí por 1545-1546, escolheram o oceano Pacífico e a rota de Callao ao Panamá para estabelecer o eixo da circulação do seu império.[2] Portugal manteve-se buscando metais preciosos, sem os obter na sua parte no Brasil. E os colonos foram cultivando a cana sacarina, com o que se organizou uma colónia de base agrícola. Essa ausência de metais provocava confusão: por que não se descobriam ouro e prata em terras brasileiras, tão próximas aos tesouros das Índias? Pergunta motivadora. Mais e mais portugueses penetram pelo interior do continente escravizando os indígenas que podem e não esquecendo de buscar indícios de metais preciosos.

---

[1] Texto em português in *Pauliceæ Lusitana Monumenta Historica*, vol. (1494-1600), I-IV partes, org. de Jaime Cortesão. Lisboa: Publicações do Real Gabinete Português de Leitura do Rio de Janeiro, 1956, p. 5, 11 e 14.

[2] Earl J. Hamilton. *Los tesoros americanos y la revolución de los precios en España, 1501-1650*, Barcelona: Editorial Crítica, 2000, p. 26-27 e 30-35; Pierre Vilar. *Oro y moneda en la Historia (1450-1920)*, 2ª ed., Barcelona: Ariel, 1972, p. 186-196; Alice Piffer Cannabrava *O comércio português no Rio da Prata (1580-1640)*, 2ª ed., Belo Horizonte/São Paulo: Ed. Itatiaia/Ed. da Universidade de São Paulo, 1984, p. 44-47.

Porque a limitação entre os espaços para a expansão de uma e outra coroa de fato não fora uma limitação muito respeitada. E poderia sê-lo em tais distâncias, com meios tão rudimentares e com tão pouca gente?

Por isso a questão da raia ficou quase esquecida por mais de um século. O território a repartir parecia não ter fim. Os súditos da Coroa de Castela continuam explorando as suas minas, os da Coroa de Portugal cultivando os seus açúcares, transportando os seus escravos africanos, capturando e vendendo outros seus escravos mal-chamados índios. E por isso se internam nas selvas tropicais para os agarrar, prendê-los e depois impor-lhes trabalhos. O espaço era uma imensidade, e os problemas de fronteiras por isso não foram importantes nem necessários nos primórdios da colonização. O sul do Brasil muito devagar vai ter algumas novas povoações e isto bem no litoral marítimo. E o mesmo vai ocorrer no norte: há que arredar os franceses do Maranhão (1615) e das margens do Amazonas.

O pensamento (e o comportamento) dos colonos e aventureiros brasileiros não continha a noção de fronteira entre os domínios portugueses e castelhanos. Para mais, o rei foi o mesmo, de 1581 a 1640. Os espaços castelhanos não se abriram aos portugueses, nem os espaços portugueses aos castelhanos. Porém, os portugueses atuaram como se essa fora a legalidade. Correndo os caminhos da América do Sul sem respeitarem a linha de Tordesilhas que não queriam saber por onde passava. Nem serem incomodados por não o saberem. Talvez ignorassem de todo que havia uma linha de separação. E aproveitavam para fazer contrabando com as comunidades próximas: a cidade da Santíssima Trindade e Porto de Santa Maria de Buenos Aires, recriada em 1580, tinha muitos portugueses entre os seus vizinhos. Boa parte deles interessada no comércio com o Brasil. Mas o soberano mantinha a cidade como "porto fechado" – o que pode dizer-se que era uma extravagância da política espanhola.[3] Só depois de 1602 se abriram algumas possibilidades de

---

3 C. H. Haring. *Comercio y navegación entre España y las Índias en la época de los Habsburgos*. México: Fondo de Cultura Económica, 1939, p. 176-180.

legalização de permutas com o Brasil.[4] Em 1618 inicia-se a importação de escravos africanos, o que só ocorrerá com intermitência[5] enquanto o contrabando se organiza com conivência de mercadores com autoridades locais.[6] Pelas cidades entretanto fundadas com ligações ao Prata relacionam-se os interessados: Buenos Aires, Santa Fé, Córdoba, Mendoza, Tucumán, Asunción.[7] O que significa que, ainda que ilegal, se consideraria normal a prática do contrabando, sobretudo crescendo e ganhando posições quando o comércio era proibido, como não podia deixar de ser, com a cumplicidade e mesmo a participação das autoridades locais. Sabemos que ao Brasil chegava a boa prata do Potosí nem sempre em moeda mas com o aspecto de "piñas, piñones y barretones".[8] A prata abundava: di-lo um francês, que viajou pelo Atlântico e permaneceu algum tempo em Salvador da Bahia, por 1610.[9] Buenos Aires em boa medida funciona como um porto do Alto Peru, sobretudo para o trato de negros.[10] Primordial importância para o comércio tinham os escravos africanos. Há estimativas de que por ali passavam uns 20 a 25% da produção de

---

4 Alice Piffer Cannabrava. *O comércio português no Rio da Prata (1580-1640)*, p. 71-76; C. H. Haring, *The Spanish Empire in America*. Nova York: Oxford University Press, 1947, p. 96-97;

5 Alice Piffer Cannabrava. *O comércio português no Rio da Prata (1580-1640)*, p. 78; Guilhermino Cezar, *O contrabando no Sul do Brasil*, Caxias do Sul/Porto Alegre: UCS/EST, 1978, p. 11-17.

6 José Luís Romero. *Breve historia de la Argentina*, 2ª reimp., Buenos Aires: Fondo de Cultura Económica, 2005, p. 30-31; Mª Emelina Martín Acosta, *El dinero americano y la política del Império*, Madri: Colecciones Mapfre, 1992, p. 220.

7 Alice Piffer Cannabrava. *Op. cit*, p. 124-130; Stanley J. Stein e Barbara H. Stein. *Plata, comercio y guerra. España y América en la formación de la Europa moderna*, Barcelona: Critica, 2002, p. 48-49; L. A. Moniz Bandeira. *O expansionismo brasileiro e a formação dos Estados na Bacia do Prata. Da colonização à Guerra da Tríplice Aliança*, Rio de Janeiro/Brasília: Revan/Editora da Universidade de Brasília, 1998, p. 26-31.

8 Luís Ferrand de Almeida, "Portugal, o Brasil e o comércio do Rio da Prata (1640-1680)". Coimbra: *Revista Portuguesa de História*, t. XXXIII, 1999, p. 284; Fernando Serrano Mangas. *Armadas y flotas de la plata (1620-1640)*, Madri: Banco de España, 1989, p. 370.

9 François P. de Laval. *A viagem de Francisco Pyrard de Laval*, Porto: Livraria Civilização, 1944, p. 230-231.

10 Alice Piffer Cannabrava. *Op. cit.*, p. 88-91; Ernst van den Boogart, Pieter C. Emmer, Peter Klein e Kees Zandvliet. *La expansión Holandesa en el Atlântico. 1580-1800*, Madri: Colecciones Mapfre, 1992, p. 71 e 155.

prata do Potosí.[11] E por esses tempos começam também os portenhos a explorar os couros para exportação. Salvador da Bahia por sua vez é o centro reexportador de produtos fabricados europeus em direcção ao rio da Prata, que ali maior demanda tinham.[12] E ao Peru se estendem estas relações. Porque de fato estavam ligadas as praças luso-afro-brasileiras com o vice-reinado do Peru.[13] Com mercadores que se aproveitavam das diferenças e necessidades dos vários mercados: criava-se a personagem social do peruleiro.[14] Porque as minas de prata do Potosí necessitavam do comércio do Brasil muito em especial de escravos africanos. Do Brasil chegavam a Buenos Aires e ao Prata tecidos de algodão e mercadorias europeias além de alimentos (açúcar, arroz, farinha e ainda os famosos doces de marmelo de São Paulo).[15]

No norte do território brasileiro também progridem as explorações e o conhecimento da terra – mesmo se não havia gente para a colonização. Em 1637 um português vizinho de Belém do Pará decide navegar pelo Amazonas para montante até chegar às Índias de Castela. Chamou-se Pedro Teixeira e conseguiu atingir Quito. A sua expedição mostrava que o rio-mar era una via de circulação por onde poderia baixar a prata americana até o norte do Brasil – era a ilegalidade que se espreitava. O monopólio sevilhano da Casa de la Contratación a Indias e toda a rede de comerciantes que na Europa e na América com ele estavam vinculados não iria permitir o contrabando.[16] Desconhecendo – ou querendo desconhecer

---

11 Stanley J. Stein y Barbara H. Stein. *Op. cit.*, p. 49.

12 Acarette du Viscay. *Relacion de un viaje al Rio de la Plata y de allí por tierra al Peru*, Buenos Aires: Ediciones Turísticas de Mario Banchik, 2004, p. 15-16; Cannabrava. *Op. cit.*, p. 121.

13 *Ibidem*, p. 138.

14 Gonçalo de Reparaz. *Os portugueses no vice-reinado do Peru (séculos XVI e XVII)*. Lisboa: Instituto de Alta Cultura, 1976, p. 25-27.

15 *Ibidem*, p. 138-142; Corcino Medeiros dos Santos. *A produção das minas do Alto Peru e a evasão de prata para o Brasil*, Brasília: Thesaurus Editora, 1998, p. 148-149; J. H. Parry, *The spanish seaborn empire*, Berkley: Los Angeles, Londres: University of California Press, 1981, p. 130 e 240.

16 C. H. Haring. *The spanish empire in America*, p. 316-321.

– que muitos produtos que se queriam exportar não podiam transitar pela muito extensa via da prata. Couros, sebo e carne salgada não seriam rentáveis chegando à Europa pela mesma rota dos metais preciosos.[17] Mas o reconhecimento geográfico continuava a progredir e começava a ver-se como se podiam encontrar caminhos alternativos aos que o governo de Madri impunha para serviço das Índias. Pedro Teixeira, o explorador saído de Belém do Pará, pôs um marco assinalando o limite que convinha a Portugal na confluência dos rios Napo e Aguarico em 16 de agosto de 1639, fundando o povoado de Franciscana na fronteira.[18] Era o primeiro dos marcos com que se assinalava a separação dos dois domínios. Pelos mesmos anos um aventureiro de São Paulo, António Raposo Tavares, saído do planalto de Piratininga, sobe aos Andes e chega a Belém do Pará depois de ter caminhado durante três anos. Três anos na mais arrojada das viagens, como escreveu o padre António Vieira, inimigo jurado dos "bandeirantes" vizinhos de São Paulo. São estas algumas das primeiras expedições ao interior amazônico, que continuará sendo muito atrativo. Havia que conhecer bem o que havia em tais paragens. Saber para aproveitar os recursos naturais, e muitos eram, que o sertão podia proporcionar. A começar pelos frutos espontâneos, como o cacau ou a baunilha. Ou ervas medicinais que os índios conheciam e usavam.

A mudança de consideração política e econômica pelo que toca às fronteiras vai ocorrer com a Restauração de 1640. Com um golpe ocorrido em Lisboa, Portugal separava-se dos outros domínios dos Áustrias de Madri na península hispânica. O que ia repercutir na América do Sul. Havia que bem delimitar as fronteiras – agora os territórios passavam a ser pertença de dois reis e não apenas de um. Mas aos portugueses não lhes interessa regressar às delimitações do tratado de Tordesilhas – mesmo se isso podia pôr em dúvida a soberania espanhola sobre as Filipinas

---

17 R. de Lafuente Machain. *Los portugueses en Buenos Aires (siglo XVII)*, Buenos Aires: Librería Cervantes, 1931, p. 96-97.

18 Arthur Cézar Ferreira Reis. "A ocupação portuguesa do vale amazônico". In: Sérgio Buarque de Holanda, *História geral da civilização brasileira*, 13ª edição, Rio de Janeiro: Bertrand Brasil, 2003, p. 289-290; Anete Costa Ferreira. *A expedição de Pedro Teixeira. A sua importância para Portugal e o futuro da Amazónia*. Lisboa: Esquilo, 2000, Relação de Pedro Teixeira, p. 91-99.

(e a seu favor).[19] O que querem é desenhar linhas fronteiriças que não acarretem dificuldades de segurança. Por isso as invocadas fronteiras naturais parecem as mais adequadas: rios e montanhas. A Coroa portuguesa sempre tinha considerado o rio da Prata como português. Daí que o sul do Brasil se tivesse estendido muito para além da linha de Tordesilhas. Destaca-se agora a importância de Buenos Aires para o comércio. Dali se conseguia retirar não pouca prata. E esse era o seu principal atrativo. Por ser ainda uma aproximação possível às minas do Potosí sem embargo de ilegal. Mas assim se podia prejudicar o império castelhano, e esse teria que ser o objetivo principal durante a guerra da Restauração (1640-1668). O mesmo pensou o governador do Brasil holandês, que preparou uma expedição militar para ir atacar Buenos Aires, o que muito prejudicaria o Brasil. Mas não a executou porque dos Países Baixos veio uma ordem para se acatarem as tréguas com os portugueses, tréguas negociadas já a seguir à Restauração, em 1642.[20] A conquista de Buenos Aires mantém-se nos planos dos portugueses, em especial de Salvador Correia de Sá, que retomou São Tomé e Angola aos batavos. E que, para mais, era grande proprietário no Brasil.[21] Mas o mais importante, no momento, seria recobrar o domínio do Nordeste e acabar com o domínio econômico e militar da West Indie Companie, o que só aconteceu depois da criação da Companhia Geral do Comércio do Brasil que proporcionou o elemento naval indispensável à reconquista do Recife, em 1654.[22] Mas sempre os governantes vizinhos tremeram

---

19 Luís Ferrand de Almeida, *Alexandre de Gusmão, o Brasil e o tratado de Madri (1735-1750)*. Coimbra: INIC, 1990, p. 29.

20 C. R. Boxer. *Os holandeses no Brasil 1624-1654*, São Paulo: Companhia Editora Nacional, 1961, p. 206-207; Evaldo Cabral de Mello. *O negócio do Brasil*, 2ª ed., Lisboa: CNCDP, 2001, p. 49-50; Idem, *Nassau*, São Paulo: Companhia das Letras, 2006, p. 130.

21 Luís Norton. "Os planos que Salvador Correia de Sá e Benevides apresentou em 1643 para se abrir o comércio com Buenos-Aires e reconquistar o Brasil e Angola (Documentos do Arquivo Histórico Colonial)", separata de *Brasília*, vol. II, Coimbra: Coimbra Editora, 1943, p. 17-18 e 23-25.

22 Virgínia Rau, "Relação inédita de Francisco de Brito Freire sobre a capitulação do Recife", separata de *Brasília*, vol. IX, Coimbra: Coimbra Editora, 1954, p. 5-17; C. R. Boxer. *Salvador Correia de Sá e a luta pelo Brasil e Angola (1602-1686)*, São Paulo: Editora Nacional/Editora da Universidade de São Paulo, 1973, p. 303-

ao pensar que os portugueses e os ingleses pudessem conquistar Buenos Aires – o que esteve para ser tentado várias vezes.[23] Os mercadores portugueses no Peru vão sofrer perseguições por serem, ou serem considerados, judeus ou judaizantes. As fogueiras dos Autos da Fé de Lima acendem-se em 1635 e a comunidade portuguesa na América espanhola quase desaparece.[24] O aproveitamento da Inquisição contra os portugueses leva inclusivamente a que em 1641 se prepare a introdução do santo tribunal em Buenos Aires, logo depois da recusa portuguesa em continuar sob a dinastia dos Áustrias.[25] Sabia-se que a atuação do Santo Ofício tinha uma comprovada eficácia.[26]

A crise do século XVII sente-se com muita intensidade em Portugal. Com o fecho do comércio com Buenos Aires, no Brasil sofre-se uma apertada carência de moeda de prata. Além do mais, há as dificuldades provocadas pela depreciação dos produtos coloniais dos trópicos, o açúcar e o tabaco.[27] Depreciação que é parcialmente o resultado da concorrência das produções similares do Caribe que os holandeses lá desenvolvem depois da sua expulsão do Brasil. Crise que será muito funda, sem que a Coroa encontre respostas rápidas para resolver as dificuldades.

A questão da fronteira sul do Brasil vê-se então recolocada no centro da política portuguesa: em Lisboa, os militares e o príncipe regente decidem instalar uma colónia portuguesa no Prata: será a Nova Colônia do Sacramento. Os es-

---

305; Evaldo Cabral de Mello. *Olinda restaurada. Guerra e açúcar no Nordeste, 1630-1654*, 2ª ed., Rio de Janeiro: Topbooks, 1998, p. 163; Leonor Freire Costa. *O transporte do Atlântico e a Companhia Geral do Comércio do Brasil (1580-1663)*, Lisboa: CNCDP, 2002, p. 483 e 511.

23 Rafael Valladares. *A Independência de Portugal. 1640-1680. Guerra e Restauração*, Lisboa: A esfera dos livros, 2006, p. 217; Moniz Bandeira. *Op. cit.*, p. 31.

24 Reparaz. *Op. cit.*, p. 27.

25 Serrano Mangas. *Op. cit.*, p. 370.

26 Vitorino Magalhães Godinho, "1580 e a Restauração". In: *Ensaios. II, Sobre história de Portugal*, 2ª ed., Lisboa: Sá da Costa, 1978, p. 400.

27 *Idem*, "As frotas do açúcar e as frotas do ouro". In: *Ensaios II*, p. 443.

panhóis desprezavam a colonização da margem esquerda do rio da Prata.[28] Nela nada investiram, o que abriu o caminho para os portugueses. D. Manuel Lobo é nomeado governador do Rio de Janeiro e encarregado da instalação de nova fortaleza no sul, num território que se diz pertencer aos domínios portugueses, como a viciada cartografia portuguesa intentava demonstrar. Mas as razões desse propósito serão sobremaneira políticas. Havia que garantir a segurança das costas brasileiras das tentações castelhanas de criar nelas estabelecimentos militares. O que para os castelhanos seria muito vantajoso, pois poderiam impedir com eficácia a aproximação ao rio da Prata e, sobretudo, à prata, que sempre era essa questão principal.

Importante ainda era expandir a ocupação do Brasil ao sul de São Vicente. Por esse tempo se iam fundando Paranaguá (1648), São Francisco do Sul (1658), Curitiba (1668), Nossa Senhora do Desterro, na Ilha de Santa Catarina (1677?), e Laguna (1688). Era o alargamento da presença portuguesa até o sul que tinha não poucos atrativos econômicos, em especial, o gado. Pelas verdes pastagens da imensidade do sul, muitos eram os bovinos e o equinos que se reproduziam e se cevavam sem pastores, nem guardas, nem proprietários. Gado que havia sido introduzido nas missões jesuíticas do Uruguai por 1634. Diz-se que é um gado chimarrão.[29] Que se multiplicou incrivelmente e de um modo natural no que ficou por isso chamada a Vacaria do Mar.[30] Aproveitam-no os jesuítas das missões a oriente do rio Uruguai. E também é esse o atrativo para o aproveitamento econômico dessas pampas pelos portugueses e pelos castelhanos que nelas se vão chocar. Porque os couros e o sebo eram riquezas não desprezíveis no comércio internacional. Porque podiam exportar-se em grandes quantidades, o que ainda não era possível com a carne que ficava e que não havia

---

28 Mário Clemente Ferreira. *O tratado de Madri e o Brasil meridional*, Lisboa: CNCDP, 2001, p. 38.

29 Luís Ferrand de Almeida. *A diplomacia portuguesa e os limites meridionais do Brasil*, vol. I (1493-1700), Coimbra: Faculdade de Letras, 1957, p. 97; Aurelio Porto. *História das missões orientais do Uruguai*, Rio de Janeiro: Imprensa Nacional, 1943, p. 163-164; Magnus Mörner. *Actividades politicas y económicas de los Jesuítas en el Río de La Plata*, Editorial Paidós, 1986, p. 24.

30 Guilhermino Cezar. *História do Rio Grande do Sul. Período colonial*, Porto Alegre: Editora Globo, 1970, p. 76-77.

como aproveitar, em boa parte devido ao altíssimo preço do sal que decorria do seu monopólio no Brasil – suspeite-se também que não seriam nem abundantes nem boas as madeiras indispensáveis ao seu acondicionamento.[31]

A ordem régia e o regulamento para a fundação da Nova Colônia do Sacramento foram firmadas em Lisboa aos 18 de novembro de 1678. E serão efetivados em 20 de janeiro de 1680.[32] Na instalação da colônia no Prata não se cumpriu tudo o que estava consignado nas determinações reais. Em especial a fortaleza ficou sem o resguardo de uma outra fortificação que deveria ser construída diante dela, na ilha de São Gabriel. Mas se foi boa a decisão de estabelecimento da Nova Colônia, sem repouso se virá a mostrar a permanência de portugueses defronte e tão perto de Buenos Aires. Porque se é um fato que a margem esquerda do rio da Prata não tinha tido importância para Castela até a instalação dos portugueses, é certo que também Castela não os queria por ali.[33] Agora temia-se abrir a porta ao comércio e à saca dos tesouros do Peru. Poucos meses decorridos da primitiva instalação da fortaleza e uma expedição militar castelhana com 250 soldados e 3000 índios, comandada por Antonio de Vera Mujica a mando do governador da cidade portenha, D. José de Garro, tomou a praça e destruiu-a em 7 de agosto de 1680. "Pelejou-se de uma e outra parte com grandíssima coragem, os índios com grande alento para vencer, e os portugueses com quase desespero até morrer."[34] Grande foi a emoção em Portugal. E o regente príncipe D. Pedro de imediato ameaça o reino vizinho com a guerra. Não a quer Carlos II,

---

31 Myriam Ellis. *O monopólio do sal no Estado do Brasil (1631-1801)*, São Paulo: Faculdade de Filosofia, Ciências e Letras, 1955, p. 193-198.

32 Luís Ferrand de Almeida, "Sacramento, Colónia do". In: Joel Serrão, coord., *Dicionário de história de Portugal*, Lisboa: Iniciativas Editoriais, vol. III, 1968; Idem, *Origens da Colónia do Sacramento. O Regimento de D. Manuel Lobo (1678)*, Coimbra: Separata da *Revista da Universidade de Coimbra*, vol. XXIX, 1982.

33 J. Capistrano de Abreu, *Capítulos de História Colonial (1500-1800)*, Rio de Janeiro, Sociedade Capistrano de Abreu, 1928, p. 250.

34 *Apud* Luís Ferrand de Almeida, "Informação de Francisco Ribeiro sobre a Colónia do Sacramento. separata do *Boletim da Biblioteca da Universidade de Coimbra*, vol. XXII, p. 3.

então rei de Castela. E em breve se chega a um tratado, que se chamou provisional, porque se esperava que fosse isso mesmo, transitório. Ocorreu em 1681. Retornava assim a Colônia do Sacramento à soberania portuguesa. Em definitivo não se conseguiu resolver nada. A conferência de Elvas-Badajoz, de 1681-1682, não chegou a um resultado aceitável por ambas as partes. O Sumo Pontífice, que devia ser o decisor final, não teve que fazê-lo. E por então regressou-se à demarcação de Tordesilhas, que continuava a não ser possível fixar com rigor. Ou seja, não se chegou a uma decisão aceitável por ambas as partes. Uma vez mais, porém, o tratado Provisional proibia aos portugueses a atividade comercial no Prata. Nem na Nova Colônia se permitia que se fizessem construções duradouras e permanentes.[35]

Agora o rei português D. Pedro II vai decidir empurrar a colonização do sul: para o que precisava de gente. Mas onde arranjá-la? Nas regiões mais povoadas e mais pobres de Portugal, no litoral norte, no Minho. É a decisão de inícios dos anos noventa, quando Castela está empenhada e talvez distraída com a guerra da Liga de Augsburgo (1688-1697). Muito em breve se vê que a solução pode afinal consistir em levar gente das Ilhas, em especial dos Açores. Aí, devido à numerosa população e à escassez de recursos – agravada por calamidades naturais frequentes como erupções vulcânicas e tremores de terra, se intentaria recrutar famílias para migrarem para a América do Sul. Gente laboriosa, esforçada, que saberia cultivar e aproveitar as terras e multiplicar os gados. Assim o requeria ao rei o governador da praça, D. Francisco Naper de Lencastre. Com o seu governo cresce a Nova Colônia, vindo gente do Brasil, atraindo índios e com os primeiros casais de lavradores emigrados. Por 1692 eram já uns 1000 os habitantes do Sacramento. E por fins do século, 1699-1700, chegariam aos 1500.[36] Alguns artesãos se estabelecem, vêm também carros, ferramentas, arados, materiais de construção e apetrechos necessários ao funcionamento de moinhos. O aproveitamento da campanha continuava a ser importante para a população

---

35 Tratado Provisional. In: Luís Ferrand de Almeida. *A diplomacia portuguesa e os limites meridionais do Brasil*, vol. 1 (1493-1700), p. 426-431.

36 Luís Ferrand de Almeida, "Informação de Francisco Ribeiro sobre a Colônia do Sacramento, p. 10; *Idem*, "Casais e lavradores na Colônia do Sacramento (1680-1705)", separata da *Revista Portuguesa de História*, t. XXX, Coimbra, 1995, p. 32.

do Sacramento. Sobretudo o aproveitamento dos couros, do sebo e a preparação das carnes secas e salgadas.[37] A ação do governador D. Francisco Naper de Lencastre foi muito relevante, apesar de muito contrariada pelos seus adversários. Agora também se iam introduzindo os cereais, que tanto importavam para alimentar a guarnição militar e os povoadores. Porque a ocupação das terras circundantes estava a realizar-se. Porque se impunha "que se descobrisse todas aquelas campinas, com a notícia certa de todos os seus rios, portos, enseadas, utilidades, conveniências, demarcações." De que será encarregado o governador Sebastião da Veiga Cabral na transição entre os dois séculos (1699-1705).[38]

Uma vez por outra se ia negociando com Buenos Aires, o que estava proibido, porque um dos principais propósitos para a fundação da Nova Colônia tinha sido captar a prata que aí chegava. Mas agora percebia-se que a instalação militar portuguesa, só por si, não podia sobreviver. Porque os castelhanos não deixavam de guardar as suas posições no arroio de São João desde 1683 (a quatro léguas da Colónia) e erguendo o forte de Santo Domingo Soriano próximo ao rio Uruguai, na embocadura do rio Negro.[39] Como resposta, havia que resguardar a colônia com uma população que estivesse bem radicada e que pudesse produzir o que comia e aproveitar as riquezas agrícolas e pecuárias da região, que se anteviam: destaca-se a possibilidade de cultivo do trigo – o que sempre era muito estimado pelos europeus – e outros cereais. Hortaliças e ervas de cheiro, muitos frutos, inclusivamente para fazer vinho e azeite – o que seria ilusório. Inumeráveis cabeças de gado, vacum e cavalar, como já se explorava.

---

37 Luís Ferrand de Almeida, "Informação de Francisco Ribeiro sobre a Colónia do Sacramento", p. 10.

38 Luís Ferrand de Almeida. *A colónia do Sacramento na época da sucessão de Espanha*, Coimbra: Faculdade de Letras, 1973, p. 89-93; Sebastião da Veiga Cabral. *Descrição corográfica e coleção histórica do continente da Nova Colónia da cidade do Sacramento*, Separata da *Revista del Instituto Histórico y Geográfico del Uruguay*, t. XXIV, Montevideu: Imprenta Nacional, 1965, p. 18: apesar da leitura defeituosa tem de utilizar-se esta publicação, enquanto se aguarda pela transcrição efetuada por Luís Ferrand de Almeida.

39 Luís Ferrand de Almeida, "Informação de Francisco Ribeiro sobre a Colónia do Sacramento", p. 21 e 41-42; Luis Enrique Azarola Gil, *Los orígenes de Montevideu. 1607-1749*, Buenos Aires: Librería y Editorial "La Facultad", 1933, p. 82.

Possibilidades que se revelavam imensas, ao que nos dizem os testemunhos.[40] Abria-se a expectativa de se gerar grandes riquezas.

Gente para a colônia do Sacramento havia que atraí-la e que instalá-la. Das ilhas dos Açores e Madeira, do Minho, viessem donde viessem, o importante era que o número dos moradores crescesse, que a terra ficasse ocupada e assim melhor defendida. Com muito cuidado, para não alarmar os castelhanos da praça fronteira. O aumento da população do Sacramento e dos interesses aí possíveis é um dado importante de fins do século XVII – princípios do século XVIII. Tempo em que começa o comércio de couros para os portos do Brasil e de Portugal.[41] Por 1701 é a cessão do Sacramento à Coroa portuguesa pelo tratado de 18 de Junho. Mas as alianças internacionais vão levar outra vez à sua perda, abandono e, uma vez mais, destruição.[42] Não haverá então continuidade na ocupação, porque a conflituosa sucessão no trono de Espanha vai trazer a guerra e a destruição depois do cerco de 1704-1705. É o fim de um período, em que ficou demonstrado que Sacramento tinha possibilidades de manutenção e mesmo de crescimento, desde que estivesse bem guardado pelo que tocava ao aspecto militar, e melhor povoado e aproveitado pelo que tocava ao econômico. Em especial pelo comércio dos couros.[43] De 1705 a 1715 é a grande pausa, sem a presença portuguesa, outros interesses se manifestam, como os dos franceses do assento que são autorizados a vender escravos negros em Buenos Aires e aí carregam couros. Com essa demanda acrescida, se dá a extinção do gado chimarrão na banda bonaerense.[44] Nem assim haverá desistência por parte da Coroa portuguesa. Porque sempre se soube que havia que recomeçar.[45] E porque os motivos da presença portuguesa no rio da Prata se mantinham, o que não esperavam os espanhóis, que sempre se opuseram a isso. Os membros do

---

40 Veiga Cabral. *Op. cit.*, p. 46-48.

41 Jaime Cortesão. *Alexandre de Gusmão e o tratado de Madrid*, Lisboa: Livros Horizonte, 1984, vol. II, p. 514.

42 *Ibidem*, p. 208 e 287-288.

43 Luís Ferrand de Almeida. *A colónia do sacramento na época da Sucessão de Espanha*, p. 117-124.

44 Mörner. *Op. cit.*, p. 122.

45 Luís Ferrand de Almeida. *Op. cit.*, p. 294.

Conselho de Índias instam com o novo monarca Filipe V para que "não permita o mais leve assentimento nem consentimento a tal pretensão, para seu maior serviço, bem universal destes Reinos e conservação daqueles (do Peru)."[46] Porque se desde sempre o propósito português era o acesso à prata americana, ainda se sabia que aquele território era incomparável de comodidade, fertilidade e riqueza.[47]

O Tratado de Utrecht entre Portugal e Espanha foi assinado a 6 de fevereiro de 1715. Os representantes de Portugal nas negociações obtiveram que se registasse a devolução da colônia do Sacramento aos portugueses. E com a colônia, o seu território. Todavia, não ficou claro o que se entendia por território. Além disso, abria-se a possibilidade de substituir Sacramento por um "equivalente", qual fosse o território equivalente não se indicou.[48] Tudo isto vai causar muitas dificuldades diplomáticas e militares. Porque os governantes espanhóis adotaram uma interpretação muito restritiva do termo "território". Para o rei português o território era a margem norte do rio da Prata, nada menos; para o rei espanhol seria somente a área que ficava no interior de uma circunferência ao redor da fortaleza, marcada por um tiro de canhão.[49] Por isso, sem embargo da devolução de Sacramento, em 1716, a vigilância militar e os condicionalismos econômicos mantiveram-se. Porque os portenhos, que detinham boa parte do contrabando que se praticava na colônia, se queixavam de que havia fugas aos direitos fiscais e de que a prata por ali se encaminhava para o Brasil. Em especial os vizinhos membros do cabildo (vereação) da cidade, faziam-se bem ouvir pelo governador.[50] Também os padres jesuítas das missões tinham muito má vontade aos portugueses aos quais ali sempre se opuseram.[51]

---

46 Cortesão. *Op. cit.*, Lisboa: vol. I, p. 204-205.

47 Veiga Cabral. *Op. cit.*

48 Cortesão. *Op. cit.*, vol. I, p. 211-212.

49 Luís Ferrand de Almeida, "A Colónia do Sacramento e a formação do Sul do Brasil". In: *Páginas dispersas. estudos de história Moderna de Portugal*, Coimbra: Faculdade de Letras, 1995, p. 172; Luís Ferrand de Almeida, *Alexandre de Gusmão, o Brasil e o Tratado de Madri (1735-1750)*, p. 7-8.

50 Paulo Possamai. *A vida quotidiana na Colónia do Sacramento. Um bastião português em terras do futuro Uruguai*, Lisboa: Livros do Brasil, 2006, p. 83-88.

51 Jaime Cortesão. *Alexandre de Gusmão e o Tratado de Madri*, vol. II, p. 515.

Dos jesuítas também se queixa o governo português, porque os missionários incitavam os índios contra os portugueses, índios que eles tinham agrupados nas suas reduções. Se o padre geral da Societas Jesu proíbe que inquietem os portugueses, os jesuítas espanhóis querem o seu confinamento à fortaleza, porque noutro caso "seriam donos de todas as vacas daquelas terras, sacando navios carregados de couros."[52] Porque os religiosos querem-se como senhores das riquezas da Vacaria, para eles e para os seus índios.

Mas os portugueses obstinam-se em desenvolver a Colónia – que o mesmo era segurá-la: de Trás-os-Montes (no norte interior de Portugal), chegam 61 famílias, com 297 pessoas, em 1718. Em Sacramento recebem terras, apetrechos agrícolas, sementes e bestas de trabalho. Gente que é dito entender de agricultura. Em abril daquele ano a praça tinha já cento e onze famílias e 1040 habitantes.[53] Em 1722 seriam 350 os moradores; no porto entraram onze embarcações que saíram carregadas de couros e prata.[54] Começara uma notável expansão dos portugueses pela campanha. Vêm mais casais de lavradores dos Açores.[55] O contrabando desenvolve-se: no triénio de 1719-1721 saíram dali imensas quantidades de prata (650 000 cruzados) e muitíssimos couros (110.000). Isto pelo que ficou registado, que os particulares também enviaram as suas partes.

Muitas embarcações frequentam o porto – trazem mercadorias do Brasil e retornam carregadas de prata e couros. Desenvolvem-se também as sementeiras de trigo. A colónia ia em grande aumento, dizem os moradores por 1730; querem que se estabeleça a vida municipal, sendo vila ou cidade; ao governador competiam por então os deveres do juiz. Além disso necessitavam de um médico – mesmo

---

52 Mörner. *Op. cit.*, p. 122.

53 Luís Ferrand de Almeida, "A Colónia do Sacramento e a formação do Sul do Brasil", p. 172; Jonathas da Costa Rego Monteiro. *A colónia do Sacramento 1680-1777*, Porto Alegre: Livraria do Globo, 1937, vol II., p. 70-72.

54 Rego Monteiro. *Op. cit.*, vol I, p. 180-181.

55 Walter Piazza. *A epopeia açórico-madeirense (1746-1756)*, 2ª ed., Funchal: Região Autónoma da Madeira, 1999, p. 39-45.

se se dizia que a terra era muito saudável.[56] No ano seguinte o padre cartógrafo Diogo Soares confirma que o número das famílias e casais cresce todos os dias.[57] Por 1734-1735 haveria 2600 pessoas, vivendo em 327 casas. Nos arredores desenvolviam-se as culturas e, sobretudo, multiplicava-se o gado.[58] Sacramento podia agora ser dito um verdadeiro "foco de contrabando" – "porta de escape do comércio de Buenos Aires", como se divulgou também.[59] E em muitos produtos, nomeadamente de abastecimento de víveres para a colónia que deles carecia. Enquanto produtos europeus e brasileiros eram a contrapartida da oferta portuguesa,[60] em que estavam interessadas gentes não apenas de Buenos Aires mas de Santa Fé e de Corrientes. A exportação anual por Sacramento chegará à enormidade de 400 000 ou 500 000 couros anuais.[61] Sem embargo, falhou o estabelecimento da cidade de São Filipe e Santiago de Montevidéu pelos portugueses no ano de 1723.[62] Tentativa de alargar o assentamento na margem do Prata, cuja intenção "consistia somente em tomar posse do que pertencia à sua Coroa [portuguesa], sem romper a paz e boa amizade que tinha com o rei católico."[63] O que se escrevia pertencer à coroa do rei de Portugal resultava ser a margem esquerda do rio da Prata, nada menos… Mas logo em seguida foram os espanhóis a conseguir a criação da cidade de Montevidéu com a colaboração da vereação de Buenos Aires e a chegada de

---

56 Luís Ferrand de Almeida. *A colónia do Sacramento na época da sucessão de Espanha*, p. 75.

57 Rego Monteiro. *Op. cit.*, vol II, p. 78-82.

58 Luís Ferrand de Almeida. "A colónia do Sacramento e a formação do Sul do Brasil", p. 173-174.

59 C. Correa de Luna *apud* Luís Ferrand de Almeida. *Alexandre de Gusmão, o Brasil e o Tratado de Madri (1735-1750)*, p. 10; José Luís Romero, *Breve historia de la Argentina*, p. 32.

60 Isabel Paredes, "Comercio y contrabando entre Colónia del Sacramento y Buenos Aires en el período 1739-1762", in *Colóquio Internacional Território e Povoamento – A presença portuguesa na região platina*, Lisboa: Instituto Camões, 2004, p. 13.

61 Jaime Cortesão. *Alexandre de Gusmão e o Tratado de Madri*, vol. II, p. 517 e 521.

62 Rego Monteiro. *Op. cit.*, vol. I, p. 184-190;

63 Azarola Gil. *Op. cit.*, p. 80.

imigrantes das Canárias. O ato de fundação jurídica e escolha dos vereadores e demais autoridades locais datará de 24 de dezembro de 1729.[64]

Entretanto a ganadaria tem uma forte demanda nas Minas Gerais, o que explica porque cerca de 1727 se abram caminhos para Curitiba e para São Paulo para que vacuns, muares e cavalos cheguem aos compradores nas Minas. Mas esses caminhos também seriam um perigo porque por eles poderiam por igual penetrar os espanhóis.[65]

A prosperidade da Nova Colônia no Prata vai ser interrompida aproveitando um incidente diplomático menor ocorrido em Madri, em 1735. Um criminoso refugiou-se na embaixada de Portugal ajudado por servidores do embaixador de D. João V, o qual não lhe concedeu asilo. Mas as relações diplomáticas quando a embaixada foi invadida, ficaram perturbadas e inclusivamente romperam-se. Como retaliação as tropas de Buenos Aires cercam a colônia. Tinha o governador de Buenos Aires recebido ordem do ministro de Filipe V, D. José Patiño: -/-"que sem esperar a que formalmente se declare a Guerra com os Portugueses e só em virtude desta ordem, se surpreenda, tome e ataque a Cidade e Colônia do Sacramento, despojando e deitando fora dela os portugueses..."[66] As queixas contra os portugueses e contra as suas prósperas atividades econômicas explicam a animosidade dos portenhos.[67] Seguir-se-ão 22 meses de brava resistência dos moradores. Habitantes da colônia havia espanhóis, que têm de se retirar aquando do sítio, sob pena de morte como traidores.[68] Uma armada saída de Lisboa para combater no Prata e mesmo conquistar Montevidéu não vai chegar ao seu destino. Mas isso agora já não seria tão importante, porque fazia já parte de uma estratégia que implicava o sul do Brasil, tanto quanto o Prata. Dada a impossibilidade

---

64 Ibidem, p. 92, 116-117 y 125 y 258-261; Luis Enrique Azarola Gil. *Crónicas y linajes de la gobernación del Plata. Documentos inéditos de los siglos XVII y XVII*, Buenos Aires: J. Lajouane & Cia/Editores, 1927, p. 33-34.

65 Rego Monteiro. *Op. cit.*, vol II., p. 80-82.

66 Apud Luís Ferrand de Almeida. *Alexandre de Gusmão, o Brasil e o Tratado de Madri (1735-1750)*, p. 21; Jaime Cortesão. *Alexandre de Gusmão e o Tratado de Madri*, vol. III, p. 551-556.

67 Jaime Cortesão. *Alexandre de Gusmão e o Tratado de Madrid*, vol. III, p. 559-560.

68 Silvestre Ferreira da Silva. *Relação do sítio da Nova Colônia do Sacramento*, Nota Preliminar de Brasil Bandecchi, Colecção da Revista de História, São Paulo, 1977, p. 73.

de ir tomar Montevidéu, dirige-se ao Rio Grande e instala em 1737 uma fortaleza, com o nome de Jesus-Maria-José na entrada da Lagoa dos Patos – que depois como Rio Grande de São Pedro seria elevada a vila com município próprio em 1747. Foi seu fundador, comandante e principal estratega, o brigadeiro José da Silva Pais.[69]

Mas por fim, se a fortaleza de Sacramento soube resistir, os haveres dos moradores sofreram uma terrível ruína. Muito em especial os campos e culturas na campanha. Vê-se que não há remédio: a Espanha sempre faria por perturbar a sua posse, "e para isso terá sempre o pretexto do contrabando". Porque se tratava de um "espaço fronteiriço aberto" no interior de uma área que pode designar-se por "complexo portuário rio-platense."[70] Havia que resolver esta dificuldade que ameaçava a vida da guarnição militar e que impunha enormes custos para a manter. O obstáculo jurídico estava no velho tratado de Tordesilhas (1494), que mesmo sem se cumprir continuava a vigorar. Havia possibilidades diplomáticas de resolver a questão com a troca de Sacramento por um equivalente – como constava do Tratado de Utrecht de 6 de fevereiro de 1715. Mas as propostas espanholas são consideradas insuficientes pelo soberano português, e não mostram disponibilidade por parte de Espanha para considerar o problema na sua totalidade, que era o das fronteiras das Américas Portuguesa e Espanhola.[71] Havia que esperar, pois, que chegasse tempo em que a proposta pudesse ser bem recebida. Para o que se requeria conservar – mesmo a grande custo – a praça de Sacramento. Valorizá-la era aumentar o equivalente que haveria de ser proposto.[72] E não podiam esquecer os peninsulares que os interesses ingleses se mostravam muito vivos – a Inglaterra

---

69 *Apud* Luís Ferrand de Almeida, *Alexandre de Gusmão, o Brasil e o Tratado de Madri (1735-1750)*, p. 24-25; *Apud* Aurelio Porto, *História das missões orientais do Uruguai*, p. 372-375; Walter F. Piazza, *O brigadeiro José da Silva Pais estruturador do Brasil meridional*, Florianópolis: Editora da UFSC, 1988, p. 109-117.

70 D. Luís da Cunha. *Instruções Políticas*, Lisboa: CNCP, 2001, p. 328-330; Fabrício Pereira Prado, "Colônia do Sacramento: a situação na fronteira platina no século XVIII". In *Horizontes antropológicos*, Porto Alegre, vol.), nº 19, julho 2003, p. 83-86.

71 Luís Ferrand de Almeida. *Alexandre de Gusmão, o Brasil e o Tratado de Madri (1735-1750)*, p. 8-9.

72 Jaime Cortesão. *Alexandre de Gusmão e o Tratado de Madri*, vol. III, p. 572 e 782.

conseguira pelo tratado de Utrecht introduzir-se com navios do assento de escravos da South Sea Company no comércio do rio da Prata, o que figurava uma ameaça. Portugal e Espanha teriam que convir entre si uma solução para garantir os seus domínios coloniais na América do Sul – que muitos supunham em risco.[73]

Seria necessário para os portugueses avançar com a colonização da costa de Brasil para sul. Atraídos por notícias da existência de ouro já algumas povoações se tinham por lá fundado no século XVII e iam crescendo.[74]

Agora a grande atração do litoral sul torna-se não o ouro – que muito pouco ou nenhum se recolhe por aí – mas a enorme riqueza pecuária, em animais de corte e de tração. E para ocupar a terra vêm os casais de colonizadores das ilhas da Madeira e dos Açores.[75] Alguns já retornados da colônia. E mais chegarão depois[76] – o que havia de fazer-se sempre com grande reserva, senão em segredo para não provocar as desconfianças dos espanhóis, vigilantes para com tudo o que respeitasse qualquer aproximação ao Prata. Porque havia que incrementar a população em direção à margem esquerda do rio Uruguai.[77] Sem isso a defesa de Sacramento ou a negociação das fronteiras seria impossível. Tanto como assegurar o domínio no sul do Brasil, que se queria colonizar. Por isso ainda a política de enviar famílias a povoar as terras que se pretendia desenvolver: Ilha de Santa Catarina, Rio Grande, Laguna e outras mais. Terras ocupadas e cultivadas teriam muito mais fácil defesa.[78] Importante ainda era a proximidade para fazer chegar socorros militares. Santa Catarina estava a uns sete dias de Sacramento; Rio de Janeiro ficava a

---

73 *Ibidem*, p. 757-761; Stein, Stein. *Op. cit.*, p. 221; Pereira Prado, "Colônia do Sacramento: a situação na fronteira platina no século XVII", p. 87-88.

74 *Apud* Aurelio Porto, *História das missões orientais do Uruguai*, p. 372-375.

75 Cezar. *Op. cit.*, p. 100.

76 Virgínia Rau (e outros), "Dados sobre emigração madeirense para o Brasil no século XVIII", Coimbra: V *Colóquio Internacional de Estudos Luso-Brasileiros*, 1965, p. 5-14.

77 Cezar. *Op. cit.*, p. 105.

78 General João Borges Fortes. *Os casais açorianos. Presença lusa na formação do Rio Grande do Sul*, 2ª ed., Porto Alegre: Martins Livreiro Editor, 1978, p. 66.

catorze.[79] O conhecimento da terra, tão rigoroso quanto possível, é desejado pelo rei. Por isso os padres jesuítas matemáticos encarregados do desenho dos mapas do Novo Atlas da América Portuguesa tinham ido à Nova Colônia em 1731. O padre Diogo Soares desenhara um plano da cidade e um outro plano de uma nova fortificação. A presença destes cartógrafos não resulta do acaso.[80]

D. João V empreende tentar uma negociação tendo como princípio a ocupação efetiva – é o acolhimento do instituto jurídico do *uti possidetis*. A boa possessão seria aquela em que cada um já estivesse.[81] Não mais se quer recorrer ao direito histórico, o que significava reconhecer que vigorava em plenitude o tratado assinado em Tordesilhas. A isso se juntava que o desenho das fronteiras que se queriam estratégicas se deveria fazer por acidentes naturais, quando fosse possível.[82] Se não naturais, defensáveis. O que se desejava eram "limites certos e invariáveis" (como rios e cimos de montes) e não mais linhas imaginárias.[83] Havia que fixar "o equilíbrio das soberanias territoriais."[84] Os objetivos de Espanha consistiam em "tirar-lhes a colônia e o famoso contrabando do rio da Prata… a colônia não lhes aproveita e nos destroi", pensava o governo de Madri.[85] Porque "colônia e atividade ilícita eram sinônimos na quase totalidade dos casos."[86]

A decisão estaria tomada por D. João V: impunha-se mesmo sair da colônia para obter a paz. A rainha espanhola era agora a portuguesa Maria Bárbara de

---

79 Fédéric Mauro, "Political and economic structures of empire, 1580-1750". In: Leslie Bethel. *Colonial Brazil*, Cambridge/Nova York/New Rochelle/Melbourne/Sydney: Cambridge University Press, 1987, p. 62-63.

80 André Ferrand de Almeida. *A formação do espaço brasileiro e o projeto do Novo Atlas da América Portuguesa (1713-1748)*, Lisboa: CNCDP, 2001, p. 116-117.

81 Jaime Cortesão. *Alexandre de Gusmão e o Tratado de Madri*, vol. IV, p. 819.

82 Luís Ferrand de Almeida. *Alexandre de Gusmão, o Brasil e o Tratado de Madri (1735-1750)*, p. 40.

83 *Apud* Luís Ferrand de Almeida, *Alexandre de Gusmão, o Brasil e o Tratado de Madri (1735-1750)*, p. 42.

84 Jaime Cortesão. *Alexandre de Gusmão e o Tratado de Madri*, vol. I, p. 206.

85 *Ibidem*, vol. III, p. 785.

86 Paredes. *Op. cit.*, p. 7.

Bragança, mulher de Fernando VI, inteligente e ativa, filha do rei português, que bem queria ver resolvidas as pendências entre Portugal e Espanha.[87] Teria que haver cedências, negociar-se-iam compensações: as conversações vão durar quase três anos. Dirigem-nas em Portugal o brasileiro nato Alexandre de Gusmão e em Madri o embaixador visconde Tomás da Silva Telles; pela Espanha o ministro D. José de Carvajal y Lancaster. A este, há de que convencê-lo, de que o tratado de Tordesilhas não pode continuar a ser considerado como ponto de partida.[88] As conversações avançam, e propõe-se que Portugal deixe a colônia do Sacramento e que em troca receba a região dos Sete Povos das Missões jesuíticas na margem esquerda do rio Uruguai. A região das Missões era de fato um equivalente aceitável para justificar o abandono da colônia. Até porque afastava os castelhanos dos caminhos que podiam conduzir às riquezas das Minas. A maior largura do território do sul do Brasil seria o resultado a obter: com isso se dava "hum fundo grande ao Estado do Brasil."[89] Além disso, convinha essa parte das fronteiras do sul como propunha de Lisboa o secretário do rei, Alexandre de Gusmão. E seria esse o resultado final do tratado firmado em Madri em 14 de janeiro de 1750, com data de 13 de janeiro.[90] O que se apresentava com um tremendo custo humano: 29.000 a 30.000 índios, pensa-se, teriam que ser deslocados com os missionários para irem povoar outras terras (artigo XVI).[91] Ainda por cima, não seria fácil encontrá-las com a qualidade das que agora deviam ser abandonadas.

---

87 Luís Ferrand de Almeida. *Alexandre de Gusmão, o Brasil e o Tratado de Madri (1735-1750)*, p. 35; José Luís Gómez Urdañez. *Fernando VI*, Madri: Alianza Editores, 2001, p. 87-88.

88 Jaime Cortesão. *Alexandre de Gusmão e o Tratado de Madrid*, vol. IV, p. 818.

89 Alexandre de Gusmão. *Collecção de varios escritos ineditos politicos e litterarios*, Porto: Typographia de Faria Guimarães, 1941, p. 152-168; Veiga Cabral. *Op. cit.*, p. 200-203.

90 Luís Ferrand de Almeida. *Alexandre de Gusmão, o Brasil e o Tratado de Madri (1735-1750)*, p. 43; texto do tratado In: José Carlos de Macedo Soares. *Fronteiras do Brasil no Regime Colonial*, Rio de Janeiro: Livraria José Olympio Editora, 1939, p. 141-157; Jaime Cortesão. *Alexandre de Gusmão e o Tratado de Madri*, vol. IV, p. 912-929.

91 *Ibidem*, p. 152; Juan José Arteaga. *Breve historia contemporânea del Uruguay*, México: Fundo de Cultura Económica, 2000, p. 23.

Outras correções fronteiriças se introduzem no oeste (nas regiões mineiras de Mato Grosso) e no norte interior (no Amazonas).[92] Mas as de maior impacto e futuro foram as do rio da Prata. Para os espanhóis era o mais importante: "todo o nosso interesse em tirar essa colónia que nos faz perder o Peru...", escreve um ministro em 1754.[93] Porém, não foram as cláusulas do tratado depois bem recebidas por muitos: a uns, porque retirava a presença portuguesa do Prata; a outros porque ia deslocar povoações das missões índias, a que se opunham os jesuítas. No Rio Grande tinha-se preparado a transferência de casais das Ilhas para o território das missões.[94] Mas isso já não aconteceu. O governo português pretendia ampliar o território para o oeste, até ao rio Uruguai, como contrapartida ao esperado desenvolvimento da economia do Prata e segurando assim as fronteiras do Brasil. O que não ocorreu então. Haveria de vir a guerra com os jesuítas e com os índios para impor o cumprimento do tratado. Seria a "guerra guaranítica" – como se lhe chamou, que ia resolver-se em duas campanhas militares, em 1753-1754 e em 1755-1756. Porque os índios das reduções e os jesuítas, seus comandantes militares, vão lutar com bravura e tenacidade para impedir a concretização do disposto no tratado,[95] com o apoio de muitos outros jesuítas que também estavam contra a evacuação.[96] Tratado de Madri que por fim não se cumpriu, mas cujas orientações se mantiveram vivas para os governos que as tinham firmado, em especial para o governo português.

---

92 Jaime Cortesão. *Alexandre de Gusmão e o Tratado de Madri*, vol. III, p. 783.

93 Pedro Octávio Carneiro da Cunha, "Política e administração de 1640 a 1763". In: Sérgio Buarque de Holanda(dir.). *História da Civilização Brasileira*, t. II, p. 49.

94 Cezar. *Op. cit.*, p. 131-132.

95 J. Capistrano de Abreu. *Capítulos de História Colonial (1500-1800)*, p. 257-258; In: Francisco Adolfo de Varnhagen, *História Geral do Brasil*, 5ª ed., São Paulo: Edições Melhoramentos, 1956, t. IV, p. 169-170; Cezar. *Op. cit.*, p. 149-157; Rejane da Silveira Several. *A Guerra Guaranítica*, Porto Alegre: Martins Livreiro Editor, 1995, p. 116-148; André Ferrand de Almeida. *A formação do espaço brasileiro e o projecto do Novo Atlas da América Portuguesa (1713-1748)*, p. 166-171.

96 Mörner. *Op. cit.*, p. 136.

Houve que decidir, pois, a revogação do tratado. Isso foi feito pelo tratado do Pardo, de 12 de fevereiro de 1761.[97] O rei era agora Carlos III, que se sabia contrário ao Tratado de Madri. E tudo voltou ao anterior, no papel. Porque logo no ano de 1762 a colônia foi assaltada e perdida pelos portugueses. O governador de Buenos Aires, D. Pedro de Cevallos, encarregou-se de mais esse cerco,[98] a que logo se segue a restituição fixada pelo Tratado de Paris, de 1763, que não foi totalmente cumprida pelos espanhóis – e ficava e continuava sem solução o problema do território. Entretanto prosseguia a conquista e ocupação do Rio Grande em 1763, o que mostra que esse era um dos pontos de importância estratégica que os vizinhos queriam dominar.[99] E sempre o contrabando na Nova Colônia, que ia irritando os governadores de Buenos Aires – mesmo quando com isso aproveitavam. Em 3 de junho de 1777, D. Pedro de Cevallos, agora vice-rei, cercou a Nova Colônia. O comandante português determinou a entrega da fortaleza de Sacramento "antes que os seus habitantes e defensores perecessem de fome, e antes que o inimigo rompesse com o fogo."[100] Em seguida o general espanhol ordenou a sua demolição e fez cegar o porto.[101] O tratado de Santo Ildefonso de 1 de outubro daquele ano, com Portugal reconhecendo a derrota e o consequente abandono, põe fim ao percurso da Colônia de Sacramento em mãos de portu-

---

97 Macedo Soares. *Fronteiras do Brasil no regime colonial*, p. 158-161; Juan José Arteaga. *Las consecuencias del Tratado de Madri en la desarticulación de la frontera demográfica de la Banda Oriental*, Montevideu: Centro de Difusión del Libro, 1999, p. 339.

98 Varnhagen. *Op. cit.* t. IV, p. 206-224; Ricardo Lesser. *La última llamarada: Cevallos, primer virrey del Río de la Plata*, Buenos Aires: Biblos, 2005, p. 65-67.

99 *Ibidem*, p. 186- 205; Cezar. *Op. cit.*, p. 170-172; *Devassa sobre a entrega da Villa do Rio Grande ás tropas castelhanas 1764*, Rio Grande: Bibliotheca Rio-Grandense, 1937, p. 7-11.

100 Juan Beverina. *La expedición de Don Pedro de Cevallos (en 1776-1777)*, reed. Buenos Aires: Editorial Rioplatense, 1977; Pedro Pereira Fernandes de Mesquita. *Relación de la conquista de la Colónia por D. Pedro de Cevallos y descripcion de la ciudad de Buenos Aires*, ed. Fernando O. Assunção, Buenos Aires: Academia Nacional de la Historia, 1980, p. 23.

101 Ángel Sanz Tapia. *El final del Tratado de Tordesillas: la expedición del virrey Cevallos al Río de la Plata*, Valladolid: Junta de Castilla y Léon – Sociedad v Centenário del Tratado de Tordesillas, 1994, p. 343.

gueses.[102] Fundação que se deveu e perdeu pela ambição desmesurada que era a da sua criação, a de levar os domínios portugueses até o rio da Prata, ameaçando assim o monopólio argentífero das Índias de Castela.

Não foi só a fortaleza, nem as muitas vezes referida ameaça da presença inglesa na região que podiam representar um perigo real para os espanhóis. O governo de Madri compreendeu que não podia deixar que se estendesse mais a presença portuguesa no sul do Brasil e que se aproximasse do rio da Prata. Porque a reconquista e a colonização do continente do Rio Grande estava em marcha. A instalação dos casais aumentava a população e também os recursos. Os territórios perdidos em 1765 tinham-se ido recobrando. Na Espanha temeu-se mesmo por Maldonado e por Montevidéu.[103] Porque a estratégia para o rio da Prata também só se concebe com a indispensável articulação com o Rio Grande. Contrária aos ocupantes espanhóis estava a organização de guerrilhas que ia erodir as suas forças de ocupação.[104] E sabia-se que com a possibilidade de ajuda militar mais próxima e mais rápida à colônia as coisas se tornariam muito mais difíceis.

Também por isso mesmo com a reconquista do Rio Grande se perdeu a Ilha de Santa Catarina (em 28 de fevereiro de 1777) e provocou a demolição de Sacramento (3 de junho de 1777), que tudo se mistura ainda com a criação do vice-reinado do Prata, que correspondia a uma necessidade espanhola. Portugal também não recebeu então o território dos Sete Povos das Missões, o que aconteceu por conquista, mas só muitos anos depois (1801).[105] E poderá pensar-se que era essa uma necessidade na definição do espaço brasileiro.

Com o tratado de Santo Ildefonso (1777) se conseguiu por fim a paz e, o que por então mais importava, manter para Portugal o domínio do continente do Rio Grande – além da recuperação da Ilha de Santa Catarina, e da incorporação

---

102 Macedo Soares. *Op. cit.*, p. 171-189.

103 Tapia. *Op. cit.*, p. 37, 55 e 63.

104 Cezar. *Op. cit.*, p. 180-182.

105 Luís Ferrand de Almeida. *Páginas dispersas. Estudos de história moderna de Portugal*, p. 176.

da imensidade da bacia do Amazonas e do interior oeste, o Mato Grosso, que ficaram também em definitivo para os portugueses, sem que a dilatação empreendida por eles no Oeste tenha sido perdida ou sequer sofrido oposição.[106] O território do Brasil ficava desenhado nas suas principais fronteiras – trabalho de diplomatas, mas trabalho de muitos dos homens que sulcaram o interior, que reconheceram e assinalaram caminhos possíveis e inventaram vias de comunicação.[107] Eles fizeram o território do Brasil, que os juristas e os políticos se esforçaram por confirmar e por ajustar,[108] triplicando as dimensões do território em relação ao que deveria ser o Brasil de Tordesilhas.[109] Mas que têm o seu sustentáculo no que as gerações de naturais, de portugueses, de africanos e depois de brasileiros natos foram fazendo. Para construir, definir e delimitar o território do imenso país. E ainda garantir a sua posse.

---

106 Joaquim Romero Magalhães, "As novas fronteiras do Brasil". In: Francisco Bethencourt e Kirti Chauduri (dir) *História da expansão Portuguesa*, Lisboa: Círculo de Leitores, 1998, vol. 3, p. 13-35; Varnhagen. *Op. cit.*, t. IV, p. 201-202.

107 Sérgio Buarque de Hoanda. *O extremo Oeste*, São Paulo: Brasiliense/Secretaria de Estado da Cultura, 1986, p. 89-92.

108 Abeilard Barreto, "A opção portuguesa: restauração do Rio Grande e entrega da Colônia do Sacramento (1774-1777)". In: *História Naval Brasileira*, Rio de Janeiro: Ministério da Marinha, 1979, p. 299-300.

109 Basílio de Magalhães. *Expansão geográfica do Brasil colonial*, 4ª ed., São Paulo: Companhia Editora Nacional, 1978, p. 220-225.

As Câmaras Municipais, a Coroa e a cobrança dos quintos do ouro nas Minas Gerais (1711-1750)

À memória de Manuel Rodrigues Lapa

DURANTE LONGO TEMPO SE PROCUROU achar uma imaginada grande riqueza aurífera no Brasil. Em fins do século XVII muitos já não acreditavam nessa "esperança das minas" depois de quase dois séculos de buscas sem resultado.[1] No entanto, paulistas e taubateanos, familiarizados com os achamentos de pequenos depósitos de ouro de lavagem, persistiam em penetrar pelo interior por vias já anteriormente trilhadas ou de novo percorridas.[2] Fernão Dias Pais, Manuel Borba Gato, António Rodrigues de Arzão, Bartolomeu Bueno de Siqueira e muitos ou-

---

[1] *Cartas do padre António Vieira*, coordenadas e anotadas por J. Lúcio de Azevedo, 2ª ed., Lisboa: Imprensa Nacional, 1970-1971, vol. 3, p. 677.

[2] Pedro Taques de Almeida Paes Leme. *Notícias das minas de São Paulo e dos Sertões da mesma Capitania*, ed. Afonso de E. Taunay, Belo Horizonte/São Paulo: Editora Itatiaia Limitada/Editora da Universidade de São Paulo, 1980, p. 31-57.

tros vão afinal encontrando vestígios de ouro e fixando arraiais e arraiaizinhos de exploração donde algum metal começa a ser rentavelmente explorado. Com os bandeirantes paulistas seguem os andarilhos índios, indispensáveis para percorrer os sertões. Finalmente o ouro acontece em grande quantidade no que será o território das Minas Gerais. Muitos se precipitam para a fortuna que se adivinha. Nas aldeias em redor de São Paulo logo há queixas porque "se iam despovoando com as levas dos homens para as minas de Categuás."[3] Na corrida ao ouro para lá afluíram "milhares de vindouros, concorrendo da Bahia, Pernambuco, Rio de Janeiro, São Paulo, costa do mar, e novatos vindos de Portugal para o Brasil..." Afluía "inumerável povo de várias partes do Brasil e em mais quantidade filhos de Portugal."[4] Para tentar que alguma ordem se obtenha nas explorações e na cobrança de tributos, logo em 1695 o governador da capitania do Rio de Janeiro, Sebastião de Castro Caldas, nomeia um provedor da Casa dos Quintos de Taubaté, um guarda-mor e um escrivão-geral das repartições dos ribeiros e datas.[5] Mas tem de fazê-lo de entre os que ali agora se dedicam à mineração, que de outros não dispõe, o que só virá a reforçar a situação de autonomia e autogoverno (ou desgoverno) em que essa gente se encontrava. Nestas condições, e sempre, é a força e o prestígio obtido pelo mando ou desmando e a coesão de redes clientelares e de escravos que determinam o poder. Jerónimo Pedroso de Barros, por alcunha o Poderoso, tinha "bastantes escravos, e naquele tempo quem tinha vinte ou trinta era respeitado entre os mais", diz-se de um paulista morador no arraial depois chamado de Vila Rica de Nossa Senhora do Pilar de Ouro Preto.[6]

---

3 Apud Affonso de E Taunay, *História das bandeiras paulistas*, 3ª ed., São Paulo: Edições Melhoramentos, 1975, t. I, p. 116; Francisco de Assis Carvalho Franco, *Dicionário de bandeirantes e sertanistas do Brasil. Séculos XVI-XVII-XVIII*, São Paulo: Comissão do IV Centenário da cidade de São Paulo, 1954, p. 36-38.

4 Boa síntese por Manoel Cardozo, "The Brazilian Gold Rush". In: *The Americas*, Berkeley, Academy of American Franciscan History, vol. 3, nº 2, Oct. 1946, p. 137-160.

5 Basílio de Magalhães. *Expansão Geográfica do Brasil Colonial*, 4ª ed., São Paulo: Companhia Editora Nacional, 1978, p. 134.

6 *Códice Costa Matoso, Colecção das notícias dos primeiros descobrimentos das minas da América que fez o doutor Caetano da Costa Matoso sendo ouvidor-geral das do Ouro Preto, de que tomou posse em Fevereiro de 1749, &*

Em certas regiões do império as ordens de Sua Majestade podiam ou não ser cumpridas, consoante as vantagens que nisso houvesse. Como dizia de São Paulo ao rei um seu secretário "aquelas vilas não são de Vossa Majestade, porque se o fossem, obedeceriam aos decretos que Vossa Majestade mandou expedir para todas as partes [...]." A distância e a ausência de uma burocracia régia empenhada tinha como resultado que nas explorações iniciais do ouro no interior de São Paulo "campeava a liberdade sem sujeição a nenhuma lei nem justiça senão a natural, observada dos bons." E estes não seriam muitos. Para qualquer litígio ou desavença socorriam-se "dos respeitados que mais vizinhos se achavam." Claro que quando não se obtinha um acordo resultavam lutas "armadas e contendas extraordinárias."[7] Como se dirá mais tarde, os moradores nas Minas "nunca tiveram mais lei que o seu gosto."[8] Agitavam-se poderes de fato, que não de direito. Vivia-se uma transição "entre a anarquia e a imposição de uma autoridade centralizada." Aceitável caracterização.[9]

A descoberta das minas de ouro em finais do século XVII provocara uma profunda transformação na geografia econômica e humana – e com ela toda a ocupação multipolar anterior da América Portuguesa. Começa a prefigurar-se o Brasil. Os vetores dinâmicos da economia do território da colônia vão ser alterados. Os grandes centros de produção agrário-açucareira – Pernambuco, Bahia, Rio de Janeiro – são afetados pela deslocação dos interesses dos moradores. A fortuna mineira em início de exploração parecia não ter fim.

> O oiro das Minas do sul foi a pedra ímane da gente do Brasil, e com tão veemente atracção, que muita parte dos moradores de suas capitanias (principalmente na província da

---

vários papéis. Coordenação geral de Luciano Raposo de Almeida Figueiredo e Maria Verónica Campos, Belo Horizonte: Fundação João Pinheiro/Centro de Estudos Históricos e Culturais, 1999,, vol. 1, doc. 3, p. 197.

7 *Ibidem*, vol. 1, 2, p. 181, 184, 189 e 193.

8 *Discurso Histórico e Político sobre a sublevação que nas Minas houve no ano de 1720*, ed. Laura de Mello e Souza, Belo Horizonte: Sistema Estadual de Planejamento/Fundação João Pinheiro/Centro de Estudos Históricos e Culturais, 1994, p. 67.

9 A. J. R. Russell-Wood, "Manuel Nunes Viana: Paragon or Parasite or Empire?". In: *The Americas*, Berkeley: Academy of American Franciscan History, (Apr. 1981), vol. 37, nº 4, p. 480.

Bahia) correram a buscá-lo, levando os escravos que ocupavam em lavouras, posto que menos ricas para a ostentação, mais necessárias para a vida.[10]

Por aí se juntou quase de imediato "um povo formidável, que tinha concorrido ao brado deste novo descoberto."[11] Ouro há muito buscado, há muito desejado. E afinal encontrado em inesperada abundância.

Mas não só o ouro: outras atividades se desenvolviam provocadas pelos descobertos. Havia que alimentar e fazer circular a riqueza e as gentes: e assim, "foi crescendo o negócio dos escravos, gados, cavalgaduras, fazendas e mais víveres de toda a sorte, conduzidos com o maior trabalho a que obriga o interesse dos homens..."[12] Nestas muitas atividades, e por largos anos, foi o salve-se quem puder: havia que enriquecer depressa.

Bem pôde a realeza tentar impedir a emigração de Portugal, com repetidos e ineficazes dispositivos legais: logo em 1709 e depois reiteradamente em 1711, 1720 e 1744.[13] Também no Brasil se revela um desequilíbrio perigoso. Tornava-se difícil manter a produção agrícola, em especial açucareira nas regiões do litoral, pois não poucos preferiam arriscar-se na aventura da busca do minério a terem de pacientemente esperar pela remuneração das safras. Os próprios escravos para as Minas fogem ou para lá são levados – os preços deles sobem e muitos são vendidos em detrimento da cultura das terras para que tinham sido trazidos. O *mal das minas* ameaça de

---

10 Sebastião da Rocha Pitta. *História da América Portugueza desde o anno de mil e quinhentos do seu descobrimento até o de mil e setecentos e vinte e quatro*, 2ª ed., Lisboa: Francisco Arthur da Silva, 1880, p. 260.

11 *Apud* Francisco Adolfo de Varnhagen, *História Geral do Brasil antes da sua separação e independência de Portugal*, 5ª ed., revisão e notas de Rodolfo Garcia, São Paulo: Edições Melhoramentos, 1956, t. IV, 127.

12 *Códice Costa Matoso*, vol. I, doc. 2, p. 185.

13 Varnhagen. *Op. cit.*, t. IV, p. 99; Rudolfo Garcia. *Ensaio sobre a história política e administrativa do Brasil (1500-1810)*, p. 157-162; Mafalda P. Zemella. *O abastecimento da capitania das Minas Gerais no século XVIII*, São Paulo: Editora Hucitec/Editora da Universidade de São Paulo, 1990, p. 47-53.

extrema ruína, porque comparando as pessoas que vão para as Minas do Sul, e outras que d'elas vem a este fim, por excessivos preços escravos do gentio de Guiné, que se conduzem da Costa d'África, e carecendo de muitos as fábricas das canas e dos engenhos, se foi diminuindo a cultura do açúcar.

Apesar da proibição do "trânsito de escravos da Bahia para as Minas", ou de outros pontos da costa – como Rio de Janeiro, Santos, São Vicente e Espírito Santo – pouco foi sendo conseguido. Por fim, "prevaleceu a fortuna das minas à sorte dos engenhos", com a derrogação dessas defesas.[14] Também o aumento das importações não acompanha as necessidades da população e a carestia da vida – e não poucas vezes a fome – vai a par do aumento da extração do minério. Muito em especial nas regiões mineiras onde os preços sobem para níveis insustentáveis para os pobres. As carências alimentares provocam desastres imensos. Não havia regulação alguma nos mercados locais por muito rudimentar que fosse. Nem quem estivesse encarregado dessa constante vigilância das trocas elementares.

Impunha-se, pois, alcançar o domínio político e social de uma gente que se ia instalando nestes vastos espaços "ao sabor dos locais onde se deram os achados de ouro, ao sabor da mineração, sem que o homem pudesse optar."[15] Sentia-se a necessidade de encontrar formas de administrar as comunidades nascentes. Por ordem régia desloca-se ao território em começos de ocupação o capitão-mor e governador do Rio de Janeiro, Artur de Sá e Meneses: intentaria "estabelecer nele alguma forma de governo", logo em 1700. Talvez não fosse a gente ainda tanta que se encontrasse uma solução adequada. Mas era dita "gente vaga e tumultuária pella mayor parte gente vil e pouco morigerada."[16] Por isso pouco conseguiu o governador, limitando-se a confiar um papel relevante ao paulista Manuel de Borba Gato, nomea-

---

14 Rocha Pitta. *Op. cit.*, p. 258-260.

15 Caio César Boschi. *Os leigos e o poder (Irmandades leigas e política colonizadora em Minas Gerais)*, São Paulo: Editora Ática, 1986, p. 29.

16 Virgínia Rau e Maria Fernanda Gomes da Silva. *Os manuscritos do Arquivo da Casa de Cadaval respeitantes ao Brasil*, Coimbra: Acta Universitatis Conimbrigencis, vol. II, 1958, p. 16.

do guarda-mor do Rio das Velhas em 1700, e superintendente em 1702.[17] Noutro arraial foi escolhido como superintendente Baltazar de Godói, paulista também. Capitão-mor foi Pedro de Morais Raposo, no Rio das Mortes, e para a Serra do Ouro Preto Francisco do Amaral Gurgel. Outros nomeados houve para as novas funções indispensáveis a um esboço de organização dos mineiros. Cometendo "uma espécie de jurisdição no cível e crime ao mestre de campo Domingos da Silva Bueno." Uma espécie de... não se consegue definir melhor.[18] Só nesse ano de 1702, Sua Majestade manda que se cumpra um novo regimento dos superintendentes, guardas-mores e mais oficiais das Minas do Ouro.[19] Por ele o superintendente fica investido em funções de polícia, para atalhar às "discórdias entre os mineiros ou outras pessoas que assistirem nas ditas Minas que há nos sertões do Brasil." Era equiparado a juiz de fora ou ouvidor-geral, com a mesma alçada, o que mostra a importância social e política que o monarca pretende conferir ao lugar. Tanto mais quanto o governador da capitania ficava impedido de sair do Rio de Janeiro para o território das Minas. Porque após a tomada pelos franceses em 1711 se temia o levantamento da penalizada cidade.[20] Também o superintendente devia atalhar a todos os desvios que poderiam conduzir ao descaminho do quinto do ouro a ser cobrado para Sua Majestade. As suas principais funções têm a ver sobretudo com distribuições de parcelas de terreno (datas) para mineração.[21]

---

17 Francisco de Assis Carvalho Franco. *Dicionário de bandeirantes e sertanistas do Brasil. Séculos XVI-XVII-XVIII*, p. 176-177.

18 Diogo de Vasconcelos. *História antiga das Minas Gerais*, 4ª ed., Belo Horizonte/Rio de Janeiro: Itatiaia, 1974, vol. 1º, p. 204-206; José João Teixeira Coelho. *Instrução para o governo da capitania das Minas Gerais (1782)*, ed. Caio César Boschi, Belo Horizonte: Secretaria de Estado da Cultura/Arquivo Público Mineiro/Instituto Histórico e Geográfico Brasileiro, 2007, p. 227.

19 Sérgio Buarque de Hollanda, "Metais e pedras preciosas". In: Sérgio Buarque de Hollanda (dir.). *História Geral da Civilização Brasileira*, t. 1 A época colonial, vol. 2, Administração, Economia, Sociedade, 10ª ed., Rio de Janeiro, Bertrand Brasil, 2003, p. 301-303.

20 Rau/Silva. *Op. cit.*, vol. II, p. 84.

21 *Códice Costa Matoso*, vol. 1, doc. 18, p. 313-324.

Nesse regimento se detalha ainda quanto cada um dos escolhidos iria ter de ordenado. Porém, não podia ser aplicado com o provimento de oficiais régios – porque os não havia. Embora de Lisboa e por nomeação real tenha sido enviado o desembargador José Vaz Pinto como superintendente-geral das minas, em 1703. Estabeleceu o "Regimento de minerar para governo dos mineiros" e tentou aplicar a justiça d'El-Rei. Alguns oficiais por ele nomeados seriam pagos com o produto dos quintos – guarda-mor, escrivão e tesoureiro; demais guardas e escrivães.[22] Passados dois anos e meio o desembargador desistiu, retirando-se para o Rio de Janeiro, empurrado pelos paulistas para fora do novo território.[23] Ficou a administração da justiça sem magistrados de toga. Os superintendentes escolhidos continuaram a ser homens da colônia, e paulistas, que desempenhavam funções sobretudo fiscais. E seriam essas as únicas autoridades na imensidade da região. Entregue a "uma total desordem, sendo o melhor direito de cada um o do mais forte". Não havia "quem ministrasse justiça aos povos." Povos que se supunham "na liberdade natural, que competia a cada um dos que viveram antes do estabelecimento das diversas sociedades a que dão o nome de Estados." Assim escreverá um desembargador em 1782.[24]

A população agrupar-se-ia ainda em núcleos inorgânicos, simples arraiais de levante: "fabricavam os seus ranchos ou choças de beira no chão, feitos de palha de palmito, onde eles e os negros se recolhiam para, com mais facilidade, se permutarem para diferentes paragens, segundo os descobertos que apareciam com melhor conta."[25] Os primeiros núcleos surgem espontaneamente, "resultado da atividade daqueles homens que, movidos pela faina da aventura, demandam o mediterrâneo do continente à busca

---

22 Caio C. Boschi (coord.). *Inventário dos manuscritos avulsos relativos a Minas Gerais existentes no Arquivo Histórico Ultramarino (Lisboa)*, Belo Horizonte: Fundação João Pinheiro/Centro de Estudos Históricos e Culturais, vol. 1, 1998, docs. 4, 5 e 6 p. 17; *Códice Costa Matoso*, vol. 1, doc. 19 a 22, p. 324-328.

23 C. R. Boxer. *The growing pains of golden colonial society age of Brazil 1695-1750*, reimp., Manchester: Carcanet Press Limited, 1995, n° 26, p. 387; André João Antonil. *Cultura e opulência do Brasil por suas drogas e minas*, ed. André Mansuy Diniz-Silva, Lisboa, CNCDP, 2001, nota (68), cap. IX, p. 246-248.

24 Teixeira Coelho. *Op. cit.*, p. 226-228.

25 *Códice Costa Matoso*, vol. 1, doc. 10, p. 251.

da riqueza rápida e que, tangidos pela incerteza, pela insegurança e pela instabilidade que os cerca na região, sentem necessidade de se agregar." Eram como que precipitados de gente que se congregava para satisfazer as suas necessidades mais elementares, "naquele ambiente de insegurança e incertezas, de que resulta uma sociedade marcadamente móvel e imprevisível em suas manifestações."[26] Povoados ainda mal fixados, até pela fragilidade das habitações, feitas de barro, "cobertas de capim." De pau a pique seriam também as primeiras capelas que por aí se elevam: armavam "altares com estacas e tapados com esteiras de taquara, diziam missa, confessavam e desobrigavam."[27] Eram "cazas barradas, cubertas de palha ao modo da América para Igrejas, e nomeey párocos para ellas": assim se explica o governador em 1715. Nas povoações havia desde logo que instalar a indispensável assistência religiosa – por isso a construção das igrejas. Mas igualmente e junto delas, como associações de solidariedade indispensáveis a uma população católica nestes meios ainda inorgânicos, surgem as confrarias de leigos.[28] Depressa a vida urbana se vai organizando. Em 1714, já em Vila Rica, se autoriza a instalação de duas casas de pasto para servir aos viandantes. Mas logo desistem disso.[29] As moradas de gente mais poderosa figuravam cercadas de estacadas, pois só em 1718 se encontrou pedra apropriada para com ela se fazer cal.[30] Ainda em 1749 a cadeia da Vila de São José d'El-Rei tinha "paredes de madeira engradadas de ripa, e emassadas de barro, segundo o uzual da terra."[31]

---

26 Caio César Boschi, "Apontamentos para o Estudo da Economia, da Sociedade e do Trabalho na Minas Gerails Colonial". In: *Achegas à história de Minas Gerais (séc. XVIII)*, Porto: Universidade Portucalense Infante D. Henrique, 1994, p. 64 e 67.

27 *Códice Costa Matoso*, vol. I, doc. 5, p. 212; Caio César Boschi. *Os leigos e o poder (Irmandades leigas e política colonizadora em Minas Gerais)*, São Paulo: Editora Ática, 1986, p. 22.

28 AHU, Con. Ultra., Brasil/MG – Cx. I, doc. 45; Caio César Boschi. *Os leigos e o poder (Irmandades leigas e política colonizadora em Minas Gerais)*, São Paulo: Editora Ática, 1986, p. 22-23.

29 "Actas da Camara de Villa Rica". In: *Annaes da Bibliotheca Nacional do Rio de Janeiro*, Rio de Janeiro, 1927 – vol. XLIX, 1936, p. 304 e 311.

30 *Códice Costa Matoso*, vol. I, docs. 3 e 31, p.197-198 e 366.

31 AHU, Con. Ultra. ,Brasil/MG – Cx. 53, doc. 40.

Nessa mistura de gentes, algum dirigente havia de surgir. Os reinóis procuram organizar-se e elegem como seu governador a Manuel Nunes Viana: "e tomando posse do governo que lha deram na forma do estilo, ficou sendo legitimamente governador das Minas por eleição e aceitação do povo, e logo atendendo ao governo elegeu para todos os arraiais superintendentes e proveu postos."[32] A eleição teria sido feita em momento de aflição por conselho dos mais poderosos que escolheram seis eleitores que por sua vez "a votos" escolheram "governador que os governasse."[33] Era a prática da eleição indireta que vigorava há muito para os municípios em Portugal – é esse o paradigma acatado. E a versão oficial destaca que ao agora governador "o obrigaram a aceitar o governo delas [Minas] e o mando do exército." Mais lhe credita "que tinha conciliado entre aqueles povos o benefício da paz e introdução de ministros para a administração da justiça."[34] Empossado no lugar, Manuel Nunes tratou de nomear secretário, capitão da guarda, cabos maiores e menores. Com boa probabilidade, todo este respeito formal será fruto de arranjo retórico posterior. A aclamação do governador pelos seus companheiros entende-se, sem que regras eleitorais tivessem sido seguidas. Mas terá sido essa forma de autogoverno, como que espontânea, que permitiu a administração das Minas. Tendo sido de notável importância no início dos conflitos entre paulistas e forasteiros (reinóis e de outros pontos do Brasil) que iriam desembocar na Guerra dos Emboabas, em 1708-1709.[35] Como escreve uma testemunha, nesse tempo "mal se podia ser juiz [...] pois não se executavam suas ordens."[36] E os paulistas eram "homens de espírito inquieto", nos quais as autoridades não confiavam por inteiro.[37]

---

32 *Códice Costa Matoso*, vol. 1, doc. 7, p. 223.

33 *Ibidem*, vol. 1, doc. 3, p. 198.

34 Francisco de Assis Carvalho Franco. *Dicionário de bandeirantes e sertanistas do Brasil. Séculos XVI-XVII-XVIII*, p. 427-431.

35 Manoel S. Cardozo, "The guerra dos Emboabas. Civil war in Minas Gerais, 1708-1709. In: *The Hispanic American Historical Riview*, Duke University Press, vol. 22, nº 3 (Aug. 1942), p. 480-481.

36 *Códice Costa Matoso*, vol. 1, doc. 9, p. 246.

37 Affonso de E. Taunay. *Historia da cidade de São Paulo no seculo XVIII*, t. 1 (1711-1720), São Paulo, s./e., s./d., p. 4-5.

Mas havia necessidade de orientar as comunidades, sobretudo em momentos de perigo. Por isso o assumir-se como governador de eleição popular do português nato Manuel Nunes Viana, que como entidade máxima terá sido acatado.[38] E disso fazia gala, sendo mesmo reconhecido pelas autoridades depois nomeadas, o que em tempos de absolutismo régio representa uma extravagância, reveladora de extrema necessidade e carência de meios políticos por parte da Coroa, que teve que o reconhecer como estabilizador de uma situação conflitual difícil e perigosa.[39] Por isso ainda vir a ser depois acatado como capitão-mor no sertão, na confluência do Rio das Velhas com o Rio São Francisco, para onde se retirou acalmadas as alterações. Tendo recebido mais tarde do rei uma tença de 100 mil réis, a mercê do ofício de escrivão da Ouvidoria do Rio das Velhas, e a Ordem de Cristo, em 1727.[40]

Entretanto, alguns superintendentes e guardas-mores, assim como oficiais das ordenanças militares, iam sendo nomeados pelo governador da capitania – sem que por isso essa indispensável formação armada se apresentasse organizada e operativa. O que não era suficiente para que a integração do território na administração do Estado fosse uma realidade. Cedo foi entendido que só se encontraria alguma contrariedade ou obstáculo à total independência dos que por lá andavam a partir do momento em que começassem a organizar-se os núcleos habitacionais. Pelo que não tardou a que se oficializasse a constituição de municípios. Instituições que se destinavam a governar, administrar e defender em permanência os interesses dos povos: assim se entendia no viver e na legislação portugueses.[41]

Para isso havia que promover a criação de vilas, a começar pela Vila de Ribeirão de Nossa Senhora do Carmo, em 1711 (leal vila, depois cidade de Mariana, em 1745); Vila Rica (Ouro Preto) e Vila Real de Nossa Senhora da Conceição de Sabará, feitas concelhos também em 1711. Seguir-se-á, em 1713, São João d'El-Rei

---

38 *Códice Costa Matoso*, vol. I, doc. 3, p. 197-199.

39 Russell-Wood, *Op. cit.*, p. 487-488.

40 AHU, Con. Ultra., Brasil/MG, Cx. 11, doc. 12; Vasconcelos, *Op. cit.*, 2º vol., p. 216-218.

41 Maria Helena Coelho e Joaquim Romero Magalhães. *O poder concelhio das origens às Cortes Constituintes*, 2ª ed., Coimbra: CEFA, 2008.

(fundado em 1705 como Arraial Novo do Rio das Mortes); Vila do Príncipe (Serro do Frio) e Vila Nova da Rainha (Caeté) em 1714; Nossa Senhora da Piedade de Pitangui, em 1715, e São José d'El-Rei, em 1718 (chamara-se o Arraial Velho de Santo António da comarca do Rio das Mortes e muito depois será denominado Tiradentes).[42] Elevação a vilas de arraiais para que viera ordem de Lisboa, e que os governadores executaram escolhendo promover os núcleos espontâneos anteriores: "e pondo em execução, que se fundem algumas povoaçoens, para que as peçoas que asistem nas mesmas Minnas vivão reguladas e na subordinação da justiça [...]."[43] Era política devidamente pensada e fundamentada, como se lê num parecer do doutor António Rodrigues da Costa:

> nem se pode esperar que de huma multidão de gente confuza, sem ley, sem ordem, sem obediência, sem temor dos Magistrados, sem receio do castigo, e sem esperança de premio que o Principe possa tirar della tributo ou conveniência alguma mas antes desobediências e desatinos, e de omissão ou descuido em os remediar a indignação divina que em nenhuma couza he tão pronta e evidente, como nas faltas de Justiça, pelas quaes promete Deos destruir os Reinos e Monarquias, de que temos tão lastimozos exemplos antigos e modernos, e assim para remediar esta grande desordem, e reduzir aquella gente a governo cristão e politico, parece previo que V. Mag. mande [...] fundar igrejas, constituir parrochos, tomar conhecimento das cauzas ecleziasticas, fundar villas e povoaçoens, ordenar milicias, estabelecer a arrecadação dos quintos, e dos dizimos, o pôr justiças, castigar delictos, e outras muitas couzas.

Em relação às povoações a fundar também havia ideias consolidadas: dever-se-ia

> reduzir toda a gente que anda nas Minnas a povoaçoens, constituindo-lhe [...] igrejas e parrochos, e o mais que pertençe à jurisdição ecleziastica, e [...] Justiças e governo de Camara, na forma que são governadas as Cidades e Villas do Brazil. E pera estas fundaçoens das villas, devem ser convidados os Paulistas, e peçoas mais poderozas, que

---

42 Vasconcelos. *Op. cit.*, 2º vol., p. 97-101; *Códice Costa Matoso*, vol. 1, doc. 3, p. 200, nº 2 e doc.; Feu de Carvalho, "Índices dos Livros do Archivo Publico Mineiro. Livro v", p. 528; Rodrigo Bentes Monteiro, *O rei no espelho. A monarquia portuguesa e a colonização da América 1640-1720*, São Paulo: Editora Hucitec, 2002, p. 289-290.

43 AHU, Con. Ultra., Brasil/MG, Cx: 1, doc. 14.

andarem nas Minnas e estiverem nellas de assento, dando-se-lhe e prometendo-se-lhe em nome de V. Mag.ᵉ algumas honras como são foros e habitos; e as alcaidarias mores das villas que fundarem, ou ajudarem a fundar, a cada hum conforme o seu serviço e qualidade. E estas vilas e povoaçoens se deve procurar sejão fundadas em sitios salutiferos, com vezinhança de rios e boas agoas, terreno fértil, e em pouca distancia dos Ribeiros principaes do ouro, porque estes devem ser precisamente os que devem regular a situação das villas, das quaes huma a que se poderá dar o titullo de cidade para residência daquela Cappitania; deve ficar quanto for possivel no meio della.[44]

Era todo um projeto de colonização para a integrar as populações e subordiná-las à autoridade da Coroa: em simultâneo que uma coisa não ia sem a outra.

Vila Rica de Albuquerque – como se lhe chamou inicialmente – foi escolhida pela sua situação próxima de morros e ribeiras onde se minerava. Sobretudo, por ser "aonde acode o comércio e fazendas, que dele mana para as mais" povoações, sendo sítio "de maior conveniência que os povos tinham achado para o comércio."[45] Centralidade que se irá manter. Se a escolha da capital ainda tardava, as principais povoações, já vilas, iam sendo dotadas com as suas competentes administrações – criação para que os governadores não tinham poderes próprios, mas em que cumpriam determinações da Coroa. António de Albuquerque tivera mais liberdade de ação para as primeiras fundações porque era o tempo em que "as minas começavam, e não havia povoação regulada."[46] As vilas criadas interessavam ainda à realeza pela melhor arrecadação dos quintos que proporcionavam. Ou que se supunha que proporcionariam. Era patente a estreita relação entre a justiça, a fiscalidade e a fixação das populações em núcleos dispondo de uma administração própria.[47] Justiça que tem de se entender como a distribuição de mercês e a conces-

---

44 AHU, Con. Ultra. Brasil/MG, Cx. 1, doc. 13.

45 *Brasília*, ano 41, nº 164, outubro/dezembro de 2004, p. 270.

46 Feu de Carvalho, "Criação de comarcas nos tempos coloniaes". In: *Revista do Arquivo Público Mineiro*, Belo Horizonte: Imprensa Oficial de Minas Gerais, 1933, Ano XXIV, vol. 1, p. 421.

47 Laura de Mello e Souza. *Desclassificados do ouro. A pobreza mineira no século XVIII*, 3ª ed., São Paulo: Edições Graal, 1990, p. 103.

são de privilégios por parte d'El-Rei, tanto como o castigo dos malfeitores. Justiça comutativa e justiça distributiva, cujo exercício era essencial ao bem viver.

O governador António de Albuquerque, enviado para "reduzir os povos à sujeição de vassalos", trazia a incumbência de "cobrar os quintos do ouro pelo meio mais conveniente, sem opressão dos povos, e para levantar um regimento de infantaria, que conciliasse o respeito a ele e aos ministros, de forma que se pudessem executar as ordens, e que a justiça se administrasse em toda a liberdade."[48] Não parece contudo que essa tropa paga tenha sido arregimentada. Tampouco parece ter sido efetivada a mudança para contingentes pagos de cavalaria, conforme se terá decidido em 1712.[49] A criação das ordenanças militares nas Minas partirá da rede concelhia, tendo igualmente a incorporar a população nessa área. Mas não parece que alguma eficácia possa ter tido em termos de manutenção da ordem pública ou de "morigeração das populações".[50] Pelo menos não evitou motins e alterações – e podia evitá-los?

Assim implantada nas Minas, como parte desse conjunto de medidas disciplinadoras, aí se expandirá e radicará a organização municipal portuguesa. Com o mesmo ordenamento jurídico que no Reino – o constante das *Ordenações*, Liv. I, tit. 66º. No entanto, gozará de acrescidos poderes efetivos (*auctoritas*) e de mais extensas possibilidades de exercício de mando (*potestas*). A distância de Lisboa e a rala malha administrativa-judicial instalada permitiam e suscitavam esse alargamento. Melhor: como que o exigiam. E com essa realidade e com essas práticas haviam sempre que contar as autoridades quando procuravam exercer os poderes de representantes da Coroa.[51] Porque o funcionamento da instituição municipal

---

48 Teixeira Coelho. *Op. cit.*, p. 228.

49 *Ibidem*, p. 336; Rau/Silva. *Op. cit.*, vol. II, p. 63.

50 Cfr. Ana Paula Pereira Costa, "Organização militar, poder de mando e mobilização de escravos armados nas conquistas: actuação dos Corpos de Ordenanças nas Minas colonial". In: *Revista de História Regional*, Ponta Grossa: UFPG, Inverno de 2006, p. 127.

51 Edmundo Zenha. *O município no Brasil (1532-1700)*, São Paulo: Instituto Progresso Editorial, (1948), p. 165-172; Joaquim Romero Magalhães, "Respeito e Lealdade: poder real e municípios no Mundo Ibérico".

antecipou-se em muitos aspectos à presença eficaz das delegações diretas do poder real: escassa ou muito limitada se mostrava a capacidade de intervenção dos governadores e dos poucos oficiais régios em funções na maior parte do território brasileiro. E nele prevalecia uma apreciável liberdade de atuação das populações, mesmo quando de Lisboa já vinham nomeadas as autoridades mais gradas. A estas caberia zelar pelo cumprimento das leis e pela vigilância de uma administração que em cada momento se revelava frustre.[52] A criação das vilas, foi o primeiro passo para a efetiva presença do poder político por parte da Coroa. E para a concretização do seu exercício. Estava inscrito no pensamento da época que por aí se devia começar. E por aí se começou.

Com as novas criações deviam os moradores sentir-se "muito contentes por verem que só assim ficaria bem estabelecida a justiça." E também não faltarão de seguida conflitos de jurisdição entre concelhos confinantes – normais no Reino: longo se anuncia o pleito entre São João d'El-Rei e São José d'El-Rei. No caso das vilas e comarcas das Minas do Ouro as delimitações eram muito complicadas: implicavam com os lançamentos que os municípios tinham que fazer para a cobrança dos quintos.[53] Todavia, ao expedito processo de criação de concelhos faltou um elemento fundamental: a indicação das receitas que ficavam autorizadas. As primeiras vereações terão decidido reservar-se a carceragem, a aferição das balanças, a almotaçaria e um tributo sobre as cabeças de gado entradas na povoação. Uma légua de terra próxima dos povoados seria propriedade municipal, devendo ser aforada: assim se gerariam receitas para as obras das casas da câmara e cadeia, festas reais e pontes.[54] Em 1714 a governança de Vila Rica pede ao governador que por carta de sesmaria lhe

---

In: *História do municipalismo. Poder local e poder central no Mundo Ibérico*, Funchal: Região Autónoma da Madeira, 2006; *Idem*, "A rede concelhia nos domínios imperiais portugueses". In: Actas do Colóquio comemorativo dos 500 anos da Ribeira Grande, Ribeira Grande, Câmara Municipal, 2008.

52 Rudolfo Garcia. *Ensaio sôbre a história política e administrativa do Brasil (1500-1810)*, Rio de Janeiro: Livraria José Olympio Editora, 1956, p. 95-96.

53 "Actas da Camara de Villa Rica", p. 312-313.

54 AHU, Con. Ultra., Brasil/MG, Cx. 16, doc. 90.

conceda "os campos reguengos e os matos maninhos desta vila e seu termo." Era uma vasta área, medida por uma légua em redor a partir do pelourinho da vila.[55] Às vilas recém-criadas foram dadas essas sesmarias que poderiam contribuir para sustentar algumas das despesas da coletividade. Além das condenações e variadas coimas. E mesmo outros tributos de menor expressão, como o lançado em 1716 por dez anos sobre cada barril de aguardente ou melaço.[56] E assim ficaram as receitas por longos anos, por "tolerância dos povos" que nunca impugnaram estas formas de encontrar meios com que fazer face às despesas da comunidade.[57] No entanto, as câmaras esqueceram-se de que do que coletavam a terça parte devia ser entregue à Fazenda Real. Mas essa era uma prática não corrente no território, como reconheciam as autoridades.[58] Receitas anuais consideráveis: em 1726 estimava-se que as rendas de Vila Rica alcançassem 25 mil cruzados, as da Vila do Carmo apenas 13 mil.[59]

Havia que mais bem organizar a administração regional da justiça. Em paralelo com a fundação de vilas, em 1709, foram criadas comarcas nas Minas do Ouro, apertando-se um pouco a lassíssima malha judicial: Vila Rica, Sabará ou Rio das Velhas e Rio das Mortes (com sede em São João d'El-Rei), em 1714. Serro do Frio será mais tardia, de 1720.[60] Aproveitavam-se para cabeças das comarcas sedes dos concelhos entretanto criados. Embora permanecesse escassa a capacidade de exercício da justiça: na falta de ouvidor e não havendo juiz de fora serviria o juiz ordinário e, na falta deste, o vereador mais velho... Os recursos para a Relação

---

55 "Actas da Camara de Villa Rica", p. 310; *Brasília*, ano 41, nº 164, outubro/dezembro de 2004, p. 262.

56 Miguel Costa Filho. *A cana-de-açúcar em Minas Gerais*, Rio de Janeiro: Instituto do Açúcar e do Álcool, 1963, p. 135.

57 AHU, Con. Ultra., Brasil/MG, Cx: 16, doc. 117.

58 AHU, Con. Ultra., Brasil/MG, Cx. 12, Doc. 52; AHU, Con. Ultra., Brasil/MG, Cx. 45, doc. 1.

59 AHU, Con. Ultra., Brasil/MG, Cx. 9, doc. 32.

60 João António de Paula. *O Prometeu no sertão: economia e sociedade da capitania das Minas dos Matos Gerais*, São Paulo: Universidade de São Paulo, 1988, vol. 1, p. 62-63; "Casa de vereança de Mariana: 300 anos de História da Câmara Municipal", org. Cláudia Maria das Graças Chaves, Maria do Carmo Pires e Sónia Maria de Magalhães, Ouro Preto: Editora UFOP, 2008, p. 26.

ficavam sempre dificultados: só em 1735 foi criado no papel o Tribunal da Relação no Rio de Janeiro, invocando a grande distância em que da Bahia ficavam as Minas Gerais. Seriam dez os desembargadores a nomear, incluindo o chanceler. São referidas pelo rei as representações feitas nesse sentido pelas câmaras de Vila Rica e do Ribeirão do Carmo, que se comprometem a contribuir com a quantia de 4000 cruzados para o efeito.[61] A jurisdição do novo tribunal estender-se-ia a sul até ao rio da Prata, nele se incluindo as Minas. Todavia tardou a ter efeito, só se instalando em 1751.[62]

Em breve as construções municipais e os indispensáveis símbolos começam a ser erguidos. Em Vila Rica, numa instalação improvisada, apesar de tudo numa casa de telha, fazem-se os primeiros oficiais; erige-se o indispensável pelourinho e num largo assinala-se o lugar onde se construiria a Casa da Câmara. Cedo começa a preocupação com o endireitar das ruas. Queriam os oficiais cuidar dos arruamentos da nova vila. Aos que fazem obras sem licença do Senado aplicam-se coimas. Aproveitam um incêndio para fazer uma "praça para milhor arruamento desta nova villa e por ficar defronte da matris daquelle bairro" de António Dias. Queriam que "ficace praça suficiente por ser defronte da ygreja pera ficar mais vistoza aquella rua." Bem no centro da nova Vila Rica tratam de erguer a câmara com a cadeia por baixo.[63] Definiram-se os morros vizinhos como "realengos gerais para todos." Daí que as Minas também se chamassem Gerais, explica alguém.[64] Começa cedo a tratar-se de um tributo especial por finta para financiar a edificação das instalações importantes para a comunidade: igreja matriz, câmara, cadeia "e mais pertences ao dito senado."[65]

---

61 AHU, Con. Ultra., Brasil/MG, Cx. 29, docs. 18 e 54.

62 Stuart B. Schwartz. *Burocracia e sociedade no Brasil Colonial. A Suprema Corte da Bahia e seus Juízes: 1609-1751*, São Paulo: Editora Perspectiva, 1979, p. 289.

63 "Actas da Camara de Villa Rica", p. 230, 242, 244, 318 e 344.

64 *Códice Costa Matoso*, vol. 1, docs. 7 e 10, p. 224-225 e 252.

65 AHU, Con. Ultra., Brasil/MG, Cx: 1, doc. 49.

Logo para comporem as câmaras serão escolhidos os homens da governança, pelo voto dos eleitores: juízes, vereadores e procurador do concelho. Eleição que era feita por pelouros, conforme as *Ordenações* determinavam.[66] E desde logo um corpo eleitoral muito escasso: à fundação de Vila Rica assistem 22 futuros cidadãos, para outras decisões não se encontram reuniões muito mais numerosas.[67] Supunha-se que saíam por oficiais "os sujeitos mais capazes e adequados por voto de todos." Os poderosos (também ditos possantes), embora ainda em processo de definição social, já não faltariam como candidatos às honras concelhias. E teriam mesmo já as redes clientelares necessárias para garantirem as escolhas. Com alguns procurados equilíbrios: após o final da Guerra dos Emboabas, e para conseguir uma paz entre os mineiros, impôs o governador António de Albuquerque que "nas câmaras servissem em igual número reinóis e paulistas". Era um jogo em que entravam ameaça e persuasão, e essa paridade fora indicada por Lisboa: nos governos da povoações que se criassem haveria que eleger "Paulistas e Reynoes, conforme os seos merecimentos porque entre huns e outros em que se dá a mesma rezão de Vassallos não deve haver diferença." Equilíbrio que pouco durou: as circunstâncias mudaram. Além do mais, o crescimento da população de outras proveniências abateu a inicial vantagem numérica da gente de São Paulo.[68] Mas de quando em vez, e onde os contatos o exigiam a paridade regressava: aconteceu ainda em 1719, em Pitangui, na escolha dos eleitores para o cargo de capitão-mor.[69]

Alguma pacificação se terá encontrado devido à criação da nova rede urbana, conseguindo assim alguma justiça para "povos que ainda agora começão a

---

66 Maria Helena Coelho e Joaquim Romero Magalhães. *O poder concelhio das origens às Cortes Constituintes. Notas de História Social*, 2ª ed., Coimbra: CEFA, 2008, p. 55-68.

67 *Brasília*, ano 41, nº 164, outubro/dezembro de 2004, p. 270; "Atas da Câmara Municipal de Vila Rica [1716-1721]". In: *Revista do Arquivo Publico Mineiro*, Belo Horizonte, Anno XXV, 2º vol., 1938, p. 25-26.

68 *Códice Costa Matoso*, vol. I, doc. 4, p. 207 e 214; AHU, Con. Ultra., Brasil/MG, Cx: 1, doc. 14. .

69 Abilio Velho Barreto, "Sumario do codice nº 11. Cartas, ordens, despachos e bandos do Governo de Minas-Gerais, 1717-1721", Ano XXIV – 1933, vol. II, p. 598.

sugeitar-se a observancia das leys."[70] Essa aplicação do disposto nas *Ordenações do Reino* e legislação extravagante contribuiria para que mais seguro fosse o viver coletivo. Aplicação em que havia – e tinha que haver – alguma plasticidade: era proibido o uso de armas curtas. No entanto, sempre isso foi permitido dado que a defesa individual o impunha. Feras, ladrões e gente mal intencionada na "spereza dos continuos matos" do sertão, assim o exigiam.[71] Outras pequenas diferenças tinham de ser aceites, como a de se elegerem homens solteiros para os ofícios municipais. Anos andados, quando já se estabilizara a situação, e estando tudo povoado de homens casados com as suas famílias, havia que retomar o disposto nas leis vigentes que lhes reservava a eleição.[72] Mas não se tratava de diferente legislação nem de um ordenamento que se possa dizer semelhante ao reinol criado para terras em processo de colonização.[73] Era o mesmo. Estritamente. Até os símbolos das varas douradas para os oficiais da governança se mandam fazer. À vereação há-de cumprir o determinado nas *Ordenações*, e arrostar com responsabilidades urbanas como a dos caminhos concelhios, para o que por vezes era preciso lançar fintas sobre os vizinhos, o que resultava sempre antipático, e deveria ser executado com suavidade e moderação, e sem "afeição nem desinclinação alguma."

Preocupações com a regulamentação dos mercados locais vinham com frequência a debate nas vereações, que deviam evitar as exorbitâncias nos preços e as dificuldades que daí se poderiam seguir. Em especial de aferir os padrões dos "pesos e marcos, e balanças, varas, côvados e medidas de qualquer género que sejam"; cuidava-se do indispensável abastecimento em pão (milho), feijão, azeite de mamona. Estabelecem as câmaras contratos de abastecimento de carnes no mercado local – o que implicava regulamentar a passagem, a estadia e a venda do gado. A fiscalização sobre os ofícios e sobre os respectivos juízes eleitos pelos seus pares, e pelas taxas dos objetos

---

70 AHU, Con. Ultra., Brasil/MG, Cx. 1, doc. 37.

71 AHU, Con. Ultra., Brasil/MG, Cx. 24, doc. 86.

72 AHU, Con. Ultra., Brasil/MG, Cx. 46, doc. 4.

73 Russell-Wood, "O governo local na América Portuguesa: um estudo de divergência cultural", p. 73-79.

e exercícios prestados não é esquecida. Elaboram-se posturas e regimentos, impõem-se taxas a ferreiros, sapateiros e alfaiates, logo em 1712 em Vila Rica. Em 1714 já haverá também aí juiz dos carpinteiros. Mas não terão os mesteres representação na câmara, como aliás também deixara de a haver em Salvador da Bahia desde 1713.[74] Lojas e lugares de vendagem são fiscalizadas e a sua localização imposta no interior da vila e proibida a menos de uma légua. Nas lavras e morros de mineração também eram defesas as vendas de comidas e bebidas.[75] A regulação dos mercados elementares é da competência das câmaras, cabendo aos almotacés a sua fiscalização.[76] Neles a venda direta por parte dos produtores continua – como no Reino – a merecer toda a proteção, embora haja abertas para outras formas e intermediações, consoante o estado do mercado local. E era o estado do mercado que levava a câmara a conceder licença (ou não) de venda para fora do termo.[77] E rapidamente se vai multiplicar o número de tendas e de vendas ambulantes, fiscalizadas de perto, mas reveladoras de um inegável crescimento.[78]

Com o desenvolvimento da vida urbana também as distinções sociais honrosas começarão a ser requeridas e distribuídas. Ribeirão do Carmo receberá os privilégios da cidade do Porto: "entre as mais vilas, esta se realçava no bom regime da república e pronta cobrança dos reais quintos que tocavam de sua repartição..." Merecia ser residência-refúgio do governador quando os motins assolavam o ter-

---

74 C. R. Boxer. *Portuguese society in the tropics. The municipal councils of Goa, Macao, Bahia, and Luanda 1500-1800*, Madison/Milwaukee: The University of Wisconsin Press, 1965, p. 73 e 77.

75 "Actas da Camara de Villa Rica", p. 237-239, 248, 258, 263, 266, 292, 298, 306 e 350.

76 Cfr. Cláudia Maria das Graças Chaves. *Perfeitos negociantes. Mercadores das Minas Setecentistas*, São Paulo: Annablume, 1999, p. 61-71; Mafalda P. Zemella. *O abastecimento da capitania de Minas Gerais no século XVIII*, p. 168-169.

77 Flávio Marcus da Silva, "Roceiros, comissários e atravessadores. O abastecimento alimentar em Vila Rica na primeira metade do século XVIII". In: *Varia Historia*, Belo Horizonte: UFMG, nº 29, janeiro de 2003, p. 99-101 e 105-106.

78 Moacir Rodrigo de Castro Maia. In: "*Casa de vereança de Mariana: 300 anos de história da câmara municipal*", p. 95-107.

ritório.[79] Servindo como que de capital em algumas circunstâncias, pois ocupava o primeiro lugar nas reuniões das juntas. Por isso em 1728 requere a precedência a que se sente com direito:

> Varias vezes tem os Governadores destas Minas chamado a sua prezença as camaras dellas, para negocios do Real servisso de V. Mag.de, e comcorrendo todas em Junta com os homens de mais distinção deste Governo, sempre tem havido duvidas com a Camara de Vila Rica, por quererem os seos officiaes preferir-nos nos lugares, e assentos. E sendo esta Camara da Vila de Nossa Senhora do Carmo a mais antiga e o estar na posse de ter o primeiro lugar, e como sempre teve a fortuna de fallar primeiro, tambem a teve de mostrar primeiro o grande zello com que os seos officiais e o seu povo servem e tem servido a V. Mag.de por que foi a primeira que abrassou o estabelecimento das cazas da moeda e fundissão, e a primeira que prometeo de donativo sento e vinte e sinco arrobas de ouro que pagam estas Minas por seis annos para suprimento dos gastos dos felicissimos casamentos de Suas Altezas que Deos guarde alem de ter sido a primeira em outros muitos serviços que se tem feito a V. Mag.de depois que se formaram as villas como consta da certidão junta do Governador destas Minas.

Porém, nunca Vila Rica por sua parte concedeu razão a este pedido instante, que sempre contestará. Porque se afirmava de fundação mais antiga que a Vila do Carmo e pedia por sua vez o predicamento de cabeça da província.[80] Porque era um centro mais populoso e economicamente mais importante.[81] Conflito de vizinhança e de precedência, bem conforme ao século que corria. E que os reclamantes queriam com insistência que o Rei arbitrasse.[82]

Aumentará em breve o número de oficiais da justiça. Em 1726 o governador D. Lourenço de Almeida pedia que para Vila Rica viesse um ministro de toga, porque isso "será o meyo mais proprio para civilizar aquelles povos e pollos em

---

79 *Códice Costa Matoso*, vol. I, doc. 10, p. 252.

80 AHU, Con. Ultra., Brasil/MG, Cx. 12, doc. 54; *Ibidem*, Cx. 3, doc. 74.

81 Cfr. Donald Ramos, "Vila Rica: Profile of a Colonial Brazilian Urban Center". In: *The Americas*, Berkeley: Academy of American Franciscan History, vol. 35, nº 4, april de 1979, p. 496.

82 AHU, Con. Ultra., Brasil/MG, Cx: 3, doc. 78.

estado de vida republica, tirando-os da barbaridade de viverem como gentes colectivas sem observancia da ley divina e humana."[83] Ocorrerá em 1731 a nomeação do primeiro juiz de fora, mas para Ribeirão do Carmo. Talvez para evitar previsíveis conflitos entre magistrados: ouvidor-geral da comarca e juiz de fora do concelho.[84] Em 1745, esta vila será elevada a cidade com o nome de Mariana, e nela em 1748 se instalará o primeiro bispo. Escolha que não se baseia nem na dimensão urbana nem na importância económica relativa das povoações das Minas. Talvez a preferência se explique pela melhor colaboração aí normalmente encontrada pelos governadores.

Também a autonomia municipal não deixa de se revelar nas questões protocolares: em 1735 o governador conde das Galveias manda prender a vereação de Vila Rica. No dia de posse ou no dia seguinte esta não fora, "em corpo de câmara", apresentar-lhe cumprimentos – o que não seria exigível. Mas tornara-se costume introduzido localmente e o governador entendia obrigar ao seu cumprimento. Perante o protesto dos juízes ordinários de 1735, os sargentos-mores Domingos de Abreu Lisboa e Fernando da Motta, não tardou a dispensa real para acabar com a indevida obrigação.[85] Em contrapartida, os oficiais régios impõem às câmaras respeito pelas nomeações de Sua Majestade e pela consideração social que lhes correspondia.[86]

Embora com algum atraso relativamente à descoberta do ouro, à fundação de vilas e à institucionalização de comarcas, impôs-se nomear uma autoridade diretamente dependente do rei só para o território das Minas. No rescaldo da Guerra dos Emboabas, o governador do Rio de Janeiro (que ao tempo incluía o território de São Paulo e o interior onde se descobriram as jazidas auríferas), António de

---

83 AHU, Con. Ultra., Brasil/MG, Cx. 9, doc. 32.

84 Maria de Fátima Silva Gouvêa, "Dos poderes de Vila Rica do Ouro Preto. Notas preliminares sobre a organização politico-administrativa na primeira metade do século XVIII". In: *Varia Historia*, Belo Horizonte: UFMG. Nº 31, janeiro de 2004, p. 129.

85 AHU, Con. Ultra., Brasil/MG, Cx. 29, doc. 65.

86 Júnia Ferreira Furtado. *Homens de negócio. A interiorização da metrópole e do comércio nas Minas Setecentistas*, São Paulo: Editora Hucitec, 1999, p. 183-184.

Albuquerque Coelho de Carvalho, instalar-se-á em Vila Rica. Depois, tendo sido criada nesse mesmo ano de 1709 uma nova capitania de São Paulo e das Minas do Ouro, destacada da do Rio de Janeiro, o governador passa a residir nas Minas. A redefinida capitania de São Paulo incluía agora os territórios das regiões mineiras, e à sua jurisdição regressava a parte costeira de Santos que antes fora passada para o Rio de Janeiro.[87] Rearrumação das capitanias que prosseguirá. Os limites internos entre as Minas, a Bahia e Pernambuco começam a precisar-se. Era toda uma nova presença que tinha que ser redesenhada, o que exigirá tempo, resolução de alguns desaguisados e ordens régias para o efeito em 1722, 1731, 1743 e 1749. Em 1745 queixa-se a Vila do Príncipe que o ouvidor de Jacobina queria incorporar na sua jurisdição as Minas Novas de Araçuaí, não lhe bastando as vilas que tinha de Jacobina e Nossa Senhora do Livramento e Rio das Contas.[88] Conflitos de jurisdição, como tantos outros, que a definição do território eliminava ou criava. Sempre sendo melindroso tocar ou tentar modificar as jurisdições: assim acontece ainda nos confins de São Paulo e da comarca do Rio das Mortes de Minas, em 1749.[89]

Desde 1720 a capitania de São Paulo e a das Minas estavam autonomizadas. O governador das Minas tem funções de "inspeção sobre o estado político", governa as armas, preside às juntas de justiça e fazenda. Apesar disso, não foi dotado com um regimento próprio, o que por vezes dá lugar a que a jurisdição dos ouvidores contendesse com a do governador. E abusos não faltaram, alguns denominados "estilos", embora muitas e severas limitações tenham sido emitidas pelo monarca.[90] Com essa separação de São Paulo e das Minas se decidia uma mais cerrada atenção a um território agora central no Brasil. Onde o governador não detinha todos os poderes: deveria contar com as demais autoridades nomeadas pelo rei. Inclusivamente na justiça: os ouvidores, o procurador da fazenda e o juiz de fora (quando o havia) deviam reunir-se em junta com o governador

---

[87] Affonso de E. Taunay. *Historia da Cidade de São Paulo no seculo XVIII*, t. I (1711-1720), p. 306-307.

[88] AHU, Con. Ultra., Brasil/MG, Cx. 45, doc. 78.

[89] AHU, Con. Ultra., Brasil/MG, Cx. 50, doc. 44; Cx. 54, doc. 83.

[90] Teixeira Coelho. *Instrução para o Governo da Capitania das Minas Gerais (1782)*, p. 199-212.

para sentenciar sem apelo nem agravo "até a morte inclusive, os bastardos carijós, negros e mulatos"; só havendo empate caberia ao governador decidir.[91] A pena capital para gente de outra qualidade e condição escapava à competência dos governadores. Muitos eram os desvios e os descaminhos que a administração revelava. Em todos os sentidos, em todos os campos. E que não era fácil corrigir. Inclusivamente no que tocava aos bens patrimoniais, onde sequer faltavam os abusos dos provedores dos bens dos defuntos.[92] A distância dava campo para enormes espoliações dos herdeiros.

Mas a prática da justiça, por vezes, via-se adaptada e ajeitada pelos que a exerciam. Francisco Ângelo Leitão, juiz de fora de Mariana, em 1749 explica que o seu antecessor, o bacharel José Caetano Galvão, teria mandado "praticar o castigo de açoites publicos em mulatos forros." Era bem assim, reconhecia, mas isso explicava-se porque "lhe foi necessario valer-se extraordinariamente desta demonstração para abatimento da insolente soberba, e perturbação de semelhante qualidade de gente." Assim seria, e teria cobertura legal, "pois muitas vezes he licito ao Juiz afastar-se das solenidades, e meyos ordinarios de direito para temor dos delinquentes e tranquilidade das Republicas."[93] Apesar dessas práticas arbitrárias, as queixas que chegam ao Conselho Ultramarino sobre a justiça no território das Minas quase sempre respeitam aos custos de todas as diligências, sempre ditas muito caras.[94] Os ânimos orgulhosos de certos moradores desta comarca não se cansam de protestar contra o que consideram graves erros da administração da justiça. Clamam contra o sítio onde são moradores, escreve o juiz de fora de Mariana em 1749, por "ser peyor que o Inferno; mas porque eles foram sempre notados neste País de mayores inquietadores, e diabólicos nas suas invectivas."[95]

A um tempo de instabilidade, de carência de organização política e administrativa, vêm a autoridade régia e a organização municipal trazer um pouco mais

---

91 *Códice Costa Matoso*, doc. 31, p. 363.

92 Manuel Artur Norton. *D. Pedro Miguel de Almeida Portugal*, nota (88), p. 53-54.

93 AHU, Con. Ultra., Brasil/MG, Cx. 53, doc. 37.

94 AHU, Con. Ultra., Brasil/MG, Cx. 53, docs. 14 e 37, v. g..

95 AHU, Con. Ultra., Brasil/MG, Cx. 53, doc. 37.

de segurança e de estabilidade, que não (e não de imediato) a disciplina coletiva que se pretendia. Mas sem dúvida que as coisas se põem mais a jeito para a atuação dos detentores dos vários poderes, que deveriam atuar em convergência, mas que muitas vezes divergiam, sem que por isso o ordenamento jurídico instalado fosse posto em causa: não por acaso o município pode ser considerado como "parte integrante do próprio governo ultramarino da Coroa Portuguesa."[96]

Restos do próximo passado de solta vida coletiva ainda se manifestam. A memória contava – e de que maneira! A eleição de governador será lembrada, como o será o que aconteceu a D. Fernando Martins Mascarenhas e Lencastre, "a quem os povos das Minas do Ouropreto que avião arrogado a sy a elleyção de Governador, negarão obediência, e impedirão o pasço no rodeyo de Itatiaya."[97] Contra Manuel Nunes Viana se encontrará o conde de Assumar, D. Pedro de Almeida, que bem o acusa de se ter arrogado "o poder e a jurisdicção de governador, e chegando a tanto a sua insolencia que impedio a entrada nestas Minas ao governador D. Fernando Martins Mascarenhas." Mas ainda dele se temia: Manuel Nunes Viana "se tem desvanecido de tal modo que se tem persuadido a sy mesmo que em toda a parte deste governo tem dominio pello direito que usurpou no tempo da sublevação, e deixa-se lizonjear de sorte deste errado pensamento que entende firmemente que fez a V. Mag.^{de} e a seos vassalos hum grande serviço e que por esta razão he credor da veneração e respeito de todos elles."[98] Governador que chega a considerar Manuel Nunes Viana como "o mesmo vício." Tido como déspota nas terras onde vivia, arrogando-se o cargo de governador desse sertão. Para embaraçar-lhe o passo pretenderia o conde de Assumar criar bem no interior do território uma vila, na paragem das Jaboticabas Papagaios, para a Barra do Rio das Velhas, com o nome de Santa Maria do Bom Sucesso. Deveria ser bem necessário, visto que o sítio dos

---

96 C. R. Boxer. *O império colonial português*, trad., Lisboa: Edições 70, 1977, p. 305-319; A. J. R. Russell-Wood, "O governo local na América Portuguesa: um estudo de divergência cultural", p. 47.

97 "Varios documentos". In: *Revista do archivo publico mineiro*, Anno IV, Belo Horizonte: Imprensa Oficial de Minas Geraes, 1899, p. 813.

98 AHU, Con. Ultra., Brasil/MG, Cx. 2, doc. 3.

Papagaios ficava distante de Sabará dez jornadas.[99] Mas Manuel Nunes levanta-se com o povo a pretexto de um falso rumor de lançamento de um novo tributo de 10% sobre todos os gêneros. A vila seria por ele considerada como uma ameaça ao seu poder efetivo na região. Temia também o governador que esse potentado impedisse o abastecimento em gado ao território das Minas. Podia até ocorrer alguma iniciativa separatista desses territórios ou um levante da população. E foi mesmo um levantamento do povo da Barra que ocorreu, contra essa tal criação da vila dependente do governo das Minas, nesse ano de 1718. O ouvidor não conseguiu criar o novo município que serviria "para chamar ao bom caminho aquele povo levantado pelo régulo e seus asseclas". Manuel Nunes Viana, seu primo Manuel Rodrigues Soares e o padre António Corvelo terão chefiado o motim. O eclesiástico destacara-se pela excomunhão lançada sobre o povo que não se dispusera à sublevação.[100] Porém, ainda era tempo de conciliação e busca de equilíbrios e não de imposição da autoridade do monarca absoluto. E o próprio governador-geral, conde de Vimieiro, acha impraticável prender os levantados, decisão por que instava o governador das Minas.[101]

Só neste final da segunda década do século a autoridade do governador da capitania sobre a região e seus moradores se afirma e as coisas parecem mudar. Com D. Pedro Miguel de Almeida Portugal, conde de Assumar (1717-1720), chega o primeiro contingente de Dragões, o que vai conferir ao governador capitão-general a possibilidade de atuar pela força ou pelo menos de manter uma ameaça constante de atuação militar. Em algumas circunstâncias apenas, que era pouco numerosa a tropa às suas ordens: dois contingentes de cavalaria, com 60 homens cada, soldados pagos ao quádruplo do que venciam em Portugal. E pagos pela capitania. Mais: não deveriam eles ser recru-

---

99 AHU, Con. Ultra., Brasil/MG, Cx. 32, doc. 12.

100 *Discurso histórico e político sobre a sublevação que nas Minas houve no ano de 1720*, p. 91; Abilio Velho Barreto, "Sumario do codice nº 11. Cartas, ordens, despachos e bandos do Governo de Minas-Gerais, 1717-1721". In *Revista dos Arquivo Público Mineiro*, Belo Horizonte, Imprensa Oficial do Estado de Minas-Gerais, Ano XXIV – 1933, vol. II, p. 484, 487, 499-500, 523-525 e 570-572.

101 Abilio Velho Barreto, "Sumario do codice nº 11. Cartas, ordens, despachos e bandos do governo de Minas-Gerais, 1717-1721", Ano XXIV – 1933, vol. II, p. 563.

tados no Brasil mas em Lisboa; não queria o governador incorporar nenhum "filho da América". Pagos pela capitania teriam de ser ainda os cavalos e o seu sustento. Devendo as câmaras arcar com a construção dos quartéis para os alojar.[102] Era convicção de Sua Majestade ser justo "que os que servem nas conquistas tenham soldos com que passem comodamente." Trata-se então de nomear capitães, tenentes e alferes de cavalaria, furriel e cabos de esquadra. Mais tarde, em 1732, o contingente de cada companhia passará para os 80 homens a cavalo. Havia que precaver alguma ocorrência violenta por causa do mais restrito cumprimento da contribuição do quinto do ouro que se preparava.[103] A soldadesca porém provoca dificuldades, de que o governador dá parte:

> porque vieram para estas Minas, entendendo, que vinhão a fazer guerra aos paizanos e não a concerva-los em pax, que he o fim para que V. Mag.de foi servido manda-los, e asim ou por má natureza sua, ou por demasiada liberdade, que se lhes deo logo que chegarão, não havia insulto, que não cometessem contra estes moradores, porque justamente se receava algum levantamento contra elles, e sem embargo que depoes de minha chegada a este governo os pus com melhor regra não lhe consentindo fazer violencias; alguãs fizeram de que forão repreendidos.[104]

Um dos instrumentos da desejada disciplina social precisava por sua vez de ser disciplinado.

Surgem nomeados também com o conde de Assumar os primeiros provedores da fazenda real nas Minas Gerais, ao tempo que ainda se criam os primeiros superintendentes-gerais das Casas de Fundição e Moeda – logo se determinando os respectivos ordenados. Começa a usar-se o instrumento jurídico da devassa, que atemorizava pela recolha de informações que implicava. Torna-se sem dúvida mais impositiva a autoridade do governador. Como tal a deveriam sentir alguns – se não sofrê-la. Seria também visível o reforço do reconhecimento das honras devidas aos servidores régios que acrescentava ao

---

102 *Ibidem*, p. 583, 585, 593 e 609.

103 AHU, Con. Ultra., Brasil/MG, Cx. 22, doc. 59.

104 AHU, Con. Ultra., Brasil/MG, Cx: 4, doc. 57.

prestígio da autoridade na colônia.[105] O conde de Assumar, em 1717, não deixa de apontar para Lisboa a necessidade de honrar alguns moradores. Era a maneira de conseguir a satisfação dalguns dos homens principais. Um deles apetecia o lugar de provedor da fazenda que o governador achava que merecia pelas suas qualidades e poder social. E segue a lista com os nomeados – um dos quais Pascoal da Silva Guimarães. Tratava-se de evitar a incrível desconsolação em que se encontravam esses principais por nenhuma mercê régia ainda os ter contemplado.[106]

Para que haja um pouco melhor prática da justiça a partir de 1718 passam a ser nomeados pelas câmaras juízes pedâneos, ou de vintena, para cada um dos arraiais, com os respectivos escrivães. Inicialmente para padre Faria, em Ouro Preto, eleitos aos mais votos. Depois por determinação régia.[107] O que só se concretizará em todas as freguesias lá para 1735... Desde a primeira nomeação sabiam os juízes das vintenas quais os limites das suas competências e atribuições. Em especial "terão muito cuidado no sussego do lugar de sua jurisdição atalhando pendencias e ruidos, prendendo os agressores na cadea" da Vila. Conhecerão por ação apenas de uma a duas oitavas e meia de ouro, entregando ao Senado esse produto. Especialmente deveriam "dar execussam as ordens que deste Sennado ou pello Juizo ordinario lhe forem expedidas." Não lhes era conferida margem para iniciativas próprias, em tudo se conformando com a *Ordenação do Reino*.[108] Estas magistraturas para as áreas das freguesias assumem em Minas uma relevância insuspeitada no Reino – embora constassem da legislação. Provavelmente por causa da distância, essa representação das autoridades concelhias nas freguesias torna-se muito presente nas Minas. Não obstante as vantagens de uma permanência local de um oficial, as câmaras sentem-se "gravemente prejudicadas pella demenuição que tiverão os seus officios depois que a camara da

---

105 Russell-Wood, "Manuel Nunes Viana: Paragon or Parasite or Empire?", p. 494; *Códice Costa Matoso*, vol. I, doc. 31, p. 359-363.

106 Rau/Silva. *Op. cit.*, vol. II, p. 194 e 376.

107 AHU, Con. Ultra., Brasil/MG, Cx. 45, doc. 95, "Atas da Câmara Municipal de Vila Rica [1716-1721]", p. 61-62.

108 "Atas da Câmara Municipal de Vila Rica [1716-1721]", p. 62-63.

mesma villa [do Carmo] nomeou com hordem de V. Mag.^de Juizes e Escrivaens da vintena em todas as suas freguesias." Os vintenários por vezes cumprem obrigações à distância de quatro léguas do seu assentamento – pelo que têm de receber ajudas de custo,[109] o que vai ser fortemente contestado pelos oficiais concelhios. Propõem que as ajudas de custo deixem de ser pagas, limitando-se os juízes das vintenas a exercer as suas funções apenas nos respectivos arraiais.

Claro que o parecer do Provedor da Fazenda Real não deixa de referir a questão central:

> Os vintaneyros nos lugares, e tão distantes das villas, como costumão ser nas Minas são uteis a República, por isso determina a ley os haja neste Reino onde he menor a distancia dos termos das cidades e villas, porem os ditos vintaneiros [nas Minas] se devem conter em não excederem o Regimento que lhe dá a ley, e não exercitarem o seo officio fora do seu destricto.

Foi decisão de 1744, confirmada em 1747.[110] Esta magistratura menor – se assim se pode dizer – exigia a participação de muita gente. Na Vila do Carmo/Cidade de Mariana, entre 1736 e 1750, houve 60 homens-bons que passaram por esse lugares, no conjunto das freguesias do termo.[111]

Embora sem qualquer apoio no determinado nas *Ordenações*, surgem nomeados juízes ordinários, sem haver câmara ou qualquer outro suporte ou ligação institucional a um concelho. Explica esta criação, em 1746, o governador Gomes Freire de Andrada:

> Foy V. Mag.^de servido por sua real ordem de 28 de abril de 1732, mandar criar no certão da Capitania das Minas, dous juizes ordinarios, e dous escrivaens do publico, judecial e notas, hû no destricto do Papagayo, distante de Vila Real do Sabará, cabeça da comarca, outo dias de viagem, e outro no Arrayal de São Romão, em distancia da mesma Vila, mais

---

109 Abilio Velho Barreto, "Sumario do codice nº 11. Cartas, ordens, despachos e bandos do Governo de Minas-Gerais, 1717-1721", Ano XXIV – 1933, vol. II, p. 619; AHU, Con. Ultra., Brasil/MG, Cx. 45, doc. 91.

110 AHU, Con. Ultra., Brasil/MG, Cx. 44, doc. 24; Cx. 50, doc. 56.

111 *Casa de vereança de Mariana: 300 anos de história da câmara municipal*, p. 56-57.

de vinte dias, por obviar o discomodo que aquelles moradores exprimentavão em ter tão remota providencia, para aprovação dos testamentos, e factura de algûas escripturas.[112]

O que se manteve, sendo estes juízes de eleição popular ou de nomeação pelos ouvidores das comarcas. Tinham limitada a jurisdição no cível até 25 000 réis e no crime remetem as devassas que tirarem para a ouvidoria em Sabará.[113] Em 1745 surge um Alexandre de Castro Rodrigues "juiz ordinário e de orphaos do destrito do Arrayal de Sam Romão da Vila de Nossa Senhora da Compçeição do Sabará Comarca do Rio das Velhas termo do Bispado de Pernambuco."[114] Outro tanto poderá ter ocorrido no distrito do Paracatu, em 1746, no arraial de São Luís e Santa Ana, onde também residiam intendente (que era o capitão-mor da Vila do Carmo) e escrivão da Intendência. Era povoado que se diz de mais de 1300 vizinhos, fora os seus subúrbios, onde viviam "em lavras de ouro e roças de mantimento." Tinha sido preciso criar essa intendência "no Arrayal de São Luís do distrito de Paracatu, comarca de Villa Real de Sabará" porque se encontrava à distância de mais de 170 léguas da Vila do Ribeirão do Carmo.[115] Aí surge um autodesignado juiz ordinário. Seria? Talvez, neste caso, pois será nos anos 70 terra dita como um julgado; a mesma designação que também merecem os distritos de São Romão e do Papagaio (ou Curvelo).[116] Muito embora também se possa pensar que a expressão de juiz ordinário pudesse designar o juiz da vintena. Não terá porém este procedimento de nomear juízes ordinários fora do quadro concelhio sido generalizado – trata-se de casos extraordinários este da criação de julgados. Os juízes ordinários e os

---

112 AHU, Con. Ultra. – Brasil/MG – Cx. 46, doc. 14.

113 AHU, Con. Ultra., Brasil/MG, Cx. 32, doc. 12.

114 *Códice Costa Matoso*, vol. I, doc. 88, p. 649; AHU, Con. Ultra., Brasil/MG – Cx. 45, doc. 5.

115 AHU, Con. Ultra., Brasil/MG, Cx. 46, doc. 28, 29 e 46; Cx. 47, doc. 28, 29 33 e 46.

116 José Joaquim da Rocha, "Memoria historica da Capitania das Minas Geraes". In: *Revista do Archico Publico Mineiro*, Anno 2, vol. 3, Ouro Preto, Imprensa Official de Minas Geraes, 1897, p. 453-456; será conveniente apurar esta situação, para o que se torna indispensável a pesquisa local.

das vintenas iriam chegando para satisfazer as necessidades de administração de justiça da capitania, mesmo nas áreas mais distantes.

Uma das grandes dificuldades será sempre a da distância. Mesmo no interior das comarcas. Em 1747 queixa-se a governança de Pitangui do ouvidor-geral da comarca do Rio das Velhas que obrigava os moradores naquela vila a deslocarem-se a Sabará – sede da ouvidoria-geral, para apresentarem as suas questões. Sobretudo disso aproveitavam os que não pagavam as dívidas contraídas. Fazendo citar os devedores perante o magistrado,

> os pobres homens fazendo contas, e despesa do caminho, e detrimento de suas cazas e familia, por ser a mayor parte do povo desta villa cazado, e pobre, e nem podem no termo de dez dias peremptórios levar testemunhas desta villa àquella para provarem suas exceiçoens, deixão antes perder as cauzas por não hirem defendelas, com tão grave detrimento, com quatro dias de jornada de hida, e outros tantos de volta, e os necessários que lhes forem de estada, metidos em estalagens com bestas, e escravos, que precisamente lhe são necessarios.[117]

Em muitas destas vilas, longe da sede das comarcas, a realidade não seria diferente. E não saía favorecido o exercício da justiça.

Com o conde de Assumar (1717-1721) a presença do governo do Reino terá começado a ser sentida no território das Minas,[118] o que era uma exigência da colonização da América Portuguesa assumida pela Coroa. Mais: era igualmente uma necessidade para que Sua Majestade conseguisse receber os quintos do ouro. Prepara-se uma acrescida disciplina interna: aos mineiros é retirada a possibilidade de trazer armas, bem como açoitar criminosos; pretos, mulatos, cativos ou forros, seriam vigiados; todos os escravos deveriam ser arrolados, pois pelo seu número se fazia o pagamento do quinto; em cada um dos distritos das Minas haveria um provedor dos quintos, que teria um escrivão posto pelo governador, e registaria o que recebesse num livro próprio, rubricado pelo ouvidor da comarca; proíbem-se as destilarias de aguardente para evitar "bebe-

---

117 AHU, Con. Ultra., Brasil/MG, Cx. 50, doc. 53.

118 Laura de Mello e Souza. *O sol e a sombra. Política e administração na América portuguesa do século XVIII*. São Paulo: Companhia das Letras, 2006, p. 194.

dices"; vai-se mesmo até destruir engenhos de cana; autoriza-se o ataque armado aos quilombos de escravos fugidos, para que os prendessem ou matassem se resistissem – é nomeado capitão-do-mato para os perseguir; negro fugido a seu senhor seria abatido; negros e negras não podiam ter escravos; religiosos e mais eclesiásticos que no território das Minas não tivessem que fazer deveriam abandoná-lo. Não estando os clérigos dispensados do pagamento dos quintos, porque também eles se dedicavam à mineração com escravos e alguns o faziam em terras régias.

Os desmandos que se assacavam aos quilombos de negros fugidos e às tentativas de rebelião começaram então a ser perseguidos. A ponto de o governador D. Pedro de Almeida autorizar um preto a trazer armas e apanhar negros fugidos, nos quilombos ou fora deles. Numa sociedade mal consolidada e escravocrata os negros eram tidos como um fator de indisciplina facilmente detectável. Mas também os havia de toda a confiança dos seus senhores.[119] Em 1719 teme o governador uma sublevação de negros que se prepareriam para roubar as armas dos brancos e levantarem-se contra eles. Comunicavam-se "de partes mui distantes." Seria uma temível sublevação geral para exterminar os brancos. Pouco caso fizera o governador quando teve a notícia, tomando-a como "negócio de negros", mas convinha alertar as autoridades para evitar acidentes desta natureza. Era ainda o temor do que ocorrera em Palmares que se invocava, embora o conde de Assumar tivesse mais receio do que os brancos pudessem fazer do que dos negros.[120] Embora medidas drásticas propusesse, como cortar uma "artéria do pé" a todo o negro que fugisse e não deixasse de se alarmar com o quilombo descoberto na Serra do Caraça, próximo de Vila Real. Daí saíram negros que agitaram o povo.[121] Para evitar o seu

---

119 Manuel Artur Norton. *D. Pedro Miguel de Almeida Portugal*, p. 55-56 e 244 (doc. 5); Miguel Costa Filho, *A cana-de-açúcar em Minas Gerais*, p. 103-118; Velho Barreto, "Sumario do codice nº 11. Cartas, ordens, despachos e bandos do Governo de Minas-Gerais, 1717-1721", Ano XXIV – 1933, vol. II, p. 442-443, 541-542 e 589.

120 *Ibidem*, p. 548-559.

121 *Ibidem*, p. 600-602.

afastamento dos brancos, exige-se aos padres que não batizem nem casem negros tendo negros como padrinhos.[122]

Só então, em 1719, quando a disciplina social começa a ser controlada, emerge a preocupação com o preenchimento de alguns ofícios: mediante donativo poderiam os interessados requerer o provimento nessas propriedades. Também a venalidade nesses cargos considerados menores se instalava numa prática normal. E porque muitos titulares dos ofícios não os serviam diretamente, punham em sua vez serventuários que os substituíam. Pagando por isso um arrendamento ao proprietário. E ainda obrigando a pagar parte desses rendimentos ao rei. Matéria que muito interessou o Conselho Ultramarino.[123] Meirinhos, alcaides, escrivães, tabeliães começam a surgir pelas novas vilas. Muito solicitados seriam os cargos de capitães-mores, capitães, sargentos-mores e demais oficiais de ordenanças: lugares sobremaneira honrosos. E logo entre os oficiais concelhios começam aparecer juízes e vereadores designados por capitães. Em Vila Rica, em 1716, serão juízes um sargento-mor e um capitão, vereadores um capitão e um guarda-mor, um tenente o procurador do concelho.[124] Na Vila do Carmo encontram-se logo em 1712 o capitão-mor e um capitão como juízes ordinários, um coronel, um capitão e um ajudante como vereadores.[125] E assim continuará nas vereações da Capitania – como acontecia com frequência no Reino. A militarização geral da sociedade arrancara. Todos tenderiam a ficar enquadrados na organização defensiva. Depressa se multiplicarão os ofícios públicos entre os quais os de servidores das ouvidorias: em 1722.[126] Sua Majestade já pretende saber em quanto se avaliam cada um dos ofícios das comarcas de Minas – informação indispensável para a distribuição de mercês e

---

122 *Ibidem*, p. 605.

123 João Teixeira Coelho. *Instrução para o governo da Capitania das Minas Gerais (1782)*, p. 328-333.

124 "Actas da Camara de Villa Rica", p. 388.

125 *Casa de vereança de Mariana: 300 anos de história da câmara municipal*, p.187.

126 Abilio Velho Barreto, "Sumario do codice nº 11. Cartas, ordens, despachos e bandos do Governo de Minas-Gerais, 1717-1721", p. 564.

para as vendas de ofícios,[127] de que o rei vai tirar proveito: em 1740 um aviso manda informar todos os ofícios vagos nas Minas Gerais e os respectivos rendimentos, suspendendo o provimento de novas serventias; em 1741 têm de começar a pagar "donativo a proporção do que tiver pago o ultimo provido."[128] Avalanche de papel inunda a secretaria do Conselho Ultramarino rogando confirmações e prorrogações no desempenho de lugares, e outras autorizações necessárias enquanto há queixas de que alguns por "luvas e donativo" conseguem ser nomeados. Isto apesar de às vezes "serem pessoas indignas de servirem tais ocupações" de que decorrem demandas, mortes, e injúrias.[129] O que ainda era pouco. E continuam a ser enviados para Lisboa as listas com os ofícios e as pessoas que os servem: em 1744 estavam providos na comarca do Rio das Mortes, em São João d'El-Rei, o escrivão da ouvidoria-geral, o tabelião do público e do judicial, o escrivão das execuções, o escrivão da câmara e almotaçaria, o escrivão dos órfãos, o meirinho geral, o escrivão do meirinho geral, o meirinho das execuções, o escrivão do meirinho das execuções, o meirinho do campo, o alcaide da vila, o escrivão do alcaide, o porteiro dos auditórios, o tesoureiro da provedoria, o escrivão dos ausentes, o meirinho da provedoria dos ausentes, o escrivão da vara do meirinho da provedoria dos ausentes. Eram um pouco menos os da vila de São José, da mesma comarca: tabelião da vila, escrivão da câmara e da almotaçaria, escrivão dos órfãos, alcaide, escrivão do alcaide, meirinho das execuções, escrivão do meirinho das execuções e porteiro dos auditórios. Quer isto dizer que mais eram os ofícios onde estavam os magistrados régios.[130] Naturalmente.

Por 1717-1720 tratava-se não só de estabilizar a sociedade mas de lançar uma estrutura administrativa e judicial pronta a atuar. D. Pedro de Almeida faz

---

127 AHU, Con. Ultra., Brasil/MG, Cx: 3, doc. 40; A. J. R. Russell-Wood, "Governantes e agentes". In: Francisco Bethencourt e Kirti Chauduri, direc., *História de expansão portuguesa*, Lisboa: Círculo de Leitores, vol. III, 1998, p. 185.

128 AHU, Con. Ultra., Brasil/MG, Cx. 40, doc. 9; Cx. 41, doc. 59.

129 AHU, Con. Ultra., Brasil/MG, Cx. 24, doc. 30.

130 AHU, Con. Ultra., Brasil/MG, Cx. 44, doc. 102.

apresentar as patentes de todos os que desempenhavam ofícios de justiça ou se achavam providos em postos militares. E isto logo em 1717.[131] Com essa multiplicação de nomeações também a qualidade dos contemplados pode sofrer. Em 1735, Gomes Freire de Andrada, ao formar quatro novos regimentos de cavalaria em Minas, constata que muitas patentes tinham sido dadas "por liberalidade de alguns generaes que tem governado esta Capitania." A ponto de ter achado alguns oficiais trabalhando como oficiais mecânicos. Esta desqualificação levava a que alguns outros, muito capazes, se desviassem para se não confundirem com a baixa qualidade e condição dos que obtinham as nomeações.[132]

Será também em 1720 que a intervenção dos dragões se inicia: tratou-se de sufocar um levantamento ocorrido na Vila da Piedade de Pitangui, a propósito de um contrato de comércio de aguardente de cana-de-açúcar. Negócio de paulistas. Ocasião propícia para uma primeira grande manifestação de força por parte das autoridades régias. Aos dragões juntaram-se os auxiliares de Vila Real e de Vila Nova da Rainha. Reunira-se um contingente de 500 homens armados.[133] Era um sinal que os povos deviam entender, pensava-se. Porque a força não era nunca desejável, preferindo-se a persuasão. Ou quando muito a ameaça do emprego da força para com isso se impor o acatamento das medidas pretendidas. Os tempos andavam perturbados. Houve uma crise terrível e pânico em Minas quando se soube da lei sobre as Casas da Fundição. "As povoações despovoaram-se. A miséria imperava." E o governador nada podia fazer. Mas eis que chegam os dragões e com eles a "quebra da insolencia dos mineiros, sobretudo depois dos sucessos de

---

131 Abilio Velho Barreto, "Sumario do codice nº 11. Cartas, ordens, despachos e bandos do Governo de Minas-Gerais, 1717-1721", Ano XXIV – 1933, vol. II, p. 443-444.

132 AHU, Con. Ultra., Brasil/MG, Cx. 30, doc. 52.

133 Manuel Artur Norton, *D. Pedro Miguel de Almeida Portugal*, p. 57; Abilio Velho Barreto, "Sumario do codice nº 11. Cartas, ordens, despachos e bandos do Governo de Minas-Gerais, 1717-1721", Ano XXIV – 1933, vol. II, p. 620-632 e 635-640; Diogo de Vasconcelos, *História antiga das Minas Gerais*, 4ª ed., vol. 2º, Belo Horizonte: Editora Itatiaia Limitada, 1974, p. 97-101; Rau/Gomes da Silva. *Op. cit..*, vol. II, p. 271.

Pitanguy, salientando que, sem essas forças, não sabe como conseguiria manter a ordem e o princípio da autoridade."[134]

Com todo esse aparato de uma soberania com uma raiz distante, pouco a pouco, lá vão sendo instaladas as novas autoridades e os poderes provenientes das nomeações régias. Sem que por isso as câmaras tenham sido despojadas das suas funções de representação das populações. Nem sem que se vencessem todas as dificuldades: o longo período sem autoridades fazia com que alguns pudessem dizer que os povos da América eram difíceis, e que era "preciso muita paciência para lidar com tal gente semibárbara."[135] Sobretudo, pouco habituada às regras de convivência da coletividade e a uma acatada subordinação ao monarca. E sempre com a questão fiscal como fundo de obstáculos. Cedo se apercebe o governador que se escreviam "papeis anonimos e sediciozos" e que "tudo erão subterfúgios para illudir o pagamento." À mínima dificuldade econômica as coisas alteravam-se. Muitos fugiam para os sertões. Os credores apertavam na exigência de pagamento de dívidas. Diminuíam os cabedais disponíveis. O governador tenta apaziguar a situação, escrevendo aos ouvidores para que administrassem a justiça mantendo os povos e não os perseguindo. Deviam "buscar hum meyo termo com que se segurassem os acredores as suas dividas sem tanta opreção dos devedores, e que não ficasse contingente a cobrança dos quintos por razão dos muitos fogidos." A própria função de governador afligia o conde de Assumar: sentia-se de mãos atadas, pois não tinha autoridade sobre os ouvidores.[136]

Dificuldades que lentamente se vão resolvendo. Estava bem entendido que as câmaras deviam disciplinar e representar a população: em simultâneo. O que muitas vezes não acontecia porque os que as compunham e ocupavam os lugares de juízes ordinários, vereadores e procurador do concelho o faziam em benefício

---

134 Abilio Velho Barreto, "Sumario do codice nº 11. Cartas, ordens, despachos e bandos do Governo de Minas-Gerais, 1717-1721", Ano XXIV – 1933, vol II., p. 673-674.

135 *Ibidem*, p. 633.

136 Rau/Gomes da Silva. *Op. cit.*, vol. II, p. 270-272.

próprio ou para orientar a comunidade segundo os seus interesses particulares ou de grupo. Pelo que constantemente as medidas do poder local revelam e suscitam uma enorme ambiguidade. Daí que seja ousado afirmar que a "câmara servia como intermediária entre os governos da Coroa e o povo, com toda a sua diversidade."[137] O que muitas vezes acontece: porém não se trata de uma intermediação incondicional ou constante. O bem do povo é aquele propósito que os homens da governança sempre declaram: mas é isso mesmo, ou trata-se de uma vantagem esperada pelo grupo dos poderosos e principais? A indeterminação resulta de se juntar na mesma entidade as funções políticas, administrativas e judiciais – característica das sociedades europeias anteriores às revoluções liberais. Pelo que muitas vezes as câmaras não exercem a necessária e esperada disciplina coletiva. Mas com elas é preciso contar. Assim agia o conde de Assumar quando em 1720 estranha à governança da câmara da vila do Carmo "o não atalharem o levantamento e motins da dita vila, e que cuidassem com os homens bons em apaziguá-los."[138] Pelo contrário, a vereação de São João d'El-Rei vai procurar tirar vantagem do alinhamento com a autoridade reinol. Assim, exalta o seu comportamento durante a

> execranda revolusão destes Povos em que se devia temer este dellicto conspiração contra o Real Dominio de V. Mag.de passando a ser perturbadores do sosego Publico que athe gora logrou felizmente este governo na zelosa actividade e boa administração de Justiça do mesmo conde de Asumar, nos parece por isso dar tão bem conta a V. Mag.de da singular fidelidade com que a nobreza desta villa de São João d'El Rey mostrou nesta ocazião que sabia mais que as outras deste governo a rigorosa obrigação que tem os bons vassallos de dar as vidas e o sangue na obediensia do seu Rey e Senhor natural porque juntando-se todos uniformemente vieram a caza deste Senado e nella prometerão instantemente sem embargo da soblevação quazi comũa dos outros povos querião elles estar e obedecer a todas as leis e reaes decretos de V. Mag.de. não só pella rezão de bons vassallos mas para continuarem a firmeza em que esta villa se singularizou sempre que sendo a unica em que athe o prezente não tem havido revolusoins populares: e

---

137 Douglas Cole Libby, " Subsídios para a história de Minas". In: *Revista do Arquivo Público Mineiro*, Belo Horizonte, Ano XLII, nº 2, julho-dezembro de 2006, p. 20.

138 *Códice Costa Matoso*, vol. I, doc. 31, p. 367.

desta declarasão e protesto mandamos fazer hû termo publico que remetemos logo ao conde de Assumar [...].

Comportamento louvável das pessoas principais e povo da vila que se aprestaram

com armas e munisoins para acudirem ao ultimo perigo contra os vassalos rebeldes de Vila Rica sem haver pessoa entre os da nobreza e governansa que mostrase ou fizesse a mais leve resistencia a tão necessaria demonstrasão da sua fidelidade.

Destaca ainda a câmara que se esmeraram entre todos o doutor Valério da Costa Gouveia, ouvidor-geral que fora daquela comarca, o doutor Vital Cazado Rotier e o doutor Feliciano de Vasconcelos, juiz ordinário, e outros não nomeados. Assim fizeram frente ao "abominavel insulto que cometerão e quiseram cometer as outras villas." Pedem por isso que El-Rei lhes conceda as honras de que se acham merecedores. Isto logo em 1720, mal extinto que estava o levantamento.[139]

Era o tempo em que, em junta de procuradores das câmaras, o governador D. Pedro de Almeida, conde de Assumar, convém em suspender a nova forma de cobrança dos quintos e entregar-lhes esse encargo. Os desentendimentos entre as câmaras e entre as populações foram bem aproveitados pelo governador e pela burocracia régia em instalação. Como também procuraram as câmaras leais tirar vantagem da posição assumida durante os motins. E por seu lado, os governadores, procuram que nas eleições para os ofícios concelhios não saiam escolhidos aqueles de cuja lealdade desconfiam. Inclusive impondo a presença dos ouvidores ou outros delegados seus nos atos eleitorais.[140] Contra o que a lei dispunha. Mesmo os eclesiásticos não escapam à tentação de querer fazer juízes os seus parciais. Nada de novo nem de inesperado – de que há queixas, como as da câmara de Pitangui ainda em 1745.[141]

---

139 AHU, Con. Ultra., Brasil/MG, Cx. 2, doc. 73.

140 Abilio Velho Barreto, "Sumario do codice nº 11. Cartas, ordens, despachos e bandos do Governo de Minas-Gerais, 1717-1721", Ano XXIV – 1933, vol. II, p. 446 e 526-527.

141 AHU, Con. Ultra., Brasil/MG, Cx. 45, doc. 85.

Ao invés do que ocorria na península, onde os oficiais e ministros da Coroa já tinham encontrado a rotina burocrática de um equilíbrio funcional do poder local na sua relação com o centro político, as câmaras em Minas são chamadas a reunir-se com os governadores nas juntas de procuradores. Nelas figuram os representantes das vilas cabeças de comarcas "e das mais que for costume chamar em semelhantes ocasiões."[142] Tratava-se sempre de gerar o consentimento dos povos para medidas que poderiam desencadear os sempre aborrecidos motins e levantamentos. Deveriam também reunir-se para decidir sobre questões graves. As dificuldades fiscais naturalmente que são das principais que podem suscitar as reuniões de juntas. Havia que evitar sugestões e constrangimentos para mover os ânimos a aderir. Queria-se que as decisões fossem como que de sua vontade: "que o desejo dos mesmos povos justifique toda a resolução que se tomar." Os procuradores deviam ser pessoas zelosas e desinteressadas..."[143] No Reino não havia tais juntas regionais, mas na América Portuguesa entendia-se que eram necessárias, mesmo indispensáveis ao bom governo. Limitadamente se convocariam, porém. Só se chamariam os procuradores para "aqueles negócios que forem mais precisos, pertencentes ao meu real serviço ou a benefício das mesmas câmaras." Não havendo urgência não seriam chamados, ordena o rei ao governador em 1726, o que era serviço político dos municípios: os procuradores das câmaras iam em representação pelo que tinham direito a ajudas de custo de quatro oitavas de ouro por dia.[144]

Com a atenção acrescida de governador próprio e com a vinda de magistrados, conjuga-se o rápido aumento da burocracia régia para alcançar e impor a ordem às populações insubmissas, o que converge com a forte pressão exercida para que a legislação tributária passe a ser cumprida. Atuações convergentes. No entanto, não era pesado o aparato de oficiais régios em funções.[145] Em 1722 há apenas um oficial subordinado ao escrivão do governo. E isto com a grande "extensão e muito

---

142 *Códice Costa Matoso*, vol. 1, doc. 16, p. 296.

143 *Ibidem*, vol. 1, doc. 16, p. 297.

144 *Ibidem*, vol. 1, doc. 37, p. 388.

145 Cfr. Laura de Mello e Souza. *Desclassificados do Ouro. A pobreza mineira no século XVIII*, p. 105.

povo" que nas Minas havia, que do seu território faziam que fosse o maior de todo o Brasil.[146] Em 1723 eram as seguintes as autoridades diretamente dependentes de nomeações régias: o governador capitão-general, o provedor-geral, o escrivão e o tesoureiro da Fazenda Real, o secretário do governo, os ouvidores das quatro comarcas e o superintendente-geral das Minas.[147]

Com a riqueza trazida pelo ouro ganhava também, e não pouco, a Coroa, que tinha agora como primeiríssima prioridade a cobrança da quinta parte do minério que lhe era devida pelo que tocava ao subsolo, conforme a velha legislação portuguesa das *Ordenações do Reino* – tit. 34º do Liv. II. Grandes e complexos foram os obstáculos práticos que o governo procurou vencer para conseguir alcançar a cobrança desses direitos e evitar os descaminhos. Tendo que alterar o velho processo de cobrança nos portos marítimos onde anteriormente se realizava – sem que os resultados tivessem mostrado que o procedimento dava boas provas.[148] Intenta-se então encontrar a melhor maneira para o fazer: por bateias, por fintas, por quintos pagos nas Casas de Fundição; finalmente, por capitação e maneio. Sempre com alguns resultados, sempre sem resolver cabalmente as dificuldades da arrecadação. Pelo menos, que fosse mais eficaz do que conseguir indispor os interessados – que isso sempre acontecia. Estes sentiam-se lesados pela fiscalidade régia e sempre procuraram furtar-se aos pagamentos que lhes foram exigidos.[149] Tanto mais difícil era a cobrança quanto a mineração se espalhava por novas áreas. E isto mesmo nas Minas Gerais, onde as jazidas se achavam numa relativa concentração em redor de Sabará, de Ouro Preto e de Mariana – o chamado distrito do ouro.[150]

---

146 AHU, Con. Ultra., Brasil/MG, Cx. 3, doc. 8.

147 AHU, Con. Ultra., Brasil/MG, cx. 4, doc. 63.

148 Manoel da Silveira Soares Cardoso, "Alguns subsídios para a história da cobrança do quinto na capitania de Minas Gerais até 1735". I Congresso da História da Expansão Portuguesa no Mundo, 3ª Secção, Lisboa, 1937, p. 13-16.

149 Francisco Adolfo de Varnhagen. *História Geral do Brasil antes da sua separação e independência de Portugal*, t. IV, p. 107-III.

150 Diogo de Vasconcelos, *História antiga das Minas Gerais*, 4ª ed., Belo Horizonte: Editora Itatiaia Limitada, 1974, vol. I, p. 140; Virgílio Noya Pinto, *O ouro brasileiro e o comércio anglo-português (Uma contribuição aos estudos*

Para o que era necessário montar o aparato coletor. Desde o início se constatou que não seria de boa vontade que viria a ser entregue a quinta parte do ouro minerado. Nem a prática anterior, de cobrança nos portos de mar, poderia abarcar toda a circulação do ouro. Descaminhos que nem sempre incomodavam as autoridades: "pois sendo [o ouro] muito, quando se não enriquesça a fazenda real, enrriquecendosse os vassallos, que tanto e mais que a propria fazenda, fazião os reis ricos." Era conclusão mercantilista, que persistirá até tarde.[151] Mas a fazenda real necessita de dinheiro e não está pelos ajustes quanto aos descaminhos. Pelo que houve que imaginar modos mais ou menos eficazes de captação.

Para começar foi a cobrança por bateias: por cada um desses instrumentos deveriam ser entregues dez oitavas de ouro. Era uma forma rudimentar do que viria a ser a cobrança através da capitação.[152] O que deu uma baixa do quantitativo recolhido. Embora imposto com todas as cautelas, visto a "facilidade com que os povos do Brasil se inquietão logo."[153] Dados os desequilíbrios sociais que foram invocados, preferiu-se em 1711 que se quintasse o ouro nas saídas. Mas como vigiar as passagens? Pela estrada de São Paulo, era isso fazível. Porém pela Bahia "eram portas abertas". A prática corrente de sonegação do ouro à tributação régia ocorria por todo o lado e por todos os modos. O que levava a uma acrescida atenção das autoridades a essas fugas. Procurava-se vigiar as povoações, os arraiais, os caminhos por terra e as passagens fluviais. Punha-se soldados de guarda. Decretava-se penas. E a evasão do ouro continuava. Em 1711 e perante a imperiosa necessidade de cobrar o quinto, a Coroa aponta para um arbítrio do

---

da economia atlântica no século XVIII), São Paulo: Companhia Editora Nacional/Brasiliana, 1979, p. 99 e 111.

151 *Apud* Manoel da Silveira Soares Cardoso, "Alguns subsídios para a história da cobrança do quinto na capitania de Minas Gerais até 1735", p. 16; Voto de Sebastião José de Carvalho e Melo sobre a cobrança dos quintos (20 de Novembro 1750). In: AHU, Con. Ultra., Brasil/MG, Cx. 57, doc. 21.

152 Jaime Cortesão. *Obras várias de Alexandre de Gusmão*, Rio de Janeiro: Ministério das Relações Exteriores/Instituto Rio Branco, 1950, p. 120-121.

153 *Apud* Manoel da Silveira Soares Cardoso, "Alguns subsídios para a história da cobrança do quinto na capitania de Minas Gerais até 1735", p. 16.

governador, "encarregando-lhe que nelle faça todas as justas, e prudentes conciderações que forem necessárias, para que o arbitramento da avença seja justo e racional de sorte, que nem os homens se escandalizassem de serem obrigados a pagar mais do que devem, nem a fazenda de Vossa Magestade fique defraudada dos quintos que lhe são devidos."[154] Sabia-se já em Lisboa que era preciso contar com algum acordo dos povos que viviam nas Minas para em paz e sossego se conseguir a cobrança pretendida. Pelo que todas as cautelas seriam poucas. Era prudência indispensável a uma eficaz ação política e atuação fiscal.

Em 1714 o governador D. Brás Baltasar da Silveira acorda com os povos que a cobrança continuasse em 30 arrobas anuais. Fora negócio concluído entre cada uma das comarcas "na forma da obrigação que as câmaras das Minas fizeram em nome dos povos delas."[155] Parte seria lançada sobre o número de escravos que cada um tivesse. Mas logo a execução das necessárias fintas ficaria a cargo das câmaras, que também se assumiam como garantes do pagamento: 5 arrobas e 2 libras a comarca do Rio das Mortes, 12 arrobas a de Vila Rica, 12 arrobas e 22 libras a comarca do Rio das Velhas e para a de Sabará ainda a inclusão na sua quota do tributo do gado. As câmaras iriam executar a cobrança de uma oitava e três quartos por bateia – ou seja, por cada escravo que minerava. Anuíam a uma capitação por escravo. Pouco depois transformado num imposto sobre as cargas ou fazendas que entravam na capitania.[156] Foi este ajuste reprovado pelo rei, que entendia dever a cobrança ser feita pelas bateias, pagando-se por cada uma dez oitavas de ouro. E confusamente se procuraram alternativas. Entretanto em Sabará estalara um motim popular contra essa decisão e o governador consegue escapar-se para Vila Rica. Não vingou a nova forma de cálculo. E o governador vai ser forçado a aceitar o pagamento das 30 arrobas proposto pelas câmaras. Contra a ordem que recebe-

---

154 Affonso de E. Taunay, *Historia da cidade de São Paulo no seculo XVIII*, t. I (1711-1720), p. 16.

155 "Actas da Camara de Villa Rica", p. 318.

156 *Apud* Manoel da Silveira Soares Cardoso, "Alguns subsídios para a história da cobrança do quinto na capitania de Minas Gerais até 1735", p. 18.

ra. D. Brás Baltasar da Silveira temia uma revolta.[157] Em contrário, garantiam as governanças camarárias que se empenhariam no processo, câmaras ainda e sempre instrumento de poderosos, esses a quem alguns mais tarde chamaram caudilhos – "mais ou menos prepotentes, mas todos despóticos." Sabe-se que formavam "uma oligarquia impenetrável sendo aí lançadas as fintas de modo que sempre recaíam sobre as classes menos abastadas."[158]

Oligarquia que também contava com os honrosos postos de comando das tropas de auxiliares e de ordenanças, que não disporia de forças nem organização para agir como polícia, embora pudesse ser usada para impor algum respeito quando se tratava das difíceis execuções dos quintos. E não era pouca gente, entre mestres-de-campo, sargentos-mores, capitães-mores, e mais oficiais, capitães, tenentes, alferes e sargentos e cabos. Para os lançamentos valiam-se as câmaras das listas das desobrigas, que arrolavam toda a população.[159] Para executar os tributos pretendeu em 1714 Vila Rica que "os capitamis de auxiliares ficacem a este Senado sobalternos asim como o sam os da hordenança para o lançamento dos reais quintos e arrecadaçam delles, pondo em execuçam as hordens que a esse fim lhe forem cometidas por este Senado." Aos capitães caberia nos seus distritos cobrar executivamente o que tivesse sido lançado segundo os cabedais de cada um.[160] Na Vila Real de Sabará coube nesse ano ao capitão António de Araújo dos Santos cobrar

---

157 Rau/Gomes da Silva. *Op. cit.*, vol. II, p. 142.

158 Diogo de Vasconcelos. *História Média das Minas Gerais*, 3ª ed., Belo Horizonte: Editora Itatiaia Limitada, 1974, p. 62-63 e 67.

159 Abilio Velho Barreto, "Sumario do codice nº 11. Cartas, ordens, despachos e bandos do Governo de Minas-Gerais, 1717-1721", p. 510; "Actas da Camara de Villa Rica", p. 322.

160 A. J. R. Russell-Wood, "O governo local na América Portuguesa: um estudo de divergência cultural". In: *Revista de História*, São Paulo, vol. LV, ano XXVIII, 1977, p. 34; Manuel Artur Norton. *D. Pedro Miguel de Almeida Portugal*, Lisboa: Agência-Geral do Ultramar, 1967, p. 47-48, "Actas da Camara de Villa Rica", p. 320 e 326.

uma elevada quantia de ouro. Para o que podia chamar os oficiais da milícia para prender devedores e apreender-lhes bens.[161]

Continuava a fuga ao pagamento do quinto, a preocupação maior das autoridades régias. Com o procedimento de cobrança sempre executado com o apoio das câmaras que não deixavam de dar os seus pareceres e de participar na recolha.[162] E com isso sonegação por falta de declaração como por outras formas de evitar o pagamento: em 1719, convencionou-se elevar o quinto anual para 42 arrobas, mas as câmaras perderam a função de elaborar as listas dos escravos para a distribuição do tributo. Porque os responsáveis pela cobrança passam a ser os novos provedores dos quintos, adrede nomeados para cada uma das freguesias pelos ouvidores por proposta das câmaras. Os povos pareciam satisfeitos com o procedimento. Mas a perda de poder indispôs os poderosos e principais, que pelas câmaras controlavam o processo – pois que o governador as quer afastar das cobranças para evitar descaminhos.[163] Em 1720, quando D. Pedro de Almeida, conde de Assumar, procura cumprir as ordens de Sua Majestade e instalar o novo procedimento fiscal, há mineiros que com os escravos se retiram de Pitangui para o mato, para onde havia notícias de novos descobertos.[164] Era uma forma de resistência, que se vai transformar depois em recusa violenta. Os moradores não estavam interessados em submeter-se às autoridades. Tendo até intentado eleger um capitão-mor que os governasse, o que irrita o governador, que ameaça incendiar a povoação.[165]

---

161 Miguel Costa Filho. *A cana-de-açúcar em Minas Gerais*, p. 86.

162 Virgínia Rau e Maria Fernanda Gomes da Silva, *Os manuscritos do Arquivo da Casa de Cadaval respeitantes ao Brasil*, vol. II, p. 180-181.

163 Manuel Artur Norton. *D. Pedro Miguel de Almeida Portugal*, p. 49; Abilio Velho Barreto, "Sumario do codice nº II. Cartas, ordens, despachos e bandos do Governo de Minas-Gerais, 1717-1721", Ano XXIV – 1933, vol. II, p. 447, 451 e 464.

164 *Ibidem*, p. 459-460; Manuel Artur Norton. *D. Pedro Miguel de Almeida Portugal*, p. 58; Diogo de Vasconcelos. *História Média das Minas Gerais*, p. 67.

165 Abilio Velho Barreto, "Sumario do codice nº II. Cartas, ordens, despachos e bandos do Governo de Minas-Gerais, 1717-1721", Ano XXIV – 1933, vol. II, p. 447, 475-478 e 481-483.

Como se escreve na defesa do conde de Assumar (de 1721), em Vila Rica queriam conduzir para uma situação política em que não houvesse governador nem ouvidor, nem ministros de El-Rei: seria como que uma república à italiana, de vinte e quatro e doge.[166] Conflitos havia entre as pessoas principais e os populares, em volta de medidas camarárias que iam sendo tomadas. Relações familiares entre os poderosos que se tecem também entre as várias vilas e comarcas da capitania. Parentelas que o governador procurava não melindrar nem distinguir – porque queria tratar igualmente a pequenos e grandes[167] –, contra o que naturalmente se sentiam os principais por perderem importância. Achavam-se assim "destituídos da autoridade e mando", ressentimento que levedava com as dificuldades por que alguns daqueles homens do grupo dominante passavam – a instabilidade do produto da mineração era muito grande.[168]

Ao anúncio da instalação de Casas da Fundição onde todo o ouro passaria para ser reduzido a barras, marcado e logo aí cobrado o quinto, estala mais um motim. A gente da governança que controlava as câmaras sentia sobremaneira o afastamento que o governador lhe impunha.[169] E o governador bem sabia que havia que convencer "as pessoas mais salientes, porque estas é que provocam os movimentos. O povo por si nada promove." Era a opinião bem aristocrática do conde de Assumar.[170] Porque também as Casas de Fundição teriam o seu funcionalismo, ficando à cabeça um superintendente-geral, de nomeação régia. Por grande ser a desconfiança do governador na administração municipal, por ele reputada de má.[171]

---

166 *Discurso Histórico e Político sobre a sublevação que nas Minas houve no ano de 1720*, p. 71.

167 *Ibidem*, p. 80.

168 *Ibidem*, p. 82; Diogo de Vasconcelos. *História Média de Minas Gerais*, p. 65.

169 Carla Maria Junho Anastasia. *Vassalos rebeldes. Violência coletiva nas Minas na primeira metade do Século xviii*, Belo Horizonte: C/Arte, 1998, p. 46.

170 Abilio Velho Barreto, "Sumario do codice nº 11. Cartas, ordens, despachos e bandos do Governo de Minas-Gerais, 1717-1721", Ano xxiv – 1933, vol. ii, p. 586.

171 *Ibidem*, p. 566.

As Casas de Fundição ficariam instaladas em Vila Rica, São João d'El-Rei, Sabará e no Serro do Frio. Não por acaso o levantamento foi liderado pelos poderosos e principais de Vila Rica, representados na câmara. O principal promotor do levante teria sido o rico Pascoal da Silva Guimarães, cujo filho precisamente nesse ano servia de juiz ordinário. E na conjura estavam implicados um antigo ouvidor – Manuel Mosqueira da Rosa – e um também governador militar que fora da colônia de Sacramento – Sebastião da Veiga Cabral. Pretendiam fazer sair das Minas o governador (que seria substituído pelo sargento-mor-de-batalha Sebastião da Veiga Cabral) e matar o ouvidor doutor Marinho Vieira de Freitas. Como se entende, estava ainda a sociedade das Minas do Ouro em fase de constituição, pelo que seria entendido por muitos que ser traidor "aos disparates de hum povo he muito mayor crime do que ser traydor contra as leys e resoluçoens de Vossa Magestade..."[172] Aqui é bem uma "sociedade inorgânica", "mero aglomerado de apetites, que se entrechocam."[173]

Em redor da câmara o grupo insurgente vai organizar o motim que rompe em Vila Rica a 28 de junho de 1720. Para isso contava com a proteção que o juiz ordinário lhe podia prestar. Muitos outros dos principais entrariam na sublevação que impugnava as casas da fundição e a cobrança dos quintos, pretendendo um novo lançamento, de que eles não fossem arredados. É com a câmara que o governador estabelece ou mantém a comunicação. Escrevendo-lhe e enviando-lhe o edital que publica. Também informava que "Sua Majestade estava de ânimo de conceder privilégios às Câmaras."[174] Seria mais um fator para conseguir a acalmação pretendida, que de imediato não se seguiu. Porque é na Câmara de Vila Rica que os amotinados querem que compareça o conde governador. E avançam uns 1500 homens do povo armados para a Vila do Carmo a assustá-lo. Intimidação que resultava da influência pessoal dos chefes da revolta, que não de uma decisão municipal: "que há-de fazer a justiça, se eles têm tanta autoridade para com o povo, que cada um

---

172 Manuel Artur Norton, *D. Pedro Miguel de Almeida Portugal*, p. 62.

173 Jaime Cortesão. *Alexandre de Madrid e o Tratado de Madri*, Lisboa: Livros Horizonte, vol. II, 1984, p. 464.

174 *Discurso histórico e político sobre a sublevação que nas Minas houve no ano de 1720*, p. 101.

em particular pode mais que o mesmo senado?" As pessoas principais, mesmo as que não participaram nos motins, convinham em que era "causa comum" e "não se estabelecerem as casas de fundição." Secretamente o conde de Assumar comprava as boas vontades de alguns, para estar informado do que se ia passando. Com isso gastou mais de duas arrobas de ouro! A sublevação ocorreu em Vila Rica, mas tinha ligações a outras povoações, à gente principal, alguma instalada nesse ano no poder camarário. Tinham-se por "amigos e obrigados."[175]

A repressão foi executada de supetão, para não haver fugas. Nem sequelas. Como escreveu o conde de Assumar, "os grandes incêndios deixão sempre as paredes quentes, e com a materia desposta, e facil para se lhe atear depois a lavareda."[176] O popular Filipe dos Santos Freire acabou supliciado, sem julgamento. Um outro, Tomé Afonso, dito "o mais pernicioso de quantos tomaram parte na sedição de Vila Rica" escapou por um triz: provou ter recebido ordens menores. E por isso o governador não ousou ordenar enforcá-lo e esquartejá-lo.[177] Outros amotinados tidos por principais seguem enviados para o Rio de Janeiro e daí para Lisboa. As suas casas foram queimadas. Tratava-se de obter a rendição dos levantados pelo terror, infligindo-lhes um castigo rápido e exemplar. Havia que impor e mostrar a autoridade régia.[178] Entendia o governador que "Vila Rica não ficava segura sem uma severíssima demonstração."[179] No entanto, e como era habitual, tentava-se primeiro uma rendição "com bom modo e afabilidade" e só depois se passava ao exercício da força. Levar-se-ia à espada o que não se podia reduzir com a razão.[180] Mas em simultâneo com as medidas repressivas, um magnânimo perdão intervinha para que as coisas regres-

---

175 *Ibidem*, p. 103, 110 e 127.

176 Manuel Artur Norton. *D. Pedro Miguel de Almeida Portugal*, p. 246 (doc. 7).

177 Abilio Velho Barreto, "Sumario do codice nº 11. Cartas, ordens, despachos e bandos do Governo de Minas-Gerais, 1717-1721", Ano XXIV – 1933, vol. II, p. 698 ; Diogo de Vasconcelos, *História Antiga das Minas Gerais*, vol. 2º, p. 203.

178 C. R. Boxer. *The growing pains of golden colonial society age of Brazil 1695-1750*, p. 195-196.

179 *Discurso histórico e político sobre a sublevação que nas Minas houve no ano de 1720*, p. 134.

180 Manuel Artur Norton, *D. Pedro Miguel de Almeida Portugal*, p. 250-251 (doc. 9).

sassem à normalidade: solução encontrada por D. Pedro de Almeida para acalmar as gentes do território. Porque "Minas é um inferno e os homens são endiabrados."[181] Havia que contemporizar, que a repressão a seco podia causar maiores males. E o perdão surgia como demonstração da magnanimidade que só a autoridade podia ostentar e exercer.[182] Ingrata a posição do governador, tendo de fazer executar medidas fiscais que eram decididas bem longe da sua área de aplicação. Muito embora houvesse extremos cuidados nas escolhas e decisões e se procurassem auscultar opiniões criteriosas. Contudo, havia que conciliar o inconciliável: "engolfada em contradições, a administração mineira apresentou um movimento pendular entre a sujeição extrema ao Estado e a autonomia."[183] Desta feita fora um "horroroso motim". Em que houve aproveitamento da situação, "porque os mal affectos aproveitãosse sempre dessas reguluçoens para involver materias de mayor consequencia." Ora o próprio ouvidor-geral da comarca de Vila Rica favorecia a destruição das Casas de Fundição...[184]

Na petição dos amotinados de Vila Rica figura o pedido de que para a efetuação da "cobrança [dos quintos] elegerão as câmaras dois homens de cada arraial." Havia que conseguir o afastamento dos oficiais régios do processo, participação que mais poderia afetar os homens principais da governança. Porque se acentuava uma mais visível presença das autoridades e se efetuariam mais rigorosos registos para tentar impedir a fuga ao pagamento. No entanto, a cedência temporária acontece e às câmaras retorna o processo de cobrança.[185] Porque não era sequer possível instalar de imediato a nova forma de fiscalidade – até porque se carecia de instalações para as casas da fundição. Também escasseava o pessoal especializado para as tarefas que

---

181 Abilio Velho Barreto, "Sumario do codice nº 11. Cartas, ordens, despachos e bandos do Governo de Minas-Gerais, 1717-1721", Ano XXIV – 1933, vol. II, p. 706.

182 Cfr. Rodrigo Bentes Monteiro. *O rei no espelho. A monarquia portuguesa e a colonização da América. 1640-1720*, p. 295-298.

183 Laura de Mello e Souza. *Desclassificados do Ouro. A pobreza mineira no século XVIII*, p. 97; boa descrição dos motins em Carla Maria Junho Anastasia. *Op. cit.*, p. 45-59.

184 Rau/Gomes da Silva. *Op. cit.*, vol. II, p. 272-273.

185 AHU, Con. Ultra., Brasil/MG, Cx. 1, doc. 73; Diogo de Vasconcelos, *História média de Minas Gerais*, p. 68.

nelas se deviam realizar.[186] Ficariam por isso adiadas para o ano de 1721. Consciente ficava o governador de algumas das razões que dificultavam a sua atuação: "A soltura com que vivem os ditos poderozos nesta terra, e não haver ley que proporcione os termos à sua soltura he hum dos damnos mayores." Entendia D. Pedro de Almeida que as *Ordenações do Reino*, universalmente aplicadas, eram demasiadamente benignas e não conseguiam impor a paz "aonde todos conseguem com as armas nas mãos tudo quanto intentão." Além disso, o

> limitado poder dos governadores, fas tambem que na ultima extremidade, não obrem sem receyo, sendo a malicia dos mal contentes muitas vezes mais attendida que a sua justificada razão, o que não só fas muy arriscada a obediência mas cauza entre o bulgo varias interpretaçoens, que quando o não desacreditão de todo o malquistão de sorte que fica inhabil para executar couza alguma no serviço de Sua Magestade.[187]

Assim seria. E assim continuaria a ser.

Decidiu o governador instalar as Casas da Fundição nas vilas cabeças das comarcas. Era um reforço da malha urbana que também significava em simultâneo a melhor maneira de defender os novos procedimentos fiscais pela proximidade dos ouvidores.[188] Também a evasão do precioso metal não parava: o governador que se seguiu ao conde de Assumar, D. Lourenço de Almeida, preferiu tornar a valer-se das câmaras, impondo a obrigação de entregarem 100 arrobas anuais – queriam-se os habitantes de Minas como "vassalos honrados, e que desejam servir com zello."[189] E de adiamento em adiamento, foi-se retardando a nova forma de cobrança, que só se efetivou em 1725. Mas logo se viu que muitas mais arrobas se quintavam: em 1725 foram 133, tinham sido 36 em 1724.

---

186 Manuel Artur Norton. *D. Pedro Miguel de Almeida Portugal*, (84), p. 49-50.

187 *Ibidem*, p. 70-71.

188 Abilio Velho Barreto, "Sumario do codice nº 11. Cartas, ordens, despachos e bandos do Governo de Minas-Gerais, 1717-1721", Ano XXIV – 1933, vol. II, p. 442-443.

189 *Códice Costa Matoso*, vol. I, docs. 7 e 32, p. 225-226 e 372; AHU, Con. Ultra., Brasil/MG, Cx. 5, doc. 6.

Já em 1727, o governador D. Lourenço de Almeida refere que as Minas

> se achão no seo costumado sucego, sem haver couza que encontre, nem perturbe o real serviço de V. Mag.^{de}, isto pelo que toca aos paizanos de todos estes povos, porque tendo experimentado neles que sam os melhores vasalos que tem V. Mag.^{de} nas suas conquistas, e pelo que toca à produção das minas, cada vez he mayor, porque vay aparecendo muito ouro em diversas partes, porque os homês vão penetrando estes vastissimos matos e tem descoberto novas faisqueiras, o que faz prometer hûa perpetua duração de minas.[190]

Otimismo que vai durar. Sempre com o governador e capitão general louvando o costumado sossego, "sem haver nellas couza, que as perturbe." O que era condição indispensável para o ouro que

> vão os homês todos tirando nas suas minas, e maes serviços, [sem] que se experimente diminuição nenhûa, antes continuamente se está descobrindo ouro, em varios outeyros, porque nelles he que tem mostrado a experiência, que he a parte aonde o ha com mayor abundancia, e o que se tem achado nos rios, e ribeyros, he corrido dos altos no discurso dos seculos.

Porém,

> não he bastante o haver e o tirar-se abundancia de ouro para que elle entre na caza da fundição a quintar-se como devia ser, porque he indizivel o muito ouro, que se extrahe aos quintos pella Bahya, e o Rio de Janeiro, e Pernambuco ahonde constantemente se sabe que vay parar a mayor parte do ouro em pó, que se tira nestas Minas.

Havia que fiscalizar bem estes caminhos que possibilitavam a fuga. Com guardas de soldados.[191] Bem podia o governador esforçar-se na vigilância das passagens:

> e como as estradas, e os matos por donde o tirão, e conduzem para fora destas Minas são muitas, e grandes, não bastão as grandes diligencias, que eu faço com os poucos solda-

---

190 AHU, Con. Ultra., Brasil/MG, Cx. 10, doc. 51.

191 Affonso de E. Taunay. *Historia da Cidade de São Paulo no seculo XVIII*, t. I (1711-1720), p. 15. AHU, Con. Ultra., Brasil/MG, Cx. 6, doc. 37.

dos que aqui tenho, nem tambem as muitas que fas pello seo grande zello o governador do Rio de Janeiro para impedirmos esta grande extracção.

A acusação vem, direta, aos magistrados:

porque os Menistros em nada nos ajudão com as suas devassas annuaes, porque as tirão de cumprimento; por se não quererem malquistos, e athe ao prezente não houve Menistro, que culpasse nem hûa só pessoa, tendo eu, e o Governador do Rio feito muitos confiscos, que sempre são maes difficultozos, do que saber por devassas quem extrahe o ouro, se ellas se tirassem com a exacção que Sua Mag.^{de} que Deos guarde manda, e com aquelle zello, e amor com que todos somos obrigados a servillo.[192]

Porém as coisas pioram: em 1730 o quinto é transitoriamente reduzido para 12%; em 1732 retomam-se os 20%: as fugas entretanto tendiam a aumentar – era o que se pensava em Lisboa e o que lia nas informações dos governadores.[193] D. Lourenço de Almeida, que se revela dotado de equilíbrio e bom-senso, bem avisa em que

pella Bahya, e Pernambuco, ainda he mayor a quantidade de ouro, que se tira destas Minas, sem se pagar quintos, porque são maes dilatados estes certões, e muito maes faceis de vadear por qualquer parte, sem que seja pellas estradas geraes.

Não era novidade que

todo este ouro vay parar à costa de Minas, como se sabe constantemente; e como a troco delle trazem negros, e muita outra fazenda da Europa, que tambem nos ditos portos desta America tirão por alto sem pagarem direitos: todos estes descaminhos de ouro aos reaes quintos, não se hão de poder evitar, sem que V. Mag.^{de} lhe dê mayor providencia do que athe ao prezente tem, vendo os homês castigo maes aspero, e afirmo a V. S.^{a}, que havendo tam grandes largas nos portos da marinha, não sey o como se quinta

---

192 AHU, Con. Ultra., Brasil/MG, Cx. 16, doc. 16.

193 *Códice Costa Matoso*, vol. I, doc. 31, p. 361 e 368; Jaime Cortesão. *Alexandre de Madri e o Tratado de Madri*, vol. II, p. 416-417.

ouro nesta caza da fundição, a qual vay trabalhando todos os dias; porem com muita diminuição na entrada do ouro.[194]

Mau resultado sabido,

> pello methodo, com que ao presente se arrecada a fazenda real nas Minas he totalm.te inevitável o fazeremse continuas fraudes pella facilidade com que o Ouro pode esconder-se, e descaminharse em hum Paiz tam vasto, e pella mayor p.te pouco trilhado.[195]

Em Lisboa estimava-se que pela forma de arrecadação do quinto cada ano se perdiam mais de três milhões de cruzados para a Coroa. E uma vez mais se preparava um outro processo de cobrança para evitar esse escandaloso desmando.

A esta crescente evasão vai procurar responder a capitação dos escravos e o maneio dos livros. O processo que Alexandre de Gusmão ideou e que D. João V aprovou vinha tentar resolver com aparente facilidade e segurança a questão do pagamento do quinto devido à fazenda real:

> Mostra a Razão e a experiência, que em cobranças mui vastas, como são as da Fazenda Real, quanto mais abreviado e fácil é o sistema de executá-las mais proveitoso sai ao Príncipe e mais suave aos vassalos.[196]

Em Lisboa foi submetido à apreciação de quantos se esperavam capazes uma opinião fundamental. Mandou o rei ouvir "muitos menistros e pessoas particulares" sobre o novo projeto, entre os quais eclesiásticos da Companhia de Jesus e da Congregação do Oratório. Na capitania das Minas auscultar-se-ia o governa-

---

194 AHU, Con. Ultra., Brasil/MG, Cx. 16, doc. 16.

195 Jaime Cortesão. *Obras várias de Alexandre de Gusmão*, p. 110.

196 Jaime Cortesão. *Alexandre de Madri e o Tratado de Madri*, vol. II, p. 417-419; Jaime Cortesão, *Obras várias de Alexandre de Gusmão*, p. 57.

dor, o conde das Galveias, e outras pessoas de confiança.[197] Este o ponto de partida, longamente discutido em Lisboa, que com especiais cuidados se procurará fazer aceitar nas mesmas Minas.[198] Segue encarregado de o conseguir Martinho de Mendonça de Pina e Proença, em 1733. Com recomendada suavidade.

Previamente deverá inquirir o número de escravos existentes e os seus empregos: mineiros ou roceiros. Para isso consultará os róis do donativo (tributo extraordinário para pagar os casamentos reais) e ouvirá os ministros da justiça e os oficiais das câmaras. Porque havia que aplicar o regimento da capitação, geral sobre "todos os escravos e uma contribuição proporcional aos lucros que se fazem nas Minas, sem dependência de escravos."[199] Assim, também pagariam quatro oitavas e ¾ de ouro "todos os negros ou negras livres e todos os mulatos e mulatas forras que nasceram escravos e, como roceiros ou mineiros, não tiverem escravos." E o mesmo pagaria cada oficial mecânico. Teriam ainda de contribuir por maneio todas as pessoas "que tiverem vendas, boticas, cortes de carne, pagando a capitação que lhes foi repartida, a saber, 24 oitavas as lojas grandes, 16 as medianas e as vendas, e 8 os mascates e lojas pequenas." Quer isto dizer que todas as pessoas livres que trabalhavam ficavam sujeitas a um pagamento que substituía o quinto do ouro minerado.[200] Em contrapartida seriam revogados todos os demais tributos, e autorizava-se a utilização de ouro em pó nos pagamentos. Pormenorizavam-se no regimento as situações possíveis para entrada e partida de escravos do território da capitania e muitos outros pormenores e percalços, que importava prevenir.

A audição das câmaras para estabelecer a capitação punha algumas dificuldades, nomeadamente a questão central: nova tributação – se o fosse – deveria ter sido votada nas Cortes. Era doutrina assente e geralmente defendida. Recorda-a o próprio

---

197 *Gazetas manuscritas da Biblioteca Pública de Évora*, vol. 2 (1732-1724), ed. João Luís Lisboa, Tiago C. P. dos Reis Miranda e Fernanda Olival, Lisboa: Edições Colibri /Cidheus/CHCUNL, 2005, p. 288-289; Jaime Cortesão. *Alexandre de Madri e o Tratado de Madri*, vol. II, p. 424-425, nº (20).

198 Jaime Cortesão, *Alexandre de Madrid e o Tratado de Madrid*, vol. II, p. 434-437.

199 *Códice Costa Matoso*, vol. I, doc. 16, p. 297.

200 *Ibidem*, vol. I, doc. 17, nº. 4, p. 302 e nºs. 12 e 13, p. 304.

duque de Cadaval, presidente do Conselho Ultramarino.[201] Prudente, mandava o regimento que fossem ouvidas as câmaras das vilas cabeças de comarca, "e os mais, que for costume chamar em tais ocasiões para que ouvindo o que representarem, e fazendo as conferências necessárias, se escolha meio, que pareça mais conveniente a meu real serviço." Mas os concelhos mineiros (como todos os do território não-europeu continental) não tinham representação nas Cortes – que aliás também não reuniam há quase 40 anos (desde 1699!)... A imposição de novas contribuições devia ser aprovada pelos povos – era doutrina aceite. E a alta burocracia régia exigia respeito pela legislação e pelas velhas práticas. Assim, houve que ficcionar que não se tratava de um tributo novo mas de uma simples mudança de forma de cobrança. Para a imposição de qualquer novo tributo – explica Alexandre de Gusmão – havia que mostrar a conveniência do público e obter o consentimento do povo.[202] Os juristas e teólogos analisarão e justificarão esse pagamento.[203] Alguns defenderão o direito de Sua Majestade na cobrança considerando-o uma enfiteuse – e portanto um contrato de direito privado. Assim, e por pouco que a realeza estivesse interessada em implicar as câmaras no novo procedimento fiscal, politicamente não podia dispensar uma audição e uma colaboração que se queria conduzisse à aprovação da medida já decidida. Porque significava encontrar uma como que cumplicidade vantajosa.

Mas a junta dos concelhos – em que outras autoridades não estiveram presentes[204] –, reunida em 24 de março de 1734 sob a presidência do conde das Galveias (ele próprio hostil ao procedimento proposto), recusou aceitar o método, pelo que foi parcialmente reformulado, mantendo-se tributos indiretos que

---

201 Rau/Gomes da Silva. *Op. cit.*, vol. II, p. 83; Luís Ferrand de Almeida. *Páginas dispersas. Estudos de História Moderna de Portugal*, Coimbra: Faculdade de Letras da Universidade de Coimbra, documentos a p. 202-207.

202 Jaime Cortesão. *Obras várias de Alexandre de Gusmão*, p. 348.

203 André João Antonil. *Cultura e opulência do Brasil por suas drogas e Minas*, cap. IX, p. 263-277; Jaime Cortesão, *Alexandre de Gusmão e o Tratado de Madri*, vol. II, p. 437.

204 Manoel da Silveira Soares Cardoso, "Alguns subsídios para a história da cobrança do quinto na capitania de Minas Gerais até 1735", p. 29.

na formulação primeira se procurava extinguir. Com agrado do governador, que achava pernicioso o método proposto e duvidava de que por ele se alcançasse essa mesma quantia. Claro que os procuradores concelhios preferiram, como sempre, que se fixasse uma cota que ficou nas 100 arrobas, determinação transitória aprovada,[205] o que implicava que fossem as câmaras a lançar a finta sobre o conjunto da população – o que significava ainda, e desde logo, que os populares seriam os que mais teriam que desembolsar. Era o que as vereações pretendiam. Naturalmente. E assim se fez. Mas as coisas não podiam ficar nessa indeterminação. À pessoa real não se permitia que se acreditasse que a obrigavam "a ceder e a certo modo entrar em compozição com os vassalos." O que ainda daria a conhecer como os súditos "eludem as suas reais determinações."[206] O monarca não podia mostrar-se fraco e ser vencido em matéria de tanto relevo. Pelo que torna a pôr-se a questão.

Em junta de procuradores das câmaras (Ribeirão do Carmo, Vila Rica, Vila do Príncipe, Sabará, São João d'El-Rei, São José d'El-Rei e Caeté) com o governador agora Gomes Freire de Andrada, em 1 de julho de 1735, os povos aceitaram que por cada escravo negro se pagasse por ano quatro oitavas e 3/4 e no mesmo prazo pelos forros e ofícios; as lojas grandes 24 oitavas e as medíocres dezesseis e as inferiores de oito oitavas, as vendas pagariam 16 oitavas. Foi medida aprovada pela maioria dos procuradores presentes.[207] Martinho de Mendonça, o enviado especial para a imposição e depois governador interino, tinha uma opinião já feita: "Tem o sistema a vantagem de proceder por um método geral e fácil, e com tal harmonia, que umas partes facilitam a execução das outras e todas fecham as portas às fraudes."[208]

Talvez tenha sido o mais contestado de todos os procedimentos que foram tentados como formas de cobrança. Com as câmaras fazendo representações e

---

205 *Ibidem*, p. 30-32.

206 Jaime Cortesão. *Obras várias de Alexandre de Gusmão*, p. 111.

207 *Códice Costa Matoso*, vol. 1, doc. 17, p. 300-311; doc. 31, p. 354 e 362.

208 Jaime Cortesão. *Alexandre de Madri e o Tratado de Madri*, II vol., p. 438, 447 e 453.

procurando mostrar o quanto era maléfico aos povos. O método tornara-se odioso ao vulgo. Por ter sido retirada participação às governanças concelhias? Fosse como fosse, dizia o seu criador, este teria sido o "menos imperfeito" de todos os procedimentos de cobrança dos quintos do ouro. E logo de imediato, em 1737, o próprio conde das Galveias, então já vice-rei, tem que reconhecer que da sua aplicação resultara um "copioso fruto".[209]

Para aplicar a cobrança da capitação nomeiam-se em 28 de janeiro de 1736 os primeiros funcionários régios com funções próprias, os intendentes, que vão obrigar a um mais numeroso grupo de oficiais régios. Embora a sua regulamentação fique para mais tarde (para 1751), logo no regimento da capitação em 1734 se previam esses novos funcionários. Seria o intendente um magistrado letrado, "pessoa de respeito, capacidade e zelo", para a presidir aos trabalhos de cobrança do quinto, sendo auxiliado por um fiscal, um escrivão, um ajudante, um tesoureiro, um meirinho e quatro soldados dos dragões. O intendente será mesmo por vezes dito "intendente da capitação do ouro".[210] Se o primeiro nomeado referido é o desembargador Brás do Vale, em 31 de janeiro de 1736, depressa os lugares estarão todos preenchidos. Já ficarão responsáveis pela cobrança da capitação nesse ano.[211] Ao intendente acrescenta-se em 1739 um ofício de contador com um escrivão. Competia-lhe tomar as contas aos tesoureiros da fazenda real.[212]

---

[209] Excelente síntese sobre as formas de cobrança do quinto por Carla Anastasia, "Entre Cila e Caribde: as desventuras tributárias dos vassalos de Sua Majestade". In: *Varia Historia*, Belo Horizonte: UFMG, nº 21, julho de 1999, p. 237-243; Laura de Mello e Souza. *Desclassificados do Ouro. A pobreza mineira no século XVIII*, p. 131; Jaime Cortesão. *Obras várias de Alexandre de Gusmão*, p. 228; "Documentos". In: *Revista do Arquivo Público Mineiro*, Anno XVI, vol. II, p. 270.

[210] *Ibidem*, vol. I, doc. 17, nº 2, p. 301; AHU, Con. Ultra., Brasil/MG, Cx. 37, doc. 19.

[211] AHU, Con. Ultra., Brasil/MG, Cx. 31, docs. 8, 71, 77. 4; Cx. 32, doc. 33.

[212] AHU, Con. Ultra., Brasil/MG, Cx. 38, doc. 2.

Os oficiais das intendências teriam que saber escrever e contar bem "para a expedição breve que se requer nestes ofícios."[213] Importante seria o ofício de "alimpador e examinador do ouro" que tinha de assistir a mesa do tesoureiro. Esses lugares foram postos a concurso.[214] Serão as intendências outros mecanismos mais de presença da Coroa e de domínio sobre a capitania. Os intendentes escolhidos vão ser letrados e até, a partir de 1748, entram a substituir os ouvidores-gerais nas faltas ou impedimentos destes – não havendo juiz de fora – e juiz de fora era só o de Mariana.[215] Com o que se cria mais alguma confusão administrativa. Em 1746 o ouvidor-geral do Serro do Frio pede a junção dos dois lugares num só ministro, "livrando-se da monstruosidade de dous Ministros iguaes."[216] Com as intendências instalam-se organismos de atuação fiscal com acrescida eficácia. Tratava-se de organismos para realização da cobrança da capitação e de fiscalização dos seus procedimentos, de especial destaque para tudo o que respeitava ao fisco. No topo desta administração da fazenda todavia, mantinha-se a provedoria, que exercia a sua competência especializada em tudo o que tocava à fazenda d'el-rei.[217]

É a burocracia régia que continua a engordar – embora ainda longe do que virá a ser mais para finais do século.[218] Porque neste caso as câmaras foram arredadas de qualquer intervenção ou mesmo colaboração. A fiscalidade passava a contar em muito – senão em exclusividade – com os oficiais régios, e as representações locais perdem parte da enorme importância que tinham tido, embora não deixem de contar na administração local. Como escrevia em 1733 o conde das Galveias,

---

213 José João Teixeira Coelho. *Instrução para o Governo da Capitania das Minas Gerais* (1782), p. 218; *Códice Costa Matoso*, vol. I, docs. 10, 17, 51 e 53, p. 254-255, 308-311, 441-442 e 499.

214 AHU.,Con. Ultra.,Brasil/MG, Cx. 32, docs. 6 e 21.

215 AHU, Con. Ultra., Brasil/MG, Cx. 52, doc. 97.

216 AHU, Con. Ultra., Brasil/MG, Cx. 47, doc. 53.

217 Graça Salgado. *Fiscais e meirinhos: a administração no Brasil Colonial*. 2ª ed., Rio de Janeiro: Editora Nova Fronteira, 1990, p. 89-92 e 293-297.

218 José João Teixeira Coelho. *Instrução para o governo da Capitania das Minas Gerais* (1782), p. 201-220.

devemos ter por certo, e infalivel que a principal razão porque S. Mag.ᵉ manda governador, ouvidores, e mais Ministros para estas Minas, he para tratarem da sua Real fazenda; procurando ivitar-lhe os prejuízos, e solicitar os aumentos della, porque se assim não fosse bem escuzado seria ter aqui Ministros, nem soldados.[219]

No próprio diploma da criação das intendências, de 28 de janeiro de 1736, se faz a ligação entre a capitação e este novo organismo, que se instalou nas Minas (Vila Rica, Ribeirão do Carmo, Rio das Mortes, Sabará e Serro do Frio), mas também nas de São Paulo (Goyazes, Cuyabá, Parnaguá e Paranampanema) e ainda na Bahia (Minas de Araçuaí e Fanados). E logo o rei determina o pessoal que sob as ordens o intendente irá tratar de tudo o que respeitava à cobrança da capitação.

> O Regimento porque deverão interinamente regularse os executores do dito sistema, e por onde constará tambem a jurisdição, que devem ter os intendentes, será o que provizionalmente communicar da minha parte aos Governadores, e Intendentes o Governador das Minas Geraes, com todos os aditamentos, ou explicaç+ões, que alem disso lhe participar, em virtude do que a experiência houver ensinado nas mesmas Minas Geraes, das quaes por serem as mayores, e mais povoadas do Brazil, he justo que se tire o exemplo, e norma para a execução do ditto sistema nas outras.

Era em especial necessário ter cuidado com a operação de matrícula dos escravos pelos que eram obrigados ao pagamento da capitação. Como também aos que ficavam abrangidos pelo maneio.[220]

A capitação e o censo escoravam-se em princípios de igualdade tributária e de proporcionalidade que nenhuma outra forma de cobrança pôde assegurar. Pretendia-se que fosse um processo "mais justo e livre de desigualdades." Talvez isso não interessasse aos pagadores mais abonados. A capitação tem sido dita "a maior vexação do povo destas Minas." Mas os queixosos são suspeitos. É gente da governança, que sempre reclamaria porque esta teria sido a mais injusta das formas de cobrança. Ou seria a que menos desvios autorizava? Enquanto os afastava

---

219 AHU, Con. Ultra., Brasil/MG, Cx. 32, doc. 5.

220 AHU, Con. Ultra., Brasil/MG, Cx. 31, doc. 71.

da cobrança, o que mais protestos motivaria ainda. Boas razões para não ser bem-vinda. Fosse como fosse, vigorou de 1735 a 1750.[221] E vigorou porque era uma forma de cobrança que implicava uma sociedade estável e já controlada. A mobilidade dos arraiais precários nem sequer poderia ter permitido um arrolamento da população para se lançar e cobrar a capitação pelos escravos e o maneio pelas atividades produtivas de outra natureza que não a mineração.

Foi preciso montar a vida urbana com as câmaras a funcionar; foi preciso que de Lisboa fossem sendo enviados os ministros indispensáveis à justiça, à administração e ao fisco. E os não menos imprescindíveis soldados. Presença do poder que terá passado a ser regular depois da grande manifestação de força da Coroa através do conde de Assumar. Assim, a partir de finais da terceira década de setecentos a situação tende a estabilizar, o que torna menos ameaçadoras as conspiratas contra o poder dos governadores ou o não-cumprimento das ordens régias. A presença da autoridade passava a ser bastante menos virtual. A missão do conde de Assumar foi "firmar o princípio da autoridade em bases independentes, e o regime da lei acima das paixões."[222]

Ouro que continuava a atrair mesmo os que pareciam posicionar-se longe desse chamariz: magistrados são acusados de negociar em ouro em pó e de comprar escravos para os pôr a trabalhar nas lavras. Podia muitas vezes tratar-se de acusações de inimigos que se vingavam de alguma sentença que os indispusera. Porque o que importava era que o juiz fosse bom letrado, rápido nos despachos, e "haver admenistrado justiça as partes com igualdade no tempo de seu julgado, com bom agrado para estas, e zeloso na defesa da jurisdição real."[223] Mas podia ocorrer o contrário. E para isso se tiravam as residências, esperando e suscitando

---

[221] Virgílio Noya Pinto. *O ouro brasileiro e o comércio anglo-português (Uma contribuição aos estudos da economia atlântica no século XVIII)*, p. 62-64; bom resumo in Robert Allan White, "Fiscal Policy and Royal sovereignty in Minas Gerais: the Capitation Tax of 1735". In: *The Americas*, Berkeley, Academy of American Franciscan History, vol. 34, nº 2, outubro de 1977, p. 207-229.

[222] Diogo de Vasconcelos. *História antiga das Minas Gerais*, vol. 2º, p. 207.

[223] AHU, Con. Ultra., Brasil/MG, Cx. 29, doc. 30.

testemunhos que deviam ser averiguados. Mais cuidado ainda do que o ouro merecia a exploração das jazidas de diamantes desde o seu descobrimento oficial, em 1729. Aconteceu na comarca do Serro do Frio. Demarcaram-se as terras, organizou-se a vida no arraial do Tejuco separada das restantes povoações e devidamente vigiado por uma intendência própria do Distrito Diamantino.[224]

Sossego, cumprimento das obrigações fiscais, justiça ministrada e, claro, desvio do ouro: assim continuará a ser. E crescimento e complexificação da vida urbana: em 1734 a vereação de Vila Rica propõe-se criar a irmandade da Misericórdia, pois em todas as cidades e vilas portuguesas costumava "haver hospital da misericórdia [ ] para socorrer os pobres e aflitos." Sem isso, ficavam "nas doenças sem maior assistencia que a de escravos barbaros e buçais." A Misericórdia era dita como um instituto pio, "proprio de Portuguezes, que o introduzirão em todas as colonias da Africa, Azia e America em notoria utilidade temporal dellas, alem do principal fim do serviço de Deos." Foi afinal a Santa Casa de Vila Rica criada em 1736, com compromisso idêntico aos das de Lisboa e do Rio de Janeiro, com o desejado hospital. E começam os legados, alguns mesmo de terras minerais.[225] Porém, talvez porque outras confrarias já estavam bem radicadas na vida social, a nova instituição estiolou. Embora a sua organização interna, em que os irmãos se agrupam em nobres e mecânicos, em paridade, se pudesse mostrar em consonância com o estado da sociedade. Estava-se em tempo em que já começam a arrumar-se os grupos sociais: é então também criada uma companhia de ordenanças de Reformados, Privilegiados e mais Nobreza de Vila Rica.[226]

Acompanhando a estabilização social em curso, a expressão "nobreza da terra" começa a usar-se mais comummente – como acontecia no Reino. Ainda a prin-

---

224 Joaquim Felício dos Santos. *Memórias do Distrito Diamantino*, 5ª ed., Petrópolis: Editora Vozes Ltda., 1978.

225 AHU, Con. Ultra., Brasil/MG, Cx. 26, doc. 59; AHU, Con. Ultra., Brasil/MG, Cx. 42, doc. 106; A. J. R. Russell-Wood, "O governo local na América Portuguesa: um estudo de divergência cultural", p. 58.

226 AHU, Con. Ultra., Brasil/MG, Cx. 24, doc. 99.

cípio designada "nobreza da governança", que se distinguia dos "populares".[227] Ao mesmo tempo tornam-se mais duras as medidas contra os escravos "quilombolhas" que desafiavam o ordenamento social.[228] Um senhor foi morto por escravos, sendo depois vingado pelos vizinhos com morte de três escravos, que foram despedaçados. Deste crime saíram por devassa 22 culpados. Aconteceu em 1735 no lugar do Taquaral e Passagem, termo da Vila do Carmo. Embora não fossem crimes aprovados pelas autoridades, eram comportamentos tolerados, por se entender que serviriam para moderar a "insolente ousadia" dos escravos...[229]

E há mesmo outras novidades que exprimem essa normalidade e esse "sossego": em Vila Rica trata-se, em 1739, de instalar um médico e um cirurgião;[230] alguns magistrados, findo o seu tempo de serviço, procuram quedar-se pelas Minas, dedicando-se à advocacia. Se o médico e o cirurgião seriam bem-vindos, já o mesmo se não pode dizer da instalação de antigos magistrados, o que logo causa complicações, até porque ainda eram juízes ordinários os julgadores nos concelhos – gente sem preparação em direito. Chegam queixas ao Conselho Ultramarino, em 1727, que se "achavão nestas Minas tres ouvidores, e tres juízes de fora que tinham acabado os seos lugares" e tinham permanecido no Brasil, alguns deslocando-se para junto das riquezas mineiras. Eram eles o desembargador Manuel de Melo Godinho Manso "que foy ouvidor em S. Paulo e acabado o seo lugar veyo advogar nesta Villa [Rica] onde queria vencer todas as cauzas em que era patrono." Provocava grandes confusões em todas as matérias "pello seo mao genio e peyor língua". Antonio de Sousa de Abreu Grade, que "foy ouvidor do Rio de Janeiro esteve nestas Minas pouco maes de hum anno, e veyo a ellas para advogar o que não fes porque ninguem lhe entregou as suas causas." Já de Jeronimo Correya do Amaral "nunca houve queixa delle porque he muito bom homem." De Luis Forte Bustamante consta

---

227 "Actas da Camara de Villa Rica", p. 313.

228 AHU, Con. Ultra., Brasil/MG, Cx. 29, doc. 54.

229 AHU, Con. Ultra., Brasil/MG, Cx. 34, doc. 40.

230 AHU, Con. Ultra., Brasil/MG, Cx. 37, doc. 11.

que foy Juiz de fora do Rio de Janeiro se acha morador na comarca do Rio das Mortes junto da Vila de São João de El Rey he demasiadamente desinquieto, e orgulhoso desejando adquirir muita fasenda, ainda que tenha dono, no que mostra que ainda conserva a mesma natureza que sempre teve.

Vital Casado Rotier

que foy juiz de fora do Rio de Janeiro, e he morador na Villa de São João de El Rey tambem bastantemente inquieto para a sua conveniencia, e por estar muitas veses sem saber o que fas, tem dous Irmãos consigo os quaes todos os dias fasem muitos disparates porque nunca andão em seo juiso, e como são Irmãos de hum homem que foy Ministro nam se atreve nem o Juis ordinario, nem o Ouvidor a castigallos em attenção de seo Irmão como tambem porque a perda do entendimento por sua culpa os fas serem valentes desproposittados e asim esta irmandade he de grave detrimento em terra pequena.

O doutor Manoel Luis Cordeiro, "que foy tambem Juis de fora do Rio de Janeiro, he morador nesta Vila onde faz alguns papeis, porem não ofende a pessoa nenhua porque he bom homem." Mas estava ainda na comarca do Serro do Frio e nela queria demorar-se um Antonio Rodrigues Banha,

ouvidor que acabou da ditta Comarca porem tem feito taes inimizades com as suas cavilações, que eu o mandey despejar asim por ellas, como porque he constante que he e tem sido por sua via o mayor passador de ouro furtado aos reaes quintos que tem havido nestas Minas, porem como he muito distante aquella comarca, ainda não sey que tenha sahido della.

E D. Lourenço de Almeida – já calejado governador das Minas onde se encontrava desde 1721 – conclui tornando a pôr na

Real presença de V. Mag.^{de} que he muito contra o seo real serviço, e tambem muito contra o sossego destes povos, que venham a estas Minas Ministros dispois de acabarem os seos lugares, e que fiquem nellas, os que acabam destas Ouvidorias.[231]

---

[231] AHU, Con. Ultra., Brasil/MG, Cx. 14, docs. 12 e 39.

Acontecia como que o desaparecimento dos magistrados que para o Brasil iam servir, que se diluíam localmente: nem retornavam ao Reino nem prosseguiam as suas carreiras.[232] Depois de exercícios de alguns anos a administrar justiça, durante os quais não se coibiam de espremer aquilo a que tinham direito e aquilo a que queriam ter direito aos pagamentos que os litigantes liquidavam, pelo que não faltam queixas de que abusam das posições que detêm.[233] "Uma, e muitas vezes mais desgraçadas as Minas depois que nelas houveram letrados."[234] Advogados, rábulas experientes no tipo de questões que na terra commumente se levantavam, provocavam a maior confusão, aconselhando demandas e chicanas processuais com que podiam arrecadar boas oitavas de ouro.[235] Em especial, aproveitavam a legislação sobre as terras minerais e águas – em que eram muitos os interesses. Culpados desse arrastamento das demandas, embargos e vistorias se encontravam também os ouvidores.[236] Começava a instalar-se a sociedade habituada à mediação de conflitos pelos tribunais, à europeia, com as suas constantes demandas e atuações judiciárias sem conta. Complexidade que se revela em algumas outras particularidades, como a prostituição encapotada que alguns proprietários de escravas facilitavam ou promoviam. E assim mesmo a conivência que se estabelecia com os "negros salteadores dos quilombos" e os donos de tabernas e prostíbulos.[237] E será o Senado de Vila Rica das Minas que propõe a El-Rei que sejam nomeados em cada uma das freguesias capitães-do-mato "em numero proporcionado a necessidade." Havia que tentar acabar com a insolência dos fugitivos escravos salteadores a que chamavam "calhambolas". E logo propõem terríveis penas. Para pagamento

---

232 José Subtil, "Ouvidores e ouvidorias no Império Português do Atlântico (século XVIII)", a publicar nos *Cuadernos de Historia* da Universidade Complutense (Madrid), p. 9 do dactiloscrito, por deferência do Autor.

233 V. g. AHU, Con. Ultra., Brasil/MG, Cx. 53, doc. 51.

234 *Discurso histórico e político sobre a sublevação que nas Minas houve no ano de 1720*, p. 107.

235 AHU, Con. Ultra., Brasil/MG, Cx. 10, doc. 49.

236 José João Teixeira Coelho, *Instrução para o Governo da Capitania das Minas Gerais (1782)*, p. 280-283.

237 AHU, Con. Ultra., Brasil/MG, Cx. 20, doc. 64.

desses serviços pretendeu Vila Rica em 1739 lançar uma finta. No que não houve dificuldade de aceitação por parte dos moradores.[238]

Sempre há quem saiba aproveitar e fazer crescer a procura da justiça... Para além de que haveria já herdeiras casadoiras e outras oportunidades de enriquecer na terra do ouro. Desempenhar ofícios de justiça nas Minas era rendoso. Queixas chegam a Lisboa do "excesso de emolumentos que levão os menistros e officiaes de justiça das Minas por não haver tacha delles." Observava-se um regimento já desatualizado.[239] Essencial era o lugar de escrivão da câmara, que assegurava a continuidade da governança anualmente renovada: e porque juízes, vereadores e procuradores podem não ter a "pratica necessária para os negocios civis, se faz muito precizo que o escrivão da camara seja pratico e inteligente asim nas materias politicas como nas obrigações do Senado." Por isso a continuidade de alguns escrivães, ou o pedido para que o rei concedesse o prolongamento dos seus mandatos.[240] Também é notório que o enriquecimento – ou a fama de enriquecimento possível nas Minas estimula a emigração de profissionais qualificados. Em 1746 queixa-se um cirurgião "anatômico" de que fora preterido a favor de um que não era "anatômico" para o lugar de cirurgião do partido de Mariana.[241]

Por vezes o desentendimento de grupos de vizinhos agrava as situações. Em 1749, na câmara de Pitangui, há queixas contra a "pouca inteligencia e frouxidão dos Juizes por serem homens leigos e aparentados que precizamente hamdem cuidar de se conservarem a sy e a seus parentes." Porque as coisas estavam perturbadas naquelas bandas:

> aqui matam-se homens, espamcam-se, e roubam-se, e tudo fica sem castigo e o pior he haver tambem algûa resistência de Justiças e se acazo os que ficão culpados nas devassas se poem em livramento articulam o que querem e provão mais do que arti-

---

238 AHU, Con. Ultra., Brasil/MG, Cx. 29, doc. 54; Cx. 39, doc. 20.

239 AHU, Con. Ultra., Brasil/MG, Cx. 24, doc. 48.

240 AHU, Con. Ultra., Brasil/MG, Cx. 11, doc. 7.

241 AHU, Con. Ultra., Brasil/MG, Cx. 53, doc. 40.

cullão que por nossos pecados se tem introduzido nesta terra o vissio do prejuro por modo incrível.[242]

Com o aumento da presença do poder delegado do rei abrem-se mais conflitos com os oficiais do poder local: em 1731 o rei manda mesmo que o juiz de fora da Vila do Carmo prenda a vereação por faltas de respeito. Do que discorda o governador, temendo que os magistrados desatassem a prender as vereações destruindo os equilíbrios provados. E afetando vassalos que muitas vezes se diziam desamparados e perseguidos.[243] Equilíbrios que explicam como foi sendo conseguido o sossego que Sua Majestade pretendia. D. Lourenço de Almeida informa em 1727 que as Minas se acham "no seu custumado sucego, sem haver couza que encontre, nem perturbe o real serviço de V. Mag.de". Dificuldades ocorriam por faltas de material para a fundição que se instalara: solimão, água forte, cadinhos e vidros de ensaio. Materiais que tinham de se importar, porque "nada disto se pode remediar."[244]

Continua a crescer a população – os rendimentos do ouro não baixam. A realeza não encontra razões para a criação de novas vilas. Foi essa a proposta do ouvidor-geral de Serro do Frio, em 1731: o Conselho Ultramarino não acedeu às razões apresentadas numa primeira proposta, negando a elevação do Arraial dos Fanados – que afinal será logo depois vila com o nome de Nossa Senhora da Graça do Bom Sucesso das Minas Novas do Araçuaí, na área da ouvidoria do Serro do Frio. Porém, quinze anos passados, ainda aí não havia casas de câmara nem cadeia,[245] o que revela que boas razões escoravam a escusa. Também poderiam ser vilas o Arraial do Milho Verde e um lugar dito Jetiquahi (Jequitaí?). Achava o ouvidor que nos arraiais se sentia falta de atuação da justiça. Mas em Lisboa parecia que uma só vila, a Vila do Príncipe, era suficiente para assegurar

---

242 AHU, Con. Ultra., Brasil/MG, Cx. 53, doc. 40.

243 AHU, Con. Ultra., Brasil/MG, Cx. 26, doc. 6; *Ibidem*, Cx. 12, doc. 70.

244 AHU, Con. Ultra., Brasil/MG, Cx. 10, doc. 51.

245 AHU, Con. Ultra., Brasil/MG, Cx. 30, doc. 55; Waldemar de Almeida Barbosa, *Dicionário Histórico-Geográfico de Minas Gerais*, Belo Horizonte: Editora Saterb, 1971.

a necessária administração dessas lonjuras. Embora cabeça de comarca, seria povoação de poucos moradores: 60 casas "poucas destas cobertas de telha e as mais de palha".[246] O governador D. André de Melo e Castro, conde das Galveias, era desfavorável a novas fundações de concelhos: entendia que "todos os camaristas quando se trata dos interesses de V. Mag.^{de} ordinariamente dizem, e alegão que são contra os dos povos." Assim sendo, entendia que o melhor para evitar essas forças de bloqueio seria não criar mais: "por hora quanto menos Vilas houver, tanto mais promptamente se executarão as resoluções de V. Mag.^{de}."[247] Paracatu, embora pela sua situação na encruzilhada de caminhos para Goiás, para as Minas e para São Paulo merecesse ser elevada a vila, viu o seu requerimento contrariado por Gomes Freire de Andrade, em 1747.[248] Foi preciso esperar por 1789 para que mais vilas fossem criadas no território da capitania.[249]

Também outros povoados terão tentado, sem êxito, que o rei os elevasse a vilas. Assim foi com o Arraial de Nossa Senhora da Conceição das Catas Altas, da Vila do Carmo, comarca de Vila Rica. Em 1745 representam a Sua Majestade quanto importava essa promoção:

> atendendo V. Mag.^{de} ás grandes povoações que ha naquella America para haver melhor administração da justiça e se evitarem os graves damnos, e consequencias, que se não podião atalhar, nem remediar pelas grandes distancias foi servido crear villas em muitos lugares para que assim se pudesse mais promptamente acudirse ás necessidades que precizarão de prompto remedio.

Ora o Arraial, que teria uns quatrocentos fogos nos seus limites, não era de menos consideração,

---

246 AHU, Con. Ultra., Brasil/MG, Cx. 22, doc. 42 doc. 39.

247 AHU, Con. Ultra., Brasil/MG, Cx. 22, doc. 42.

248 Waldemar de Almeida Barbosa. *Dicionário histórico-geográfico de Minas Gerais*, p. 337-341.

249 Cláudia Damasceno Fonseca, "Funções, hierarquias e privilégios urbanos. A concessão de Títulos de vila e cidade na Capitania das Minas Gerais". In: *Varia Historia*, Belo Horizonte, UFMG, nº 29, janeiro de 2003, p. 41.

antes he hum dos mais antigos daquella America, ou sitio, e de grande povoação, ficando muito distante a Villa do Carmo mais de hum dia de viagem, de que resulta commeterem-se no dito lugar varios e atrozes insultos sem temor da justiça por não ser remediavel pela distancia, em forma que sempre ficão impunes os malfeitores, alem dos enfermos que morrem sem testamento por não terem oficial publico que o possa fazer.

Tudo boas razões para se elevar a vila, passando para o seu termo quatro freguesias situadas entre os rios Gualacho e a Barra do Caeté. Mas o Conselho Ultramarino, consultado o provedor da comarca e o ouvidor geral, acha tal pretensão mal fundada. Aí havia juiz ordinário, e passaria a haver um tabelião do judicial e notas. Acha o provedor da comarca que se trata apenas de um "desordenado apetite."[250] Nenhuma outra fundamentação é acrescentada para melhor se entender a negativa que os vizinhos receberam.

Entretanto, juízes e vereadores da Vila do Carmo obtiveram em 1721 o foro de cavaleiros. Mas queriam mais: a gente principal pretende o foro de cavaleiros-fidalgos para juízes, vereadores e procurador do seu concelho. Invocando a sua fidelidade e acatamento às ordens régias.[251] Cavaleiro professo na Ordem de Cristo e fidalgo da Casa Real aparece logo em 1716 Salvador de Seixas Cerqueira, escrivão da câmara de Vila Rica.[252] Mas ainda muito poucos eram os enobrecidos pela concessão de ordens militares. Os principais da vila de Sabará pedem em 1729 que os privilégios que cabiam a juízes, vereadores e procurador pela *Ordenação* sejam extensíveis a seus "filhos legítimos, mulheres, pay, may, irmãos, e netos; e que destas mesmas honras participem os almotaceis." Era o alargamento a uma situação privilegiada familiar que já se requeria – no mesmo sentido das tendências oligárquicas concelhias do Reino... Importava conseguir a conservação social dos principais, da gente nobre da governança da terra de cujo grupo também saíam os

---

250 AHU, Con. Ultra., Brasil/MG, Cx. 45, doc. 38.

251 AHU, Con. Ultra., Brasil/MG, Cx. 16, doc. 96; *Idem*, Cx. 16, doc. 96.

252 AHU, Con. Ultra., Brasil/MG, Cx. 9, doc. 9.

almotacés – que desde a fundação das vilas começam a ser escolhidos.[253] Extensão de privilégios e honras que já por 1720 os oficiais de São João d'El-Rei queriam para si.[254] Continuidade familiar que numa sociedade sujeita a vicissitudes de instabilidade ainda não seria sentida como estando garantida. Mesmo a vereação da Vila do Príncipe quer que o monarca lhe conceda privilégios semelhantes aos do Rio de Janeiro, em 1737.[255] A governança de Vila Rica por seu lado esforça-se por conseguir da Coroa a sua promoção a cidade, como já o eram o Rio de Janeiro e São Paulo – e pouco depois seria a rival Vila do Carmo redenominada Mariana, o que a câmara submissamente considerará graça excessiva de Sua Majestade, prostrando-se com a maior submissão aos seus reais pés.[256] A Vila de São José d'El-Rei, por seu lado, pretende em 1749 ter o título de notável "e os homens bons da governança, juizes, vereadores, tenhão o foro de cavaleiro fidalgo com a Nobreza civil, e todos os indultos concedidos aos cidadões do Rio de Janeiro."[257]

Para além destas tentativas de enobrecimento no quadro concelhio, outras propostas surgem que conduziriam a uma elevação social considerável: Nicolau Antunes Ferreira, morador em Vila Rica, propõe-se levantar uma companhia de cavalos à sua custa, pedindo apenas que Sua Majestade o faça capitão dela.[258] Não há sinal de que tenha conseguido esse objetivo excessivamente ambicioso. Formações militares privadas não estavam ainda em moda. Mais estranho ainda seria se a nova capitania das Minas tivesse sido vendida, que não lhe faltaria comprador.[259] Mas a Coroa estava

---

253 "Actas da Camara de Villa Rica", p. 207-208; A. J. R. Russell-Wood, "O governo local na América Portuguesa: um estudo de divergência cultural", p. 61-62.

254 AHU, Con. Ultra., Brasil/MG, Cx. 11, doc. 10; *Ibidem*, Cx. 2, doc. 72; Cláudia Damasceno Fonseca, "Funções, hierarquias e privilégios urbanos. A concessão de Títulos de vila e cidade na Capitania das Minas Gerais", p. 44-45.

255 AHU, Con. Ultra., Brasil/MG, Cx. 33, doc. 17.

256 AHU, Con. Ultra., Brasil/MG, Cx. 22, doc. 42; Cx. 45, doc. 89.

257 AHU, Con. Ultra. , Brasil/MG, Cx. 53, doc. 40.

258 AHU, Con. Ultra. , Brasil/MG, Cx. 12, doc. 24.

259 Affonso de E. Taunay. *Historia da cidade de São Paulo no seculo XVIII*, t. I(1711-1720), p. 22.

já empenhada no longo processo de liquidação das capitanias-donatárias, a última das quais criada em 1685.[260] Muitos se afadigavam para obter reconhecimento social. O lugar de capitão-mor, sempre apetecível, trazia consigo consideração pública – honra. Desde 1724 que nas Minas a eleição do capitão-mor se fazia segundo o Regulamento Geral das Ordenanças e legislação extravagante. Seriam eleitores os homens-bons sendo enviados para o governador os nomes dos três mais votados. A essa autoridade cabia escolher e nomear um deles.[261] António Ramos dos Reys, cavaleiro professo da Ordem de Cristo e capitão-mor de Vila Rica, quer que lhe sejam reconhecidas as "honras e preminencias inerentes a elle, assim como sam concedidas às pessoas, que o exercitam em qualquer parte do Reino."[262] Tinha obviamente razão. E o mesmo invoca Bernardo da Fonseca Lobo, capitão-mor vitalício na Vila do Príncipe, que pretende gozar de todas as honras, privilégios, liberdades, isenções e franquezas a que tem direito por razão do seu posto. Sobretudo queria que lhe reconhecessem o direito ao assento nas igrejas do distrito da sua capitania debaixo do arco da capela-mor![263] Era assento onde todos os seus conterrâneos o podiam ver, honra reconhecida. Mesmo os lugares de capitães das ordenanças eram sentidos também como honras. Pelo que a acumulação desses e outros lugares se fazia no interior das famílias dos principais do concelho.[264]

Outras pretensões de interesse econômico local também surgem e não poucas saíam escusadas. Como aconteceu a proposta apresentada pelas vilas de São João d'El-Rei e de São José d'El-Rei de às suas custas construírem uma ponte sobre o Rio das Mortes. A realeza não concede, porque isso implicava a perda da sua receita das passagens de canoas. Mais complicado ainda: como essas receitas

---

260 António Vasconcelos de Saldanha. *As capitanias do Brasil. Antecedentes, desenvolvimento e extinção de um fenómeno atlântico*, 2ª ed., Lisboa, CNCDP, p. 399.

261 AHU, Con. Ultra., Brasil/MG, Cx. 50, doc. 63.

262 AHU, Con. Ultra., Brasil/MG, Cx. 41, doc. 10.

263 AHU, Con. Ultra., Brasil/MG, Cx. 51, doc. 61.

264 A. J. R. Russell-Wood, "O governo local na América Portuguesa: um estudo de divergência cultural", p. 64-65.

estavam entregues a contratadores que tinham que pagar o valor da arrematação à fazenda real, era impossível na vigência de um contrato mudar esse aspecto da vida da terra, mesmo que em benefício dos moradores.[265] Porque os contratos se queriam estáveis. Em 1746 estavam adjudicadas as passagens no Rio das Mortes, Rio Grande, Rio Verde, São Francisco, Paracatu, Orucuya e Guequetahy, Rio das Velhas e Rio Peraupeba. Os moradores podiam ter as suas barcas para serviço da família ou da sua fazenda, mas não para negócio.[266]

Só em 1736 se julga estabilizada a situação jurídico-política na Capitania das Minas Gerais. Sua Majestade determina então que seja revisto o "Regimento dos Guardas mores, e Superintendente das Minas Geraes, por ser o dito Regimento, e as mais ordens que sobre elle se tem passado feitas em tempo em que as Minas se achavão em diferente forma." Para isso contribuía a "variedade dos menistros concernentes, que nellas se tem criado em ordem a boa admenistração das justiças." Em especial havia queixas contra os ouvidores por terem alargado a sua jurisdição, atuando como se fossem superintendentes. Para essa revisão do regimento de 1702 contava o rei com a competência e a probidade do desembargador Rafael Pires Pardinho – que se ocupava do Distrito Diamantino.[267]

Nos anos que medeiam entre a aceitação forçada da capitação e maneio (1735) e a sua revogação por d. José (1750) a sociedade das Minas Gerais entra numa fase de maturação e de relativa estabilidade interna. Tudo se conjugava para suscitar o crescimento econômico assente na diversidade produtiva, que aconteceu. O setor agrícola prospera. Isto embora as queixas e a invocação de decadência sobrelevem qualquer outra opinião. Mas a contínua entrada dos quintos no Erário Régio não parece enganar. O sossego que tanto fora querido dá sinais de encontrado. Parecia por fim resolvida a articulação entre o poder régio e os poderes locais. Com sinais de mudança: chegavam e permaneciam nas Minas os bacharéis e doutores de Coimbra que traziam consigo outras

---

265 AHU, Con. Ultra., Brasil/MG, Cx. 18, doc. 23; Cx. 53, doc. 77.

266 AHU, Con. Ultra., Brasil/MG, Cx. 47, doc. 68.

267 AHU, Con. Ultra., Brasil/MG, Cx. 32, docs. 7 e 40.

motivações culturais,[268] que queriam e iriam mais tarde mostrar-se adeptos de perigosas novidades. Os equilíbrios sociais e políticos e as expectativas da segunda metade do século XVIII abrem outros caminhos e mostram outras saídas. A primeira metade da centúria fora tempo de criação e de crescimento. Com novidades no conjunto do território brasileiro e do império português que, afinal, delineou um Brasil bem diferente do que a área litorânea que se desenvolvia desde os inícios da colonização. Conflitos que também põem em confronto as modernices de um ouvidor, Caetano Furtado de Mendonça, preso por grandes escândalos de papéis "que se lião publicamente e aplaudião com grandes exageraçõens", contra o bispo do Rio de Janeiro d. Frei João da Cruz. E não eram poucos os seus parciais, em desabono no prelado que não suporta ver-se caluniado.[269]

A criação das Minas Gerais muito teve de turbulento – porque muita era a riqueza mineral e a cobiça que despertava em todos: na Coroa, nos colonos, nos escravos, nos eclesiásticos… Embora às alterações e aos motins tenham os poderes régios ido respondendo com habilidade, raramente recorrendo à violência da repressão. O que aconteceu em Vila Rica em 1720 com Filipe dos Santos não se repetiu. Imperou o bom senso. Às autoridades régias e aos poderes locais coube gerir uma situação agreste que tendeu a estabilizar, passados que foram os tempos iniciais de instalação da nova sociedade. Sociedade que assentou em recursos de uma riqueza aparentemente fácil, que a muitos atraiu. Numa constante mobilidade, onde tardou a sedentarização e o respeito pela lei e pelas decisões dos que governavam. E que não se pacificou totalmente de imediato. A atenção às inquietações era obrigação dos governadores. Porque a qualquer momento podiam ocorrer. Embora com mais dificuldade nas áreas de maior presença da administração, da força dos militares e da autoridade dos magistrados. O território de mais antigo assentamento populacional e de atividade política nos concelhos estaria relativa-

---

268 M. Rodrigues Lapa. *Vida e obra de Alvarenga Peixoto*, Rio de Janeiro: Instituto Nacional do Livro/Ministério da Educação e Cultura, 1960, p. XIII-XVI; Sérgio Buarque de Holanda, "Metais e pedras preciosas", p. 337-341.

269 AHU, Con. Ultra., Brasil/MG, Cx. 44, doc. 110.

mente policiada e disciplinada – sossegada ou quieta, como gostavam de destacar os governadores. Mas isso não ocorria na mesma nos confins das terras que ainda estavam num lento processo de ocupação. Como era o caso da Barra do Rio das Velhas no sertão das Minas, confluência com o rio São Francisco, já na diocese de Pernambuco. Áreas onde não havia exploração de ouro e no princípio da ocupação da região das Minas ditas como despovoadas.[270]

No mês de março de 1736 eclode um motim, nos Papagaios. Terá começado por uma insurreição contra o juiz que tirava uma devassa – seria o juiz ordinário do julgado, cargo criado em 1732. Motim que teve repetição "em Rio Verde, nos confins deste Governo aonde parte com o destrito das Minas Novas." Aqui, os amotinados trataram de impedir cobranças devidas à Fazenda Real. A seguir a uma provável resposta a uma questão local, organizaram-se os protestos contra a grande questão fiscal dos quintos do ouro. Fora o rastilho. A distância a que se encontravam esses lugares da sede da capitania e mesmo da cabeça da comarca ou do concelho terá facilitado o explodir da alteração. Pouca confiança havia na fidelidade dessa gente sertaneja. Pelo que as autoridades não vão contemporizar com tais rebeliões. Apesar da enorme distância, o governador interino Martinho de Mendonça Pina e Proença logo decide empenhar a ameaça da força, "nomeando oficial de graduação com destacamento de Dragões, para segurança, e respeito da deligencia." Os motivos de descontentamento seriam fortes, pelo que depois no Sítio do Brejo do Salgado, distante mais de 150 léguas de Vila Rica,

> se amotinarão os moradores, e marcharão athé o Arrayal de São Romão, constituindo Juízes do Povo, e Cabos, e naquelle Arrayal entrarão couza de duzentas pessoas armadas que fizerão (guiadas pelo vigário António Mendes Santiago) escrever hum termo sedicioso, e publicar Edittaes de manifesta rebelião; asim se conservarão tres dias, athe que hum Domingos Alves Ferreira, com a vós de V. Mag.^de e ajudado de alguns parentes e amigos, se senhoriou do Corpo da goarda, e fes espalhar os amotinados.

---

[270] Virgínia Rau e Maria Fernanda Gomes da Silva. *Os manuscritos do Arquivo da Casa de Cadaval respeitantes ao Brasil*, vol. II, p. 35.

Terminava uma primeira fase, mas mais haveria para contar destes motins do sertão, como foram ditos.[271]

Ocorrências sertanejas que não foram únicas: pouco antes, em São José dos Tocantins, em Goiás, tinham ocorrido dois levantes: aí se amotinaram "os moradores naquellas minas, por não pagarem as outavas que pellos jornaes se estabelecerão." Dificuldades das autoridades atingiram o sertão: cobrar quintos em Goiás, "he materia impraticável". E não era apenas aí que se sentia a impossibilidade de fazer cumprir as ordens régias.[272] Era em todo o território onde as autoridades régias e os poderes municipais ainda faltavam. Para mais, nas lonjuras do São Francisco, numa região de criação de gado e produção de subsistências, em que não havia núcleos populacionais organizados. Queriam naturalmente os moradores dos sertões eleger quem os representasse, e não se contentariam com eleições nos termos limitados das *Ordenações do Reino*. Por isso a escolha de Juízes do Povo. Designação que ali nada tem a ver com os oficiais mecânicos que no Reino escolhiam um representante assim designado.[273]

Neste caso algumas das autoridades não se sentiam muito à vontade para atuar. Mais uma vez, a distância dificultava a repressão. Temiam os poderes lançar-se para o interior a resolver a situação, que ficava complicada. Um motim na periferia punha em causa – como sempre – os pagamentos devidos à Fazenda Real. O governador em exercício, o ardido Martinho de Mendonça, não cede: faz avançar os Dragões e magistrados. O que se impunha como dissuasão, que não para arrancar numa repressão imediata. Nem assim os rebeldes serenaram.

> Tinhão sahido segunda ves do Brejo do Salgádo os amotinados e aggregandosse os moradores, huns como cumpleces de seus intentos, e outros viollentados com temor

---

[271] "Motins do Sertão". In: *Revista do Arquivo Público Mineiro*, anno I, fasc. 4, p. 650; Luciano Figueiredo, "Furores sertanejos na América portuguesa: rebelião e cultura política no sertão do rio São Francisco, Minas Gerais (1736)". In: *Oceanos*, Lisboa, CNCDP, n° 40, outubro/dezembro 1999.

[272] AHU, Con. Ultra., Brasil/MG, Cx. 33, doc. 20.

[273] Harry Bernstein. *The lord Mayor of Lisbon. The portuguese tribune of the people and his 24 guilds*. Lanham/Nova York/Londres: University Press of America, 1989.

> das insolências que commettião, contra os que achavão socavados e em mayor numero, constituindo General das Armas, Mestre de Campo, Secretario do Governo, Juis e Procurador do Povo, cometerão na marcha as mais atrozes barbaridades, publicando bandos com penas de morte, confiscação de bens, mattando, violentando mulheres, queimando, e roubando cazas [...].

Nem todas as acusações sendo para levar à letra, importa destacar que o desassossego se instalava no sertão. Notavam-se entre os amotinados negros, mulatos e índios que cometiam as maiores desordens. A par com fazendeiros, também interessados em escapar à cobrança. E que queriam impedi-la por sentirem que o avanço da autoridade régia no sertão punha em causa o seu exercício de mando sobre as populações. Presença da autoridade régia que se materializava na pesada cobrança do quinto.[274] De São Romão continuam os sublevados alguns dias marcha

> athé o Sitio da Barra do Jequitahy, onde com motivo, ou pretexto da discórdia que os Cabos tiveram, ou por se lhes fustrar (*sic*) a esperança de serem asestidos de dous moradores poderozos daquellas vezinhanças se desfez o tumulto.

Aconteceu que então souberam dos preparativos para a intervenção militar. E foi melhor tratar de suspender o protesto.

As autoridades não descansavam, que motins eram beliscões dolorosos na intangível e augusta supremacia de Sua Majestade. Havia então que reprimir a inquietação; já não bastavam as ameaças. E assim, uma noite, sem serem sentidos, os soldados prenderam todos os moradores. Examinados pelo ministro disso encarregado, foram soltos os que não constava serem cabeças das alterações. "Não ouve nem sombra de rezistência, e se remetterão prezos para Villa Rica, o General das Armas, Secretario do Governo, Juis do Povo, e outros culpados." Mesmo assim: a repressão não se seguiria de imediato: "não sendo já precizo para que o sucego a promptidão do castigo, se rezervace para ezecuttá-lo na forma que V. Mag.^de ordenase."

---

[274] Anastasia. *Op. cit.*, p. 78.

Não havia pressa, pois, conclui o culto Martinho de Mendonça que se compraz em analisar a situação, procurando achar uma explicação geral para o fenômeno:

> em todas estas inquietações se podem conciderar tres generos de Cabeças, os primeiros e mais principaes são homens poderozos no Pais, e estabelessidos nelle que costumados a viver sem mais ley, que a sua vontade, procurarão impedir o estabelecimento da capitação, não tanto para não pagarem, como pello receyo, de que com a introdução de Intendente e Correyçoens haveria hũa grande facilidade para o castigo das insolências, que com frequencia se cométem.

Estes cabecilhas retiram-se mal sabem que sobrevirá uma devassa. Além disso, há a considerar cabeças

> quatro ou sinco pessoas, que tinhão pouco ou nada que perder, e ocultamente instigados dos outros, comessarão os motins concittando huns, e viollentando outros, alguns dos quais se tinhão retirado culpados nas inquietações dos Tocantins. Estes por ser mais aparente o seu delitto, se retirarão tanto que se desfez o tumulto. E em terceiro lugar parecem cabeças, o General, Secretario e Juis do Povo, ainda que realmente o não são, porque nestes empregos introduzirão maleciozamente gente muito rústica, e tanto que entendo não conhecião a atrocidade do delito, como se colhe das preguntas principalmente de Simão Correa hum Mestiço que nunqua entrou em povoado, a quem fizerão General das Armas.

A ousadia dessas nomeações seria sentida como achincalhante – um rústico mulato escolhido para um tal papel de autoridade militar! –, agravada com terem posto gente pouco polida nesses lugares, gente ignorante e crédula. O que mais amplia a culpa dos cabecilhas. E nas Minas, como em todas as situações anteriores, uma decidida condenação dos clérigos. Porque aquele território estava

> cheyo de Clerigos ignorantes, e culpados, e Frádes apostatas fugidos das Minas, e de outras partes, aonde vivem com milhor deseplina, por ser o certão País de licenciosos, e que consente toda a Liberdade.

Martinho de Mendonça atribui culpas muito especiais ao vigário António Mendes de Santiago "como consta na devassa." Não só: os potentados locais são os responsáveis, não os povos que se amotinaram. Minas "foi até agora habitado de régulos que não conheciam outra lei que a da força..."[275] E o governador conclui, como lhe convinha, tirando a conveniente lição – exemplar e otimista – dos acontecimentos: "Com estas deligencias ficou o certão obediente, e quieto, para o que igualmente contribuirão as barbaridades que executarão os amotinados, e a boa ordem com que se executtarão as deligencias." Convinha persistir na mesma linha de atuação, continuando os futuros governadores "a cultivar nelle a boa ordem, ficará sempre tão facil executarem-se nelles as deligencias da Justiça, como as que pertencem a boa administração da Fazenda de V. Mag.ᵈᵉ quando athe agora herão igualmente deficultozas, e quazi impossiveis hûas, e outras."[276] Trazer toda a área colonizada à obediência régia (em especial pelo que toca à Fazenda e à Justiça) era o que podia ser pretendido. E com a obediência entrava o pagamento dos quintos, que era precisamente o que os amotinados recusavam. A justificação estava conforme, "porquanto do sertão não se tira ouro."[277] Mas muito ouro ia lá parar da venda do gado e subsistências para sustento das populações das Minas.

Os sertanejos, que tinham ficado de fora dos arranjos com as autoridades régias de 1734-1735, simplesmente recusam em 1736 uma contribuição que nada tinha a ver com as suas atividades produtivas e mesmo as da região. Para mais sentem-se excluídos dos acordos que levaram à aceitação da nova forma de cobrança do tributo. Não estavam integrados nos municípios que participaram nas juntas onde os oficiais dos concelhos foram dados como intermediários. Porque a rede da administração municipal não atingia esse interior longínquo. Onde também não havia povoados para constituir vilas, onde os proprietários das fazendas tinham todo o poder sobre os que deles dependiam. Onde só foi imposta uma jurisdição extraordinária de juízes ordinários, sem poder de constranger os povos. Não teve seguimento uma sugestão para que Sua Majestade enviasse para o Arraial de São

---

275 *Apud Ibidem*, p. 83.

276 AHU, Con. Ultra., Brasil/MG, Cx. 32, doc. 63.

277 *Apud* Luciano Figueiredo, "Furores sertanejos na América portuguesa: rebelião e cultura política no sertão do rio São Francisco, Minas Gerais (1736)", p. 133.

Romão um juiz letrado "para administrar justiça àqueles povos e se evitarem as desordens." Tampouco foi criada aí uma intendência como terá sido propósito firme de Gomes Freire de Andrada, que entendia até dever manter-se em São Romão um destacamento de dragões.[278] Nunca se refere a necessidade de instaurar uma vila, o que bem destaca a desconfiança das autoridades nos potentados locais.

Talvez não fosse de esperar um motim em tal região: o distrito do Papagaio, na Comarca do Rio das Velhas, não tinha núcleos urbanos que facilitassem a organização dos protestos. Mesmo os juízes são ditos como a viver

> nas suas fazendas, distantes daquella villa ou lugar cabeça do dito destrito do Papagayo, dez, vinte, e mais legoas, e por não terem o detrimento de virem ao dito lugar fazer audiências, e mais actos de justiças, querem obrigar ao Tabalião que vá assistir onde elles moram, com muito prejuízo…

O Papagaio seria bem pequeno povoado, pelo que lhe chamam lugar.[279] A designação rigorosa de vila não encaixa em Papagaio na descrição do motim pelo governador interino. Em 1748 surge um requerimento na Junta dos Três Estados em que se pede a avaliação do ofício de tabelião e escrivão dos órfãos da Vila de Papagaio da comarca do Sabará.[280] Mas a designação de vila neste caso não correspondia a uma realidade jurídica. Aplicar-se-ia a uma aglomeração populacional de algum relevo local. Como São Romão não passaria de um arraial – e assim é sempre dito. Pequenos povoados, pois, pelo que para juntar os alevantados foi necessário que os cabecilhas andassem arrebanhando gente, que foram obrigando pela força "a que os acompanhassem com os seus escravos, e que o que fugisse

---

[278] Carla Maria Junho Anastasia. *Vassalos rebeldes. Violência coletiva nas Minas na primeira metade do século XVIII*, p. 78; "Documentos". In: *Revista do Arquivo Público Mineiro*, Anno XVI, 1911, vol. II, p. 255.

[279] AHU, Con. Ultra., Brasil/MG, Cx. 41, doc. 30; Luciano Figueiredo refere *vilas* neste interior, embora não indique quais fossem. Na realidade, nenhuma vila havia. Cfr. Luciano Figueiredo. "Tradições radicais. Aspectos da cultura política mineira setecentista". In: *História das Minas Gerais. Minas Setecentistas*, p. 257.

[280] AHU, Con. Ultra., Brasil/MG, Cx. 52, doc. 37; .

morreria."[281] Tratava-se, como logo se disse, de motins do sertão. Não havia um núcleo urbano onde se centralizassem os protestos. O governador procurou agir com recato, "sem ruído grande, mostrando que não causou cuidado, porém deu-me a conhecer a necessidade que há de conservar tropas neste país mandadas por capitães, e subalternos de toda a satisfação."[282] A formação militar de linha aparecia aqui com funções de polícia bem marcadas, atuando contra os "pés rapados, mulatos", "mal ensinados, e vadios." E o governador toma cautela e avisa que "o capitão faça que as tropas não cometão a dezordem de matarem os vencidos e somente trabalhem por haver entre elles as cabeças de motim." Nelas se executaria como "exemplo que o seu delicto merecer, e as leys, e ordens de S. Mag.^{de} permittirem." Importava, acima de tudo, fazer "conhecer ao certão o poder do nosso soberano." Para que isso possa ficar garantido propõe Gomes Freire de Andrada que se aumente o número de dragões..."[283]

Na mesma linha de atuação, em Lisboa, o Conselho Ultramarino toma conhecimento do sucedido e vai promover o castigo que pretende exemplar. Parece aos conselheiros "que para se evitarem semilhantes motins [...] he conveniente que os culpados nelle sejão punidos aonde a pena sirva de escarmento áquelles povos, sentenciando-se a culpa e executando-se a pena em alçada naquellas Minas." Porque pelo contrário o procurador da Coroa entendia que deviam ser remetidos presos para o Reino e lá julgados. O Conselho decide: o governador deveria prender dez culpados, e deveria sentenciá-los (decisão tomada em conjunto com dois letrados). Mas já não se apanhavam dois dos culpados, "Antonio Pereira de Vasconcellos, e Semião Correia dos Reys, os quais havião fugido da Cadea desta Villa [*de Vila Rica*] em hum arrombamento que com outros prezos fizerão."[284]

---

281 Cfr. Luciano Figueiredo, "Furores sertanejos na América portuguesa: rebelião e cultura política no sertão do rio São Francisco, Minas Gerais (1736)", p. 132-133.

282 "Motins do Sertão". In: *Revista do Arquivo Público Mineiro*, Anno I, fasc. 4, p. 662.

283 "Documentos". In: *Revista do Arquivo Público Mineiro*, Anno XVI, vol. II, 1911, p. 258-259 e 262-263.

284 AHU, Con. Ultra., Brasil/MG, Cx. 34, doc. 44.

Era uma lição drástica, que se pretendia? Apesar de tudo, em tempos mais difíceis para as autoridades e perante um levante bem mais agreste, o conde de Assumar parecia ter sido bem menos violento do que o Conselho Ultramarino agora propunha que Martinho de Mendonça fosse. E tivera que fazer face não a uma revolta em longínquas e pouco habitadas paragens, mas no centro mesmo da atividade mineira e da vida urbana que se desenvolvia nas Minas. Mas afinal também a magnanimidade de D. João v – ou o temor de reações imprevisíveis – acabam por amenizar as penas. Do levantamento do sertão terá resultado apenas a ida de um degredado para o Rio de Sena, em Moçambique.[285] O vigário era homem buliçoso, que terá outros processos e um comportamento agitado quando detido no Forte das Cinco Pontas de Santo António do Recife, em 1742, e ainda em 1745 António Mendes Santiago atuava e via os seus bens sequestrados por não cumprimento de ordens "da cabeça da comarca do juizo dos feitos da Coroa." Queria o juiz zelar pela conservação daquele lugar e dos vassalos nele moradores, recordando que havia que evitar as desordens contra a Majestade e contra o povo daquela freguesia e juntamente das circunvizinhas, porque a sublevação é mal contagioso, conforme a *Ordenação do Reino*.[286] Questão, porém, já sem ligação com os motins.

Dezesseis anos passados sobre a revolta de Vila Rica de 1720, o motim nas terras longínquas da Barra do Rio das Velhas parece merecer uma mais decidida repressão do que os levantamentos que antes tinham ocorrido. Por a rede de presença da justiça régia estar já muito mais cerrada, mais ativa, mais interveniente e deixar menos espaços para soluções localmente encontradas? Assim parece. Mas há mais e mais relevante: o contexto político modificava-se. Intensifica-se a circulação, as trocas e o consumo ganham novas dimensões. Basta recordar que os arrieiros passam a ser muitos, formando "grandes tropas, e cavalgaduras, para aluguer, pois alguns há que trazem nos caminhos sento e tantas bestas de aluguer,

---

285 Diogo de Vasconcelos, *História média das Minas Gerais*, p. 140-141.

286 AHU, Con. Ultra., Brasil/MG, Cx. 36, doc. 93; Cx. 45, doc. 5.

e dahy para baixo conforme cada hum pode." Assim se lê em 1750.[287] O que assinala um mercado regional com grande dinamismo.

Em simultâneo, a presença das autoridades régias intensifica-se. A atuação dos dragões nas cobranças parece ter-se tornado comum. A necessidade de guardar as terras diamantíferas mais terá contribuído para isso. Em 1745, na Vila do Príncipe, estão aboletados soldados para "a diligencia das cobranças da capitaçam e fazenda Real." E o rematante e administrador do contrato dos diamantes João Fernandes de Oliveira requere que haja mais dragões no distrito diamantino porque muitos estavam impedidos "nas cobranças da capitação no certão."[288]

Sempre com a questão da fiscalidade sobre o ouro a determinar as políticas seguidas pela Coroa. Ainda em 1741 começa a desenhar-se uma frente interna das câmaras da Minas contra a capitação. As queixas têm dois motivos principais: a primeira "consiste em que determinando-se que cada seis meses se pague certa quantia por capitação [sob] pena de não pagar mais um quarto de outava de ouro"; o segundo "funda-se na experiência contínua de confiscação de escravos já manifestados todas as vezes que os seus senhores não pagão a capitação deles no fim de seis meses." O mais grave, e que vai ser insistentemente invocado, é que a opressão fiscal acompanhava e causava a diminuição na extração do ouro. Era uma situação dita de miséria, forçada pela "falta de descobrimentos e extinção do ouro dos que há antigos." No ano seguinte a câmara de Vila Nova da Rainha (Caeté) invoca a "impossibilidade dos moradores, a dificuldade e atrasamento da cobrança, e os contínuos clamores, e lágrimas dos pobres."[289] Seria assim, quando as entradas de ouro em Lisboa, na Casa da Moeda, e os resultados da capitação mostram precisamente o contrário? Não é impossível se, como o próprio Alexandre de Gusmão parece aceitar, que a um declínio das lavras antigas – das Minas Gerais – se tivesse substituído um acréscimo notório dos novos descobertos: dos de Paracatu,[290] mas

---

287 AHU, Con. Ultra., Brasil/MG, Cx. 57, doc. 15.

288 AHU, Con. Ultra., Brasil/MG, Cx. 45, doc. 84; Cx. 46, doc. 43.

289 *Ibidem*, p. 287-288.

290 Jaime Cortesão. *Obras várias de Alexandre de Gusmão*, p. 244.

ainda dos das Minas Novas de Araçuaí e Fanado (no sertão da capitania da Bahia), de Goiás e mesmo de Cuiabá e Mato Grosso.

O cardeal da Mota, talvez impressionado com as desgraças e misérias descritas pelos senados, inicia o processo de questionamento da capitação em Lisboa. Com D. João V paralisado e com convulsões frequentes, a rainha regente que ignorava os assuntos de Estado limitava-se a assinar o que o cardeal de Mota lhe punha diante.[291] O governo era ele (e foi até à sua morte em 1747). Em 14 de Setembro de 1743 o governador Gomes Freire de Andrada redige uma longa exposição como resposta. Resulta numa clara defesa do procedimento da capitação, endereçada ao purpurado que exercia funções de ministro junto de D. João V. Em que não poupa a alguma fina ironia Sua Eminência.

> Se eu duvidasse quanto V. Em.ca he ciente da forma e principio do descobrimento do ouro no Brazil, da dezordem, e roubo com que naquelle tempo os poderosos metião em sy, como proprias as riquezas extraidas, considerando-as sem dependencia do soberano a quem se davão algûas arroubas, mais como vaidoza generosidade, e donativo que como divida [...].[292]

Pelo seu lado Gomes Freire dispunha de um saber fundamentado na vivência dos empenhamentos coloniais, que em Lisboa nem sempre respeitavam. No mesmo ano tem o governador de apreciar a exposição que a câmara de Vila Rica apresenta contra o mesmo processo. Defensor convicto da capitação e maneio, só lhe ocorre como alternativa a Casa da Fundição e da Moeda e a tributação de géneros que na região se produziam. Mas em Lisboa a frente contra a capitação fazia o seu caminho. Fiavam os povos de que tinha ficado ressalvada o protesto contra qualquer "vexame a todo o tempo que se sentissem agravados." Pouco parece terem adiantado as explicações de Gomes Freire enviadas ao Cardeal da Mota como outras que seguiram endereçadas ao Secretário de Estado António Guedes Pereira.

---

291 *Cartas da Rainha D. Mariana Vitória para a sua Família de Espanha. 1(1721-1748)*. Apresentadas e anotadas por Caetano Beirão, Lisboa: Empresa Nacional de Publicidade, 1936, p. 184.

292 AHU, Con. Ultra., Brasil/MG, Cx. 47, doc. 85.

Não é improvável, que já então se tratasse de preparar um avanço para uma nova forma de cobrança. Embora tivessem passado uns escassos dez anos de aplicação do método. Queriam as câmaras de Minas que as coisas mudassem, mesmo? Assim parece: não era comum uma contestação simultânea dos representantes de todos os povos da capitania, como desta vez ocorreu.

A câmara de Vila Nova da Rainha (Caeté) tinha tomado a iniciativa de requerer a mudança e escreveu às outras câmaras de Minas para que também se queixassem. E assim fizera em 1743 Nossa Senhora da Conceição de Sabará. Em 1744 Ribeirão do Carmo, São José d'El-Rei, São João d'El-Rei e outra vez Sabará. Vila Rica já se antecipara há muito. Eram queixas pungentes, dramatizadas quanto possível para comover os leitores lisboetas. O que terá resultado. Porque sem demora, a partir do ano seguinte, se abriu um alargado processo de consultas, em que foram ouvidos muito em especial os intendentes.[293] Em que várias vezes é referido que há a possibilidade de se entregar por adjudicação a cobrança do quinto por contrato de arrendamento. Como ocorria com os demais tributos. Essa era já em 1733 a proposta do secretário de Estado, Diogo de Mendonça Corte-Real,[294] que agora torna a emergir. Mas entre os que se pronunciam não colhe inicialmente grandes apoios essa alternativa: "seja o método qual for, não convem se recade por contrato."[295]

Assim, em 1745, parece aceite por Lisboa que o processo da capitação não era o melhor. Começam a juntar-se pareceres negativos aos clamores e súplicas dos povos. Auscultam-se oficiais régios das comarcas das Minas. Havia, segundo António Rodrigues de Macedo, intendente de Vila Rica, que "remediar a mizeria que experimentavão os povos com a forma da capitação [...] e se cobre como dantes." O que implicava repor em funcionamento as Casas da Fundição e Moeda. Embora este procedimento da capitação "no comum se está vendo ser mais suave", a crise na mineração era tida como grande. Essa a queixa amplificada. Aliás,

---

293 "Impostos na Capitania Mineira". In: RAPM, Ouro Preto, Imprensa Oficial de Minas Gerais, Anno II, 1897, p. 287-309; AHU, Con. Ultra., Brasil/MG, Cx. 44, doc. 85; Cx. 45, doc. 99.

294 Jaime Cortesão. *Alexandre de Gusmão e o tratado de Madrid*, vol. II, p. 434.

295 AHU, Con. Ultra., Brasil/MG, Cx. 54, doc. 47.

quaisquer dos métodos pareceram "suaves a princípio, e intoleráveis depois."[296] Achava-se aquele procedimento das casas da moeda e da fundição "ajustado com as leys do Reino, e o mais conforme à igualdade porque paga cada hum somente do que extrahe, ou tem."

Contudo, o governador Gomes Freire de Andrada continua a não ter dúvidas sobre o procedimento da capitação; será o seu firme defensor, para evitar que se regressasse ao que considerava um "antigo labirinto". Atacando os que o querem abolido: "suspiram hoje estes povos por fraudarem o quinto, exercicio que sempre tiveram, e porque trabalharão em outros tempos com insolente forsa, e depois com pernecioza indústria." E tem consciência de que de

> se seguirem as propostas que neste papel se reprezentão, se experimentará grande contentamento nos póvos, e igual dementação na cobrança do quinto, que não he ainda o que pretende a fazenda Real […].

Admite alguns alívios, mas que o procedimento se mantenha.[297] Nos outros pareceres produzidos leem-se apreciações muito favoráveis à capitação, mas poucos são os que defendem que se mantenha:

> A actual sistema da capitação; tem as conveniências [...]; de não permittir descaminhos delle; de evitar cazas de moeda, e barra falsa; em consequência, devassas, prizoens, e todas as mais vexações, que dahi vem aos Povos; a quem nesta parte deixa viver em socego, e quietação; e ultimamente; ainda as suas penas, não arruinão de golpe, como as outras.

Mas introduziu desigualdades que inabilitaram para novos descobrimentos e outras perdas que levaram a região à sua "inegavel decadencia."[298] Logo, havia que mudar.

---

[296] AHU, Con. Ultra., Brasil/MG, Cx. 45, docs. 75, 76, 77, 86 e 97.

[297] AHU, Con. Ultra., Brasil/MG, Cx. 45, doc. 97; Cx. 52, doc. 80.

[298] AHU, Con. Ultra., Brasil/MG, Cx. 54, doc. 7.

O processo de consultas abriu o caminho a que se discutisse e depois revogasse a capitação. Há que suspeitar que em 1748 já estaria decidida essa revogação, embora não estivesse escolhido o procedimento que o substituiria. A situação política, com o rei incapacitado para tomar decisões – ou não querendo tomá-las por estar em "grande melancolia", meditando na eternidade e no seu fim próximo.[299] Em 6 de outubro de 1749 reuniu uma junta (ao que parece dos Três Estados e Conselho Ultramarino) para responder ao pedido de Sua Majestade sobre a capitação. Mesmo perante o parecer favorável de Gomes Freire de Andrada, a maioria dos conselheiros expressou opinião contrária ao procedimento em vigor: "o que prezentemente se pratica de se cobrar por capitação he o mais violento, e o que menos se conforma com as regras de direito, e com as da equidade, e justiça [...]." Entenderam que devia ser contratada e arrendada a cobrança, como ocorria com as outras rendas. Na impossibilidade de assim se proceder, preferir-se-ia a criação de Casas da Fundição, como houvera antigamente.

Peremptoriamente contra qualquer dessas soluções, como seria de esperar, Alexandre de Gusmão, autor do regimento da capitação,

> qualquer dos meyos que se escolhão abolindo a capitação, alem de diminuir de hum jacto a quinta parte dos cabedaes das Minas se hão-de seguir taes inconveniente, que brevemente se mostrarão a necessidade de a tornar a estabelecer.

Temia novos distúrbios, como os que marcaram antigos procedimentos. E se cessasse a capitação, o melhor seria arrendar o quinto por distritos. Entende ainda que deviam ser convocados os povos das Minas para que os procuradores das câmaras em junta "com toda a liberdade digão se querem a capitação moderada, ou o quinto arrendado." E que se ponha em prática o que for escolhido. Terá sido o único participante – em nove – a votar contra a proposta de abolir a capitação.[300] Quase unanimidade que parece indiciar que a decisão estava tomada. O que aconteceu por fim, em 3 de dezembro de 1750. Lei que não foi já aprovada por D. João

---

299 Nuno Gonçalo Monteiro. *D. José. Na sombra de Pombal*. Lisboa: Círculo de Leitores, 2006, p. 44-45.

300 AHU, Con. Ultra., Brasil/MG, Cx. 54, doc. 18.

v, mas pelo filho e herdeiro D. José I. E a junta reuniu em Minas, sob a presidência de Gomes Freire de Andrada, em 18 de novembro de 1751. Tratava-se de bem administrar a transição de um processo de cobrança para outro, sem deixar em dívida os pagamentos atrasados.[301]

Claro que quando o procedimento foi revogado e substituído Alexandre de Gusmão não hesitou em escrever: nas Minas ficariam satisfeitíssimos "os Ecclesiasticos, os homens da Governança, os poderosos, os mercadores, os comboieiros" porque se lhes abriam os "caminhos para se isentarem do pagamento delle [quinto]."[302] Logo se levantaram protestos contra a lei novíssima que reinstalava as Casas de Fundição...[303] Embora se retomasse a proposta de avença das Câmaras aprovada na junta de 24 de março de 1734, proposta então feita ao conde das Galveias, governador da capitania, e que era tida em Lisboa como a preferida pelos Procuradores dos Povos das Minas. Assim também a considerou Sebastião José de Carvalho e Melo, em parecer do ano em que foi revogada a capitação – com que nada teve a ver.[304] E assim se renovava a importância das câmaras no processo de cobrança dos quintos, embora se mantivessem as intendências. Ficam porém com a responsabilidade de garantir a entrega à Real Fazenda das cem arrobas anuais de ouro, que no caso de não serem alcançadas obrigaria a uma derrama. O que não pode ter deixado de reforçar o poder das vereações.[305]

Muito embora: o absolutismo régio instalara-se num processo em que desde os anos 30 do século XVIII resvalava para o despotismo das Luzes. Despotismo que será característico do reinado do senhor D. José I, iniciado em 1750 e terminado em 1777. Mas que já em tempos de D. João V se começara a manifes-

---

301 *Códice Costa Matoso*, vol. I, doc. 77, p. 613-617.

302 Jaime Cortesão. *Obras várias de Alexandre de Gusmão*, p. 229.

303 Silveira Soares Cardoso, "Alguns subsídios para a história da cobrança do quinto na capitania de Minas Gerais até 1735", p. 15. *Códice Costa Matoso*, vol. I, docs. 55 a 60, p. 509-529.

304 AHU, Con. Ultra., Brasil/MG, Cx. 57, docs. 21 e 22.

305 Vd. Joaquim Romero Magalhães, "A cobrança do ouro do rei nas Minas Gerais: o fim da capitação – 1741-1750". In: *Homenagem a Maria de Fátima Gouveia*.

tar vigorosamente. Despotismo e absolutismo práticos, que não resultavam da concretização de teorias políticas oficialmente aceites. Era, simplesmente, a "crescente hipertrofia do poder real", a que o ouro das Minas dava boa base de sustentação.[306] E por isso a deriva autoritária e repressiva adotada no sertão das Minas. Embora a Coroa nestas longes paragens não possa dispensar o poder local devidamente organizado, no qual tem de confiar. E isto apesar de toda a desconfiança que obriga a uma aturada atenção de todos os momentos, que fiscalizasse os oficiais concelhios e mesmo tentasse fazer eleger os da sua feição. Que em caso de comoções locais sempre era de desejar que tomassem a defesa dos interesses da Coroa – o que nem sempre acontecia.

Todavia, está a ocorrer uma parcial inversão de posições: onde as câmaras inicialmente tinham poderes muito vastos agora são os oficiais régios que controlam as decisões mais importantes. Desde os trabalhos da administração local à cobrança dos quintos – questão sempre no centro de todas as políticas, fosse qual fosse a forma como essa coleta se executava. Porque independentemente da justiça relativa da distribuição pelos contribuintes, uma tal soma teria de ser sentida como uma violência da Coroa sobre os seus súditos. E era essa violência que indispunha e mexia com uma sociedade ainda a caminho da estabilidade mas já em sedimentação adiantada. Sociedade ainda constrangida a que tudo gravitasse em redor de uma preocupação exclusiva com a mineração do ouro. A simples mudança de uma terra de produtora de mantimentos para a cultura canavieira necessitava de autorização, ainda em 1748.[307]

Quando podem aproveitam as vereações para apresentarem a Sua Majestade os seus lamentos. Pungentes:

> Com sencivel dor nos move a obrigação de nossos cargos a pôr na prezença de V. Mag.^de o lamentável estado, em que se achão os moradores destas minnas, que vendo-as no seu principio floreçer em tanta abundancia de ouro hoje as vemos em tal esterelidade que tem reduzido este povo todo a huma deplorável mizeria que todos choramos sem

---

306 Luís Ferrand de Almeida. *Páginas dispersas. Estudos de história moderna de Portugal*, p. 184-187.

307 AHU, Con. Ultra., Brasil/MG, Cx. 52, doc. 78.

remedio. Sem duvida as nossas culpas tem indignado a Magestade Devina, a qual nos castiga com esta indigencia; porem como a nossa fidelidade não desmerece o Real amparo de V. Mag.^de a elle recorrem em nome de todo este povo.

A razão principal e determinante deste desesperado apelo dos oficiais da câmara da Vila de Nossa Senhora do Bom Sucesso das Minas Novas de Araçuaí em 1744 era, para além de outras desgraças, atribuída à capitação.[308] E a mesma plangência usa Sabará em 1746 para comover a realeza:

> E como estes damnos vão sempre a mais; obrigados nós das lagrimas dos povos, e da nossa obrigação comthenuamos a suplica que nos annos antecedentes se tem feito por parte deste Senado, e de outros a V. Mag.^e, para que como Rey tão pio se compadeça do seu povo aliviando-o do açoute deste tributo, que prezume ser em castigo de seus pecados por sentença do Divino tribunal, pois está certo que a clemência de V. Mag.^e não chegaria a tanto extremo de rigor senão fora motivado da dita cauza, e ja concederão que o castigo de onze annos se faz digno da compaixão de V. Mag.^de lho suspender.[309]

Conclusão inevitável.

Porém, há que perguntar: acreditam no que escrevem, pedindo a intervenção salvífica do monarca, ou apenas copiam vagas fórmulas louvaminheiras de subordinação, despidas de sentido? Porque não pode ignorar-se que a noção da obrigação de remunerar serviços por parte do rei não deixa de estar sempre presente. Para a câmara de São João d'El-Rei espera-se do monarca o cumprimento dessa obrigação:

> A obediência e serviços dos Vassallos he divida a que obriga o direito das Gentes, mas o costume de os remunerar tem também feito da obrigação o premio, principalmente entre os Serenissimos Monarchas Portuguezes, e Senhores nossos verdadeyros Pays de seus Vassallos, conciliando destes o mayor amor com a liberalidade.[310]

---

308 AHU, Con. Ultra., Brasil/MG, Cx. 44, doc. 122.

309 AHU, Con. Ultra., Brasil/MG, Cx. 47, doc. 59.

310 "Varios documentos". In: *Revista do Archivo Publico Mineiro*, Anno IV, p. 813."

Cinquenta e poucos anos depois de iniciada a colonização dessas terras as atenções e as esperanças de boas soluções para os problemas que afligiam os povos ainda se dirigiam naturalmente para a real grandeza, benignidade e paternal amor da augusta majestade. Dela esperavam as soluções para os seus padecimentos, confiados na sua grande piedade e beneficência. Daquela majestade que de muito longe exercia os seus poderes indiscutíveis sobre as Minas Gerais – e sobre o Brasil. Ainda.

No território já administrado de uma forma tradicional, e apesar de toda a desconfiança, as coisas apresentavam-se bem mais sossegadas. Não obstante, isso obrigava a uma aturada atenção de todos os momentos para fiscalizar os oficiais concelhios e mesmo tentar fazer eleger os da sua feição. Que em caso de comoções locais sempre era de desejar que tomassem a defesa dos interesses da Coroa – o que nem sempre acontece. Mas está a ocorrer uma parcial inversão de posições: onde as câmaras inicialmente tinham poderes muito vastos, agora são os oficiais régios que controlam as decisões mais importantes. E as populações, embora de quando em quando refilem e procurem desobedecer, vão-se ajustando aos novos tempos. Desde os trabalhos da administração local à cobrança dos quintos – questão sempre no centro de todas as políticas. Fosse qual fosse a forma como essa coleta se executava. Porque, independentemente da justiça relativa da sua distribuição pelos contribuintes, uma tal soma teria de ser sentida como uma violência da Coroa sobre os seus súditos. Violência que indispunha e mexia com uma sociedade ainda a caminho da estabilidade mas já com largas camadas em sedimentação adiantada.

Sebastião José de Carvalho e Melo e a economia do Brasil

Ao Fernando A. Novais

A CHAMADA POLÍTICA POMBALINA NÃO NASCE PRONTA e acabada desde que Sebastião José de Carvalho e Melo foi nomeado secretário de Estado, em 2 de agosto de 1750. Nos primeiros tempos os outros secretários de Estado, Pedro da Mota e Silva no Reino e Diogo de Mendonça Corte Real nos Negócios da Marinha e Domínios do Ultramar, não devem ser tidos como ministros decorativos. Têm políticas e propósitos políticos próprios, que não podem confundir-se com os de Sebastião José. Sebastião José que só poderá e deverá ser tido como responsável pelo conjunto do governo a partir de 6 de maio de 1756, quando passa a secretário de Estado do Reino. Não muito antes, fosse qual fosse a sua influência que cedo se destacou. E, mesmo assim, há que contar com os que ao longo dos anos foram ocupando as outras secretarias de Estado, que nem sempre estiveram de acordo com as suas orientações e que procuraram mesmo eliminar-lhe a ascendência. A política dita pombalina não pode ser tomada como homogênea, nem sequer coerente ao longo dos anos. Além de respostas às conjunturas e acontecimentos inesperados, há incongruências próprias da personagem principal e há os outros protagonistas a considerar.[1]

Em 1750, Sebastião José de Carvalho e Melo ficou encarregado da política externa e da guerra no novo governo de D. José I. Bem teve logo com que se ocupar. Ainda fresco estava o Tratado de Madri, que tinha de ser executado pelas delimitações entre os domínios portugueses e castelhanos na América. O que porá logo o problema de o responsável político português ser contrário aos termos do acordo fixado. Pouco importava: o Tratado estava assinado, tinha de ser cumprido. O que implicava enviar para sul e para norte do Brasil missões delimitadoras. Sendo necessário contratar pessoal habilitado para agir no terreno. O que foi executado. Mesmo se teve efeito parcial e limitado. Porque a Espanha acabou por não respeitar o decidido. Afastada a partilha de 1750, a revogação do tratado veio a ser firmada em 1763, na sequência da guerra. Foi um fiasco para o ministro? Devia ter sido assim considerado. E disso só se falou depois dele caído, acusando-o mesmo de traição.[2] Mas as preocupações militares com o Brasil são muito claras em toda a ação de Sebastião José – quase obsessivas. Como são a expulsão da Companhia de Jesus e a condição dos índios.[3] A derrota no sul frente aos espanhóis e as tentativas

---

[1] Além de secretário de Estado e da Casa de Bragança, Sebastião José foi ao longo do seu tempo de ministério acumulando outros cargos, que reforçaram os seus poderes. No fim da sua vida pública, o Marquês de Pombal enumera assim as repartições de que se achava encarregado por El-Rei: 1. Inspetor Geral do Erário Régio; 2. Arsenais e Exército; 3. Arsenal da Marinha e Ribeira das Naus; 4. Comércio em geral, com referência especial ao do Brasil; 5. Manufaturas e artes mecânicas; 6. Obras públicas de Lisboa; 7. Diamantes de Serro Frio; 8. Universidade de Coimbra.

[2] John Smith. *Memorias do Marquez de Pombal*, trad, Lisboa: Livraria de Antonio Maria Pereira, 1872, p. 198-200; *Devassa sobre a entrega da Villa do Rio Grande ás tropas castelhanas. 1764*, Cidade do Rio Grande: Bibliotheca Rio-Grandense, 1937.

[3] Heloísa Liberalli Bellotto. *Autoridade e conflito no Brasil colonial: o governo do Morgado de Mateus em São Paulo (1765-1775)*, São Paulo: Conselho Estadual de Artes e Ciências Humanas, 1979, p. 71.

de reconquista duram longos anos.[4] A isto foi dada bem mais atenção do que às necessidades econômicas da colônia. Talvez essa atenção aos assuntos militares e o muito que legislou sobre eles tenha arrastado a ideia de que muito se preocupou com a economia da Brasil,[5] que a documentação não confirma por inteiro.

A primeira grande medida respeitante ao Brasil e atribuída a Sebastião José é a que altera o sistema de cobrança dos quintos do ouro.[6] Revoga-se o regimento de 1735 que impusera a capitação e censo, substituindo-se pela cobrança por avença: 100 arrobas a conseguir anualmente para a Fazenda de Sua Majestade. Em termos de equidade fiscal, representa isso um retrocesso. A capitação e o censo escoravam-se em princípios de igualdade e de proporcionalidade que nenhum outro método pôde assegurar. Talvez a modificação interessasse aos pagadores mais abonados. O novo método – que mais não é que o retomar do que fora

---

4 Guilhermino Cesar. *História do Rio Grande do Sul. Período colonial.* Porto Alegre: Editora Globo, 1970, p. 168-197; Heloísa Liberalli Bellotto. *Autoridade e conflito no Brasil colonial: o governo do Morgado de Mateus em São Paulo (1765-1775)*, p. 79-83; Ángel Sanz Tapia. *El final del Tratado de Tordesillas: la expedición del Virrey Cevallos al Río de la Plata*, Valladolid: v Centenario Tratado de Tordesillas, 1994.

5 José Ribeiro Júnior, "Extracto da legislação para o Brasil durante o reinado de D. José I (1750-1777)". In: *Anais de História*, Assis: Departamento de História da Faculdade de Filosofia, Ciências e Letras, ano I, 1968/9, p. 77-130; José Pedro Ferrás Gramoza. *Successos de Portugal Memorias historicas politicas e civis.* Lisboa: Typographia do Diario da Manhã, t. I, 1882.

7 João Lúcio de Azevedo. *O marquês de Pombal e a sua epoca*, 2ª ed., Rio de Janeiro/Lisboa/Porto: Annuario do Brasil/Seara Nova/Renascença Portuguesa, 1922, p. 101-103; Jaime Cortesão. *Alexandre de Gusmão e o tratado de Madri*, Lisboa: Livros Horizonte, 1984, t. IV, 956-957; Marcello Caetano. *O Conselho Ultramarino. Esboço da sua história*, Lisboa: Agência-Geral do Ultramar, 1947, p. 51-52; *Cartas e outras obras selectas do marquês de Pombal*, 5ª ed., Lisboa: Typographia de Costa Sanches, 1861, na "Noticia sobre a vida e escriptos do Marquês de Pombal"; Teixeira Soares. *O marquês de Pombal*, Brasília: Editora da Universidade de Brasília, 1961, p. 92. Em John Smith. *Memorias do marquez de Pombal*, não consta qualquer intervenção de Sebastião José em tal matéria. Nada se lê sobre isso em Francisco Adolfo de Varnhagen. *História geral do Brasil*, 5ª ed., São Paulo: Editora Melhoramentos, 1956, t. IV, p. III, nem em Visconde de Carnaxide. *O Brasil na administração pombalina (economia e política externa)*, São Paulo/Rio de Janeiro/Recife/Porto Alegre, 1940; Fernando A. Novais. *Aproximações estudos de história e historiografia*. São Paulo: Cosac Naify, 2005, p. 257-264.

proposto em 1734 embora com alterações – possibilitava fugas muito mais fáceis ao tributo dos quintos do ouro. E eram sobretudo os mineiros que iam ser penalizados. Os outros grupos sociais tinham maneiras de escapar ao pagamento. Veja-se em especial a satisfação dos eclesiásticos que se sentiam oprimidos pela capitação. Talvez por isso não se ouviu em 1751 a gritaria que acompanhara a entrada em vigor do método de cobrança anterior.[7] Os que tinham voz para se fazer ouvir ficavam bem mais apaziguados. E quem se importava com os outros? Em especial com os mineiros, que sempre são os apontados como devendo pagar, pois eles extraíam o fulvo metal das entranhas do solo? E não mais se falará em mudança na cobrança dos quintos. Mesmo quando começa a render menos ouro a Sua Majestade do que o que se tinha esperado. O que terá acontecido a partir de 1763, ano em que foi preciso fazer uma derrama de mais de treze arrobas para completar as cem arrobas anuais do quinto.[8]

Terá Sebastião José sido o autor ou o promotor da nova legislação?[9] O secretário de Estado responsável pela Marinha e Negócios Ultramarinos era Diogo de Mendonça Corte Real. Ora é precisamente Diogo de Mendonça que dá instruções sobre o "novo método da cobrança dos quintos" segundo o alvará em forma de lei de 3 de dezembro de 1750. Ele mesmo estava encarregado de fazer o regimento das casas de fundição. Não deve esquecer-se que passara pela Casa de Índia e pelo Conselho da Fazenda: essa experiência o habilitava para estas questões, com implicações so-

---

8 Laura de Mello e Souza. *Desclassificados do ouro. A pobreza mineira no século XVIII*, 3ª ed., Rio de Janeiro: Graal, 1990, p. 132; Vd. Joaquim Romero Magalhães, "A cobrança do ouro do rei nas Minas Gerais: o fim da capitação – 1741-1750". In: *Homenagem a Maria de Fátima Gouveia*.

8 António Delgado da Silva. *Collecção da legislação portuguesa, 1763-1790*, Lisboa: Typografia Maigrense, 1830, Suplemento ao vol. II, p. 75.

9 Cfr. Jorge Borges de Macedo. *A situação económica no tempo de Pombal*, 3ª ed., Lisboa: Gradiva, 1989, p. 51-52; mais cauteloso, atribuindo genericamente a medida à Coroa, Kenneth Maxwell. *A devassa da devassa. A inconfidência mineira: Brasil e Portugal: 1750-1808*, trad., 5ª ed., São Paulo: Paz e Terra, 2001, p. 30; Idem., *O Marquês de Pombal*, trad., Lisboa: Presença, 2001, p. 73-75; Joaquim Felício dos Santos. *Memórias do distrito diamantino*, 5ª ed., Petrópolis: Editora Vozes, 1978, p. 137-139, não refere o autor da legislação.

bretudo financeiras.[10] Faria sentido que fosse outro o responsável pela legislação, ocupando Diogo de Mendonça o lugar de secretário de Estado? E o rei, nada teria tido a dizer? Sabe-se que Alexandre de Gusmão, que ideara a capitação e o censo, duramente discute o novo ordenamento tributário. Mas na sua longa exposição não pode ver-se qualquer invetiva direta ou indireta contra Sebastião José.[11] Ora de Diogo de Mendonça Corte Real é o aviso que manda ao Conselho Ultramarino executar as ordens régias sobre a matéria e dele é ainda a carta com a determinação de que o assunto seja tratado nas câmaras das povoações das Gerais.[12] Faria isto sentido se nada tivesse a ver com a nova lei? Do mesmo modo, também a Diogo de Mendonça cabe assegurar a ligação de Sua Majestade com o Conselho Ultramarino. Precisamente a propósito e quando estava em discussão nas Minas a nova lei de cobrança dos quintos.[13] Acontece que a capitação estava a ser posta em causa desde 1743, ou mesmo de 1741, quando Sebastião José ainda não tinha voz audível nas decisões políticas, quando nem seria possível suspeitar da importância que viria a ter. Ora, em 1748 o fim do procedimento da capitação estava decidido.[14] Eram ainda tempos de D. João V e Sebastião José encontrava-se longe do centro do poder, em Viena de Áustria, de onde só saiu bem andado o ano seguinte.[15] Será ouvido sobre o

---

10 *Códice Costa Matoso*, Belo Horizonte: Fundação João Pinheiro/Centro de Estudos Históricos e Culturais, 1999, nº 52, p. 461-464; Jaime Cortesão. *Alexandre de Gusmão e o Tratado de Madri (1750)*, Parte II, t. II, *Obras Várias de Alexandre de Gusmão*, Rio de Janeiro: Ministério das Relações Exteriores/Instituto Rio Branco, 1950, p. 318; Nuno Gonçalo Monteiro, *D. José. Na sombra de Pombal*. Lisboa: Círculo de Letras, 2006.

12 Cfr. Jaime Cortesão. *Alexandre de Gusmão e o Tratado de Madri (1750)*, parte II, t. II. *Obras várias de Alexandre de Gusmão*, p. 228-251.

13 *Ibidem*, p. 330-331; *Códice Costa Matoso*, nº 69, p. 594-595.

14 *Códice Costa Matoso*, nº 67, p. 581-591.

15 Joaquim Romero Magalhães, "As câmaras municipais, a Coroa e a cobrança dos quintos do ouro nas Minas Gerais (1711-1750)",

15 Maria Alcina Ribeiro Correia. *Sebastião José de Carvalho e Mello na Corte de Viena de Áustria. Elementos para o estudo da sua vida pública (1744-1749)*, Lisboa: Centro de Estudos Históricos anexo à Faculdade de Letras da Universidade de Lisboa, 1965, p. 85 e 172-173.

fim da capitação, mas apenas depois de nomeado secretário de Estado, pouco antes da publicação da lei novíssima. Assim, nenhuma responsabilidade pode ter tido na legislação sobre a cobrança dos quintos nas Gerais, saída em 3 de dezembro de 1750. Até pela cronologia se revela essa impossibilidade: o parecer de Sebastião José de Carvalho e Melo é de 20 de novembro de 1750.[16]

Pouco depois se prepara a nomeação de Francisco Xavier de Mendonça Furtado para governador e capitão-general do Grão-Pará e Maranhão. É muito provável que Sebastião José o tenha inculcado ao monarca, que tenha sugerido a pessoa do mano a Diogo de Mendonça. Mas a escolha não lhe pertenceu. Como são assinadas pelo secretário de Estado da Marinha e Negócios Ultramarinos a carta de nomeação e as instruções que a acompanham. E se Francisco Xavier durante o seu governo se reporta frequentemente ao "querido mano do seu coração", não menos deixa de informar quem devia.[17] E é claro que ao rei se deve a aprovação do novo "método de governo" que se impõe. A este cabe a adoção do despotismo que se instala. Pelo monarca pensado ou por ele autorizado, pouco importa. Não há que arredar o rei da sua responsabilidade política. Como há que considerar que outros personagens da administração real tenham a sua parte na política geral desenhada e executada.

Que Sebastião José comece a figurar na correspondência de governo com Francisco Xavier de Mendonça Furtado, entende-se pela relação familiar e pela natureza do projeto político para a Amazônia, que tem a ver com a conflitualidade latente entre Portugal e a Espanha decorrente do Tratado de Madri.[18] Aí

---

16 João Lúcio de Azevedo indica que os diplomas eram subscritos "como os demais dêste tempo relativos ao Brasil, por Diogo de Mendonça Corte Real, por quem corriam os assuntos das colónias, mas sem nenhuma dúvida sob as indicações de Pombal, que directa ou indirectamente a tudo superintendia", "Relação Primeira. Política de Pombal relativa ao Brasil". In: *Novas epanáforas, estudos de história e de literatura*, Lisboa: Livraria Clássica Editora, 1932, p. 32. As determinações relativas ao ouro na Casa da Moeda eram assinadas por Diogo de Mendonça: informação de Rita de Sousa.

17 Joaquim Romero Magalhães, "Um novo método de governo: Francisco Xavier de Mendonça Furtado, governador e capitão-general do Grão Pará e Maranhão (1751-1759)", *Infra*.

18 Marcos Carneiro de Mendonça. *A Amazônia na era pombalina*, Rio de Janeiro: Instituto Histórico e Geográfico Brasileiro, 1961.

o Secretário de Estado dos Negócios Estrangeiros e da Guerra entrava por direito próprio no âmbito de políticas que tinham a ver com as suas atribuições. Na Amazônia é a questão dos índios – e portanto da Companhia de Jesus – que se destaca, a que o comércio vem dar saída alternativa com a escravidão negra que a Companhia do Grão-Pará e Maranhão proporciona. Não há preocupações com o funcionamento do fisco, não há grandes inovações pelo que toca ao modo de administrar aquelas paragens. Constante é o objetivo de boa arrecadação das rendas reais. Também próxima era a relação de Sebastião José com Gomes Freire de Andrade, que governava o Rio de Janeiro (1733-1763) e acumulando por algum tempo o governo das Minas (1735-1763, embora com interrupções), e cuja autoridade se estendia até ao rio da Prata. Compreensível, porque o grande problema inicial era o das demarcações, depois foi o da guerra guaranítica e em seguida a expulsão dos jesuítas. E depois a guerra com os castelhanos que se não evitou.[19] Mas não pode dizer-se que Gomes Freire fosse um homem de Sebastião José, nomeado que fora para o Rio de Janeiro quase duas décadas antes.

Com o decorrer dos anos e com o terremoto de 1 de novembro de 1755 – que reforçou a efetiva tomada de poder por Sebastião José – então, sim, podemos pensar que o que havia de importante na governação lhe dizia respeito. Mas não parece haver marcas de que estivesse especialmente empenhado na administração do Brasil, sequer pelo que respeita aos aspectos fiscais, em que não há muitos sinais de interferência ou sequer de interesse. Continuariam alguns assuntos do Ultramar nas atribuições de outros governantes?

De 1756 a 1760, Tomé Joaquim da Costa Corte Real ocupa o posto de secretário de Estado. Era homem vindo do Conselho Ultramarino. E não pode ser tomado, como se viu depois, como homem de mão de Sebastião José. Mas desde 1760 o seu irmão, Francisco Xavier de Mendonça Furtado, passara a ser o secretário de Estado da Marinha e dos Negócios do Ultramar. Sabe-se como a relação entre os manos

---

19 Francisco Adolfo de Varnhagen. *Op. cit.*, t. IV, p. 180-233.

era íntima. Viviam juntos, trabalhavam em aposentos contíguos.[20] A partir de então passa a haver no governo quem experimentara viver em colônia. E pode começar a falar-se com rigor de administração e de política "pombalina" para o Brasil. Mesmo que seja Francisco Xavier o executante (e mesmo o que a concebe), o que acontece até 1769. Ou, mesmo mais tarde, a partir de 1770, quando o pouco fiável Martinho de Melo e Castro é nomeado. Mas o então já todo-poderoso conde de Oeiras era efetivamente o responsável pelo todo da política do governo. E não se imagina que alguma lei tivesse sido publicada ou alguma decisão grave tomada sem a sua concordância. Embora, apesar do imenso poder que conquistou, não lhe seria possível abarcar tudo, e mandar em todos. E em alguns aspectos decisivos, a sua vontade pouco se nota. Pouco terá contado até bastante tarde para decidir as nomeações de governadores para o Brasil. São os aristocratas já presentes nesses cargos que continuam a ser nomeados. Só bem entrados os anos 60, o conde de Oeiras parece ter interferido nesses assuntos, ou conseguido enviar gente sua. Isso acontece decerto a partir da nomeação do conde da Cunha (1763-1767) como vice-rei e, sobretudo, com a do marquês do Lavradio, em 1767 para a Bahia – Lavradio que reverenciava o conde de Oeiras sem pudor. Cunhado de D. Francisco Inocêncio de Sousa Coutinho, pombalino governador de Angola (1764-1772),[21] é D. Luís António de Sousa Botelho Mourão, Morgado de Mateus, mandado para a restauração da capitania de São Paulo, em 1764.[22] Outros também haveria, da sua estreita confiança, como João Pereira Caldas (1758-1769) e Gonçalo Pereira Botelho de Castro (1758-1769), no Piauí ou Joaquim de Melo e Póvoas, no Rio Negro (1758-1760), capitanias criadas de novo. Mas não se segue que todos o fossem.

---

20 *Recordações de Jacome Ratton sobre ocorrências do seu tempo em Portugal de maio de 1747 a setembro de 1810*. Reimpresão, Lisboa: Fenda, 1992, p. 164-167; José Gorani. *Portugal. A côrte e o país nos anos de 1765 a 1767*, ed. Castelo Branco Chaves, Lisboa: Editorial Ática, 1945, p. 163.

21 Jofre do Amaral Nogueira. *Angola na época pombalina. O governo de Sousa Coutinho*, Lisboa: ed. autor, 1960.

22 Heloísa Liberalli Bellotto. *Autoridade e conflito no Brasil colonial: o governo do Morgado de Mateus em São Paulo (1765-1775)*, p. 50 e 62.

Não se pode atribuir a Sebastião José ter extinguido as capitanias-donatárias no Brasil. Era política régia que estava quase terminada, quando assim aconteceu em 1754, ao finalizar-se essa integração nos domínios régios que vinha muito de trás.[23] Parece isso política de concentração das jurisdições senhoriais para as reduzir apenas à jurisdição real. E seria assim. Mas ao mesmo tempo – e isso num sentido oposto – passa a fazer-se a arrematação dos ofícios de justiça transformados em propriedade hereditária. Não se tratava de uma novidade. Mas desde 1758 incrementou-se uma medida que para além de trazer dinheiro à Coroa não parece nada ter contribuído para melhorar a administração.[24] Ao patrimonializar estabilizavam-se os ofícios. Sem dúvida. Embora o exercício muitas vezes fosse passado a arrendatários. A administração central tinha a garantia de que a vaga não ia ocorrer. Mas perdia também a qualidade que a renovação naturalmente impunha. O que significa que para Sebastião José mais contava a sabida ocupação dos lugares do que garantir o seu bom desempenho. Abandonava-se a administração ao acaso dos compradores. Ganhava-se com o produto das vendas dos ofícios.

Sugerida por Francisco Xavier foi a criação da Companhia do Grão-Pará e Maranhão, em 1755. Como com o apoio do antigo governador do Grão-Pará e Maranhão, se instituiu a Companhia de Pernambuco e Paraíba, em 1759. Essas, sim, já plenamente inscritas na política comercial e na ação de Sebastião José.[25] Política

---

23 António Vasconcelos de Saldanha. *As capitanias do Brasil. Antecedentes, desenvolvimento e extinção de um fenómeno atlântico*, 2ª ed., Lisboa: CNCDP, 2001, p. 424-425; cf. Pedro Octávio Carneiro da Cunha, "Política e administração de 1640 a 1763". In: Sérgio Buarque de Holanda. *História geral da Civilização Brasileira*, 10ª ed., Rio de Janeiro: Bertrand Brasil, 2003, t. I, vol. II, p. 53.

24 João Lúcio de Azevedo, "Relação Primeira. Política de Pombal relativa ao Brasil". In *Novas Epanáforas, Estudos de história e de literatura*, p. 48.

25 António Carreira. *As companhias pombalinas de navegação, comércio e tráfico de escravos entre a costa africana e o Nordeste Brasileiro*, Bissau: Centro de Estudos da Guiné Portuguesa, 1969; *Idem, A Companhia do Grão-Pará e Maranhão (O comércio monopolista Portugal-África-Brasil na segunda metade do século XVIII)*. São Paulo: Companhia Editora Nacional, 1988; *Idem*, "A Companhia de Pernambuco e Paraíba". In: *Revista de história económica e social*, Lisboa: Sá da Costa, 1983; Manuel Nunes Dias. *A Companhia Geral do Grão-Pará*

internacional, política militar e política comercial, e por esta ordem. Depois virá a questão fiscal. Tardiamente se quererão aplicar no Brasil medidas que já estavam em vigor em Portugal e que resultavam da criação do Erário Régio. Este foi estabelecido em 1761:[26] todavia, a introdução das novas regras de centralização eficaz das receitas e despesas no Brasil só ocorrerá na Bahia sob a tutela do marquês do Lavradio, governador a partir de 1768 e vice-rei no Rio de Janeiro no ano seguinte. Longuíssimo intervalo, que não se compreende. Só então os novos procedimentos, "a ordem metódica de novo estabelecida" ou "método perpétuo e inalterável" do Erário Régio, são impostos nessa capitania[27] para se executarem a partir de 1 de janeiro de 1769.[28]

Nada menos racional – palavra que tantas vezes surge na pena de Sebastião José – do que a administração do Brasil durante a vaga que se diz reformista. A capital foi transferida para o Rio de Janeiro?[29] Foi, pelo que toca à pessoa do vice-rei, que passou a residir ali.[30] Não foi, porque os serviços sobre os quais o vice-rei até então superintendia permaneceram na Bahia. E passaram a estar sob a autoridade do governador da capitania, que estava subordinado ao vice-rei, pelo menos

---

e Maranhão (1755-1778). São Paulo: Revista de História, 1971 e José Ribeiro Júnior. *Colonização e monopólio no Nordeste brasileiro*, São Paulo: Hucitec, 1976.

26 Delgado da Silva. *Collecção de legislação portuguesa*, 1750 a 1762, Leis de 22 de dezembro de 1761, p. 816-835 e 835-853.

27 D. José d'Almeida. *Vice-Reinado de D. Luiz d'Almeida Portugal, 2º Marquez de Lavradio, 3º Vice-Rei do Brasil*, São Paulo/Rio de Janeiro/Recife/Porto Alegre: Companhia Editora Nacional, 1942, p. 165.

28 Fernando Tomaz, "As finanças do Estado pombalino, 1762-1776". In: *Estudos e ensaios em homenagem a Vitorino Magalhães Godinho*, Lisboa: Sá da Costa, 1988, p. 355-388; D. José d'Almeida. *Vice-Reinado de D. Luiz d'Almeida Portugal, 2º marquez de Lavradio, 3º Vice-Rei do Brasil*, p. 152; Dauril Alden. *Royal government in colonial Brazil. With special reference to administration of the marquis of Lavradio, Viceroy, 1769-1779*. Berkeley/Los Angeles: University of California Press, 1968, p. 25.

30 Caio Prado Júnior. *História Econômica do Brasil*, 12ª ed., São Paulo: Brasiliense, 1970, p. 64.

31 Nuno Gonçalo Monteiro, "Trajectórias sociais e governo das conquistas. Notas preliminares sobre os Vice-Reis e Governadores-Gerais do Brasil e da Índia nos séculos XVII e XVIII". In: Mafalda Soares da Cunha (coord.). *Do Brasil à metrópole. Efeitos sociais (séculos XVII-XVIII)*, Évora: Universidade de Évora, 2001, p. 113.

quanto às honras. Mas a jurisdição dos governadores mantinha-se independente.[31] Mais: também menor era o proveito do cargo. O vice-rei auferia de ordenado tanto como o anterior governador do Rio de Janeiro, 12 000 cruzados. O governador da Bahia ganhava entre 18 e 19 000 cruzados.[32] A mudança do vice-rei foi uma solução expedita, sobretudo militar mas também geopolítica.[33] Todavia, efetuada como se de um remendo se tratasse, não se tendo tirado consequências práticas do que fora feito. O mais que se obtinha era a autonomização militar do sul, o que já ocorria desde os anos 30, sob o governo de Gomes Freire de Andrada, feito conde de Bobadela. Se o propósito fosse unificar o território sob um mesmo comando haveria que subordinar todos os governadores ao vice-rei. O que não aconteceu.[34] Nem sequer com o governador e capitão-general da restaurada capitania de São Paulo. Ou com as novas capitanias do Piauí e do Rio Negro.

As preocupações militares sobrelevavam a quaisquer outras. Tantas vezes violento na atuação, o governo também não deixava de usar de astúcia para prevenir incômodos. Na América temiam-se sedições e tumultos contagiosos, com que era preciso cautela. Sobretudo pela perigosa proximidade dos domínios espanhóis e pela sempre imaginada ameaça inglesa: "Prudência e dissimulação (quanto possível for)" são aconselhadas em 1767 ao conde da Cunha, vice-rei. O conde de Oeiras sabia que "o Rio de Janeiro e Minas Gerais se achavam em circunstâncias dignas de toda a prudência política."[35] Havia que saber lidar com uma sociedade ainda por

---

32 Heloísa Liberalli Bellotto. *Autoridade e conflito no Brasil colonial: o governo do Morgado de Mateus em São Paulo (1765-1775)*, p. 74.

33 Marquês do Lavradio. *Cartas da Bahia. 1768-1769*, Rio de Janeiro: Arquivo Nacional, 1972, nº 118, p. 245.

34 Lourival Gomes Machado, "Política e administração sob os últimos vice-reis". In: Sérgio Buarque de Holanda (dir.), *História geral da civilização brasileira*, p. 395-402.

34 Heloísa Liberalli Bellotto, "Andrade, António Gomes Freire de, Conde de Bobadela". In: Maria Beatriz Nizza da Silva, *Dicionário da história da colonização portuguesa no Brasil*, Lisboa: Verbo, 1994, p. 50-51.

35 Marcos Carneiro de Mendonça. *O marquês de Pombal e o Brasil*, São Paulo: Companhia Editora Nacional, 1960, p. 55-59.

estruturar.[36] Não faltavam excluídos que punham em causa a ordem por aqueles sertões: vadios e facinorosos, "que neles vivem como feras, separados da sociedade civil, e comércio humano."[37] Vadios que se retiravam para os matos, "onde consta que fazem mil insultos." Era mal que ocorria nas capitanias de São Paulo, Minas Gerais, Bahia, Pernambuco e Goiás.[38] E que dava sinal de que o sossego público podia ficar ameaçado. Assim, mais valia não excitar emoções. Atalhar um motim, nessas lonjuras, não era o mesmo que jugular os taberneiros e os populares do Porto. Ou que pobres pescadores da Trafaria. Inesperada, esta ordem de prudência em tal pessoa. Mas que dela preferia usar quando tinha de fazer frente aos súditos em geral. Contra os indivíduos apanhados em manifesta oposição é que a férrea mão se erguia: então o brutal tirano atuava. Será este temor de um levantamento social que leva a que não haja medidas drásticas contra as fugas ao pagamento dos quintos? Porque, ao mesmo tempo, tentava-se organizar as tropas no Brasil, para o defender dos espanhóis. Nobres, plebeus, brancos, mestiços, pretos, ingênuos e libertos deveriam formar terços de auxiliares e de ordenanças.[39] Abrir uma frente interna, enquanto a frente externa estava tão carecida de meios não seria revelador de bom-senso. Mais valia contemporizar. A regra era manter os povos em sossego.[40] E a primazia política era concedida ao domínio militar. As normas do Erário Régio, bem cumpridas, podiam ir acabando com as "desordens pretéritas, e sucedidas em tempo em que tudo era confusão e descaminho". E assim se evitariam prisões e meios coativos para se cobrar o que pertencia à fazenda de Sua Majestade.[41] Sem arriscar turbulências. Mantendo

---

36 Laura de Mello e Souza. *Norma e conflito. Aspectos da história de Minas no século XVIII*, Belo Horizonte: Editora UFMG, 1999, p. 83-110.

37 Marcos Carneiro de Mendonça, *O marquês de Pombal e o Brasil*, p. 140-141.

38 Marcos Carneiro de Mendonça. *O marquês de Pombal e o Brasil*, p.141-142

39 *Ibidem*, p.144-146.

40 Fernando Novais. *Portugal e o Brasil na crise do antigo sistema colonial (1777-1808)*, 6ª ed., São Paulo: Hucitec, 1995, p. 164.

41 Marcos Carneiro de Mendonça. *O marquês de Pombal e o Brasil*, p. 49-54.

a paz interna. É a melhor hipótese para explicar essa estranha ausência de atuação. E documentar um pragmatismo evidente.

Quando, em dezembro de 1769 o vice-rei marquês do Lavradio desembarca no Rio de Janeiro encontra os novos funcionários do Erário Régio em disputa com o velho provedor da Fazenda. Há perto de três anos que os desentendimentos se prolongavam.[42] Total desordem. Significa isto que o apregoado despotismo do ministro não se exercera ainda por aquelas paragens e em matérias que dele dependiam diretamente: o conde de Oeiras era o inspetor-geral do Erário Régio, criatura sua. Acontecia isto por falta de meios? Por falta de agentes dedicados? Fosse como fosse, a lentidão com que a reforma era aplicada tornava-se evidente. Isto no Rio de Janeiro, cidade elevada a nova capital do Brasil. Sabemos que melhor não ocorria nos governos periféricos.[43]

Algum terá sido o efeito da fiscalização ao contrabando, que está presente nas determinações militares e comerciais para a colônia americana.[44] Mas não terá sido um êxito completo: não se erradicou por completo esse delito, "hum dos mais perniciosos entre os que infestão os Estados."[45] Ainda em 1770, o marquês do Lavradio escreve:

> Os portos da América que todas as nações fecham para o Comércio dos que não sejam os próprios nacionais se acham os que nos pertencem a nós abertos para quase todas as nações abuso estabelecido por alguns particulares, faltos daquele espírito pátrio que deve ser inseparável de todo o bom patriota, abandonado por aqueles vis interesses, o

---

42 Marquês do Lavradio. *Cartas do Rio de Janeiro. 1769-1776*, Rio de Janeiro: Secretaria de Estado de Educação e Cultura, 1978, nº 164, p. 12.

43 Alden. *Op. cit.*, p. 322-323.

44 Marcos Carneiro de Mendonça, *O marquês de Pombal e o Brasil*, p. 31-42; Fernando A. Novais, "A proibição das manufacturas no Brasil e a política econômica portuguêsa do fim do século XVIII". In: *Revista de História*, São Paulo, Faculdade de Filosofia, Ciências e Letras de São Paulo, 1977, nº 67, p. 151-153; Idem, *Aproximações estudos de história e historiografia*, p. 65-67.

46 António Delgado da Silva. *Collecção de legislação portuguesa, 1750 a 1762*, Alvará com força de lei de 14 de novembro de 1757, p. 567-568.

que as santas e justas Leis do Estado determinam servindo-se de tal indústria, esta má gente que ainda que os governadores ou vice-reis dessem estes danos nada bastava e contra as mesmas resoluções faziam, o que melhor lhe pareciam para o seu interesse.

Daqui nascia "serem os contrabandos imensos."[46] Não por falta de legislação, que se acumula desde 1755, sem que se vejam resultados defiitivos.[47] Luta interminável, que os interesses internos e externos, procuravam aproveitar. Lidando com os altos e baixos da vida econômica, com as forças ou fraquezas da autoridade. Esta última é a opinião de um grande senhor, devotado ao conde de Oeiras e aos seus manos, convencido em 1771 que conseguira acabar com esses descaminhos.[48] O marquês do Lavradio não hesita em falar da "conservação" e mesmo da "restauração deste Estado, que tem chegado a maior decadência e é bem digno de atenção de todos aqueles que quiserem mostrar o seu verdadeiro zelo, pela Pátria e por um Soberano a quem tanto devemos."[49]

Noutros assuntos a atenção de Sebastião José aparece. Não é seguro que lhe tocassem responsabilidades pelo quarto contrato de extração de diamantes, firmado para valer de 1753 a 1758 com João Fernandes de Oliveira e parceiros. Não se revelam interesses do secretário de Estado ou sequer a suspeita de nele ter interferido. Diferente é o que ocorre com o quinto contrato. Houve atrasos, pelo que só em 28 de julho de 1759 ele foi firmado: "porque este contrato dos diamantes, por sua delicadeza, necessita de especiais providências", afirma o rei. Esta reconsideração tem todo o jeito de ser obra do conde de Oeiras, que no ano imediato assina com o sargento-mor João Fernandes de Oliveira e seu filho, o desembargador João Fernandes de Oliveira, nova adjudicação,[50] que foi sendo revalidada até 1771. A partir de 1772, o distrito diamantino passou a ser

---

47 Marquês do Lavradio. *Cartas do Rio de Janeiro. 1769-1776*, nº 250, p. 47.

48 Marcos Carneiro de Mendonça. *O marquês de Pombal e o Brasil*, p. 150-162.

49 Marquês do Lavradio. *Cartas do Rio de Janeiro. 1769-1776*, nº 311, p. 77.

50 *Ibidem*, nº 269, p. 69.

51 João Felício dos Santos, *Memórias do distrito diamantino*, p. 161-163.

explorado diretamente pela fazenda real. Superintendia o marquês de Pombal, como inspetor-geral do Real Erário.[51] As baixas na exploração do ouro devem ter alertado para a necessidade de mais de perto se fiscalizar a extração das jazidas diamantíferas, que também se mostravam em baixa.[52] O que afetava o Estado, que agora detectava melhor o que se estava a passar dado dispor de uma organização contabilística bem mais apertada. Daí o novo Regimento Diamantino. Muito embora: a nova forma exigia pessoal fiel e competente nas intendências locais – intendentes, caixas, fiscais – o que continuava a ser raro. Por contrato passava a ser a venda dos diamantes. Em Lisboa, e com um opulento mercador do gosto do marquês de Pombal, o holandês Daniel Guildermeester.[53] Esta, sim, era uma medida que combinava a exploração direta pela Coroa com o comércio monopolista, ao jeito da política comercial mercantilista dita pombalina. Todavia, na mesmíssima forma de cobrança dos quintos do ouro não se introduziu modificação alguma. Mesmo quando a amoedação em Lisboa mostrava sinais nítidos de baixar.[54] Havia uma como que resignação à perda desses ingressos. Para evitar temidas sedições de imprevisível desfecho, mais valeria ir gerindo as coisas com serenidade.

Talvez se não tenha entendido que as transformações em Minas Gerais eram de uma natureza profunda, estrutural: o deslizar de uma região de mineira para agrícola.[55] O marquês do Lavradio opina:

---

52 *Ibidem*, p. 180.

53 Júnia Ferreira Furtado. *Chica da Silva e o contratador de diamantes. O outro lado do mito*, São Paulo: Companhia das Letras, 2003, p. 209.

53 João Felício dos Santos. *Memórias do distrito diamantino*, p. 191.

54 Rita da Conceição Cardoso Martins de Sousa. *Moeda e metais preciosos no Portugal Setecentista (1688-1797)*, dissertação de doutoramento, Lisboa: ISEG, 1999, p. 107-114.

55 Mafalda P. Zemella. *O abastecimento da capitania das Minas Gerais no século XVIII*, 2ª ed., São Paulo: Hucitec/Edusp, 1990, p. 209-235.

de Minas continuam a ser bastantemente diminutas as remessas, e cada vez isto irá em maior diminuição enquanto os governadores daquelas capitanias, forem consentindo que as gentes se empreguem em manufacturas, em lavouras, e em exercícios e diligências militares, divertindo-se por esta forma a única e verdadeira aplicação que deviam ter em minerar, e procurar fazer alguns descobertos."[56]

Seria útil saber se em Lisboa se dava atenção a arrazoados tais. Porque não parece que os governantes se deixassem impressionar. Mesmo rudimentares manufaturas de tecidos em Minas continuavam, ameaçando as exportações portuguesas.[57] E o aproveitamento agrícola crescia. A ponto de o vice-rei referir a "independência, que os povos de Minas se tinham posto dos géneros da Europa."[58]

Organizado o Erário Régio, era ao comércio do Reino que, mormente através das alfândegas – logo do comércio, como sempre –, competia pagar e garantir a manutenção da monarquia. Embora outras verbas também contribuíssem. Menos do que se esperaria: em média, os quintos do ouro e os diamantes apenas representam 11,75% e 4,95% do total das receitas entre 1762 e 1776.[59] Para o marquês de Pombal a utilidade maior estava na agricultura, que não nas minas. Autorizar mais áreas mineiras trazia como resultado diminuir a população e a produção agrícolas e aumentar as dificuldades de fiscalização às jazidas. Por isso em São Paulo a continuação dos descobertos fora proibida.[60] Não por qualquer inesperada inspiração fisiocrática.[61] Simplesmente porque para o comércio do Reino relevava dispor dos

---

56 Marquês do Lavradio. *Cartas do Rio de Janeiro. 1769-1776*, nº 333, p. 87.

57 Alden. Op. cit., p. 382-384; Douglas Cole Libby. *Transformação e trabalho em uma economia escravista. Minas Gerais no século XIX*, São Paulo: Editora Brasiliense, 1988, p. 187-189.

58 Visconde de Carnaxide. *O Brasil na administração pombalina (economia e política externa)*, p. 308.

59 Fernando Tomaz, "As finanças do Estado pombalino, 1762-1776", p. 362-363.

60 Heloísa Liberalli Bellotto. *Autoridade e conflito no Brasil colonial: o governo do Morgado de Mateus em São Paulo (1765-1775)*, p. 213.

61 Fernando A. Novais, "A proibição das manufacturas no Brasil e a política económica portuguêsa do fim do século XVIII", p. 155-156.

produtos agrícolas coloniais com curso nos mercados internacionais – caso do açúcar, do tabaco, do algodão ou do cacau.

Mais atenção merece aos governantes o comércio de exportação. Retinta preocupação mercantilista, que seria comum aos membros do governo. Ele é o açúcar e ele é o tabaco – "os dous generos, em que consiste o principal Commercio destes Reinos com o Estado do Brasil."[62] Ele é o cacau, ele são as madeiras, os couros e outras mercadorias.[63] Os monopólios são acompanhados com cuidado: o da pesca da baleia, o do sal, o das companhias majestáticas do Grão-Pará e Maranhão e de Pernambuco e Paraíba. O comércio está de há muito, desde a sua estadia em Inglaterra, no centro das propostas e intenções econômicas de Sebastião José.[64] O papel orientador e fiscalizador da Junta do Comércio, criada em 1755, ganha notável presença.[65] Há constantes preocupações com a circulação dos produtos da colônia, que parece regulamentada de perto, nomeadamente quanto à averiguação da "bondade" e dos "justos preços" das mercadorias. Chama a atenção a referência repetida à qualidade dos produtos, para garantir a sua boa venda. E como isso era considerado essencial na prática mercantilista.[66] A intervenção estatal no comércio faz-se pela regulamentação que vai saindo e pelas inspeções que se instalam – como as Casas da Inspeção para o tabaco e o açúcar, na Bahia, no Rio de Janeiro,

---

62 António Delgado da Silva. *Collecção de legislação portuguesa, 1750 a 1762*, decreto de 27 de janeiro de 1751, p. 38.

63 Virgílio Noya Pinto. *O ouro brasileiro e o comércio anglo-português (Uma contribuição aos estudos da economia atlântica no século XVIII)*, São Paulo: Companhia Editora Nacional, 1979, p. 185-211.

64 Sebastião José de Carvalho e Melo. *Escritos econômicos de Londres*, ed. José Barreto, Lisboa: Biblioteca Nacional, 1986; José Sebastião da Silva Dias, *Pombalismo e projecto político*, Lisboa: Universidade Nova de Lisboa, 1984; Jorge Borges de Macedo, *A situação econômica no tempo de Pombal*, Prefácio à terceira edição, p. 16

65 António Delgado da Silva. *Collecção de legislação portuguesa, 1750 a 1762*, decreto de 30 de setembro de 1755, p. 396-397; estatutos de 12 de dezembro de 1756, p. 458-479.

66 Jean Baptiste Nardi. *O fumo brasileiro no período colonial. Lavoura, comércio e administração*, São Paulo: Brasiliense, 1996, p. 152-161; Francisco José Calazans Falcon. *A época pombalina (Política econômica e monarquia ilustrada)*, São Paulo: Editora Ática, 1982, p. 469; João Lúcio de Azevedo, "Relação Primeira. Política de Pombal relativa ao Brasil". In: *Novas Epanáforas, Estudos de história e de literatura*, p. 32-38.

em Pernambuco e no Maranhão.[67] Ressaltando o cuidado com o rendimento das alfândegas – logo presente em 1751 mas que sobretudo por 1755 se apura, quando algumas reformas comerciais se introduzem.[68] Com destaque para a proibição de passarem ao Brasil comissários volantes, que perturbavam as relações comerciais estabelecidas.[69] Veem-se restringidos condenáveis abusos – "contrários à razão". Reordenamento mercantil que se estanca em 1761, nada de novo se registando depois. Notável ainda a preocupação com os custos dos transportes e com as frotas – procurando-se acertar as partidas, torna-viagens e carregações do Reino e dos portos brasileiros, em 1753 e em 1755.[70] Mas acabando em 1765 a obrigatoriedade de navegação em comboio: passam a poder navegar livremente.[71] A paz com Marrocos, que implicou o abandono de Mazagão, aliviou a pressão do corso, pelo que os navios depois ficaram libertos da obrigatoriedade de seguir juntos através do Atlântico. A liberdade nas costas brasileiras também foi contemplada, alargando-se mesmo à África.[72] São respostas a variações conjunturais. Previsíveis. Mas que mostram bem como o comércio era considerado prioritário para o governo: boa parte das disposições legais respeitantes ao Brasil de algum modo se articulam com o setor das trocas.[73] Sem que delas se extraia uma linha de orientação firme.

---

67 António Delgado da Silva. *Collecção de legislação portuguesa*, 1750 a 1762, regimento de 1 de Abril de 1751, p. 54.

68 António Delgado da Silva. *Collecção de legislação portuguesa*, 1750 a 1762.

70 António Delgado da Silva. *Collecção de legislação portuguesa*, 1750 a 1762, alvará de 6 de dezembro de 1755, p. 404-405; Alvará com força de lei de 7 de março de 1760, p. 726-727.

71 António Delgado da Silva. *Collecção de legislação portuguesa*, 1750 a 1762, decreto de 28 de novembro de 1753, p. 175-176; alvará de 25 de Janeiro de 1755, p. 347-349.

72 António Delgado da Silva. *Collecção de legislação portuguesa*, 1763 a 1774, Lisboa: Typografia Maigrense, 1829, alvará com força de lei, de 10 de setembro de 1765, p. 221-222.

73 António Delgado da Silva, *Collecção de legislação portuguesa*, 1763 a 1774, alvará de 2 de junho de 1766 e alvará de 27 de junho de 1769, p. 247-248 e 402-403.

74 A maior atenção ao Brasil ocorre até 1759: vd. a legislação inventariada por José Ribeiro Júnior: "Extrato da legislação para o Brasil durante o reinado de D. José I (1750-1777)". In: *Anais de História*.

As medidas fiscais e administrativas de Sebastião José respeitantes ao Brasil trazem a mesma marca casuística das suas outras políticas. Ou parecendo esquecidas, ou mostrando uma presença determinante dos agentes régios. Sempre com falta de homogeneidade e com ausência de um programa bem assente e claro. São mais dispositivos de resposta do que partes de um ordenamento sistemático. Caracterizada por uma notável descoordenação dos agentes régios: é continuada a ausência de ordens aos governadores sobre a economia. Queixava-se o mrquês do Lavradio da "falta de respostas há tanto tempo, e em matérias tão importantes, me têm tido na pior desconsolação, e se eu não tivera uma pouca de constância, e não conhecera tão bem os sentimentos do nosso sábio ministério, eu me deixaria ficar na água morna, em que costumam passar quase todos os governadores que vêm [à] América, não dando um só passo em adiantar alguns estabelecimentos, e providências a algumas repartições que precisavam desse remédio, e deixaria ficar tudo no mesmo estado em que o achei, ou talvez em outro muito pior"[74] Em matérias econômicas os governadores atuavam quase sempre por conta própria: aconteceu no Rio de Janeiro com o marquês do Lavradio, em São Paulo com o Morgado de Mateus, que disso se queixaram.[75] E não fariam de outro modo os demais governantes.

O propósito do governo do Reino é, sempre, aumentar as receitas do Estado e eliminar as fugas e os contratempos fiscais, nomeadamente os levantados pelo contrabando. Mas não se consegue ver que isso seja sustentado por um projeto coerente, pensado e articulado. Há flutuações notórias. São decisões avulsas, sem correspondência a uma concretização que configurasse um projeto geral, menos ainda um plano.

Definido estava que da colônia se recebiam "os frutos e materiais crus, assim como as terras os produzirem, para serem lavrados e digeridos na Europa e se remeterem depois dela as manufacturas", como escreve o conde de Oeiras ao

---

74 Marquês do Lavradio. *Cartas do Rio de Janeiro. 1769-1776*. n° 344, p. 91.

75 Visconde de Carnaxide, "O Brasil na administração pombalina (economia e política externa)", p. 308-310; Bellotto. *Autoridade e conflito no Brasil colonial: o governo do Morgado de Mateus em São Paulo (1765-1775)*, p. 83 e 260-261.

Morgado de Mateus.[76] Desejável estabilidade do mal chamado "pacto colonial"?[77] Não parece que assim fosse sempre. Porque são bastantes as exceções consentidas: veja-se os casos da preparação do rapé na Bahia em 1757;[78] do anil no estado do Grão-Pará e Maranhão em 1764 e depois no Rio de Janeiro;[79] da fábrica de descasque de arroz do Rio de Janeiro, em 1766;[80] das lonas, tréos, enxárcias e outros apetrechos para embarcações, na Bahia, em 1767,[81] das casas da moeda, com muito e diversificado pessoal na Bahia e no Rio de Janeiro;[82] da tecelagem doméstica de algodão, linho e lã em Minas[83] – e noutras partes que não só em Minas, há que supor. Multiplicam-se as forjas para produzirem ferramentas: o que não seria proibido, pois se previam envios de ferro em bruto, chumbo, cobre e aço aos quin-

---

[76] Bellotto. *Autoridade e conflito no Brasil colonial: o governo do Morgado de Mateus em São Paulo (1765-1775)*, p. 203. Pedro Lains e Álvaro Ferreira da Silva (org.), *História económica de Portugal. 1700-2000*, Lisboa: Imprensa de Ciências Sociais, 2005, vol. I, p. 203.

[77] Arno Wehling e Maria José C. de Wehling. *Formação do Brasil colonial*, Rio de Janeiro: Editora Nova Fronteira, 1994, p. 190; cfr. Jorge Pedreira. In: Pedro Lains e Álvaro Ferreira da Silva (org.), *História económica de Portugal. 1700-2000*, Lisboa: Imprensa de Ciências Sociais, 2005, vol. I, p. 203.

[78] João Lúcio de Azevedo, "Relação Primeira. Política de Pombal relativa ao Brasil". In: *Novas Epanáforas, Estudos de história e de literatura*, p. 40-41.

[79] José Ribeiro Júnior, "Extracto da legislação para o Brasil durante o reinado de D. José I (1750-1777)". In: *Anais de história*, p. 119; José Jobson de Andrade Arruda, "A produção económica". In: Maria Beatriz Nizza da Silva (coordenação), *O império luso-brasileiro 1750-1822*, Lisboa: Estampa, 1986, p. 110.

[80] António Delgado da Silva. *Collecção de legislação portuguesa*, 1763 a 1774, alvará de 8 de outubro de 1776, p. 279-281.

[81] *Ibidem*, alvará de 3 de agosto de 1767, p. 304-307.

[82] José António Caldas, "Noticia geral desta capitania da Bahia desde o seu descobrimento até o presente anno de 1759". In: *Revista do Instituto Geographico e Historico da Bahia*, Bahia, 1931, nº 57, p. 47 e 253; José Jobson de Andrade Arruda, "A circulação, as finanças e as flutuações económicas". In: Maria Beatriz Nizza da Silva (coord.), *O império luso-brasileiro. 1750-1822*, Lisboa: Editorial Estampa, 1986, p. 190.

[83] Douglas Cole Libby. *Transformação e trabalho em uma economia escravista. Minas Gerais no século XIX*, p. 188.

tais.[84] Instalam-se moinhos de descasque de arroz no Maranhão, por iniciativa da Companhia, que leva também à preparação de solas e atanados.[85] Solas e atanados que, com o couro em cabelo, saíam de Pernambuco nos navios da correspondente Companhia.[86] Na Bahia também se assinalam "oficinas de curtumes" onde se preparam solas e atanados.[87] Ou solas no Rio de Janeiro, "utilíssimas fábricas" – o quer que fosse que fábrica significasse.[88] A imensidade de gado no Rio Grande do Sul começava a ser aproveitada para couros e charque.[89] Com o ferro para produção local de armamento e munições se preocupava o Morgado de Mateus, em São Paulo. Ao mesmo tempo, de Lisboa, não se queria fomentar o aproveitamento industrial do algodão.[90] Mas contava-se com a fabricação de navios nas capitanias do Rio de Janeiro, Bahia, Pernambuco e Paraíba, que se procurara incentivar desde 1751.[91] Porque o que se pretendia era "favorecer o Commercio, em comum benefício de Meus Vassallos, especialmente as manufacturas, e Fabricas, de que resultão aumentos á Navegação, e se multiplicão as exportações dos generos."[92] Empreendimentos

---

84 Mafalda P. Zemella. *O abastecimento da capitania das Minas Gerais no século XVIII*, p. 227-230; António Delgado da Silva. *Collecção de legislação portuguesa*, 1763 a 1774, alvará de 29 de abril de 1766, p. 243-244; Caio Prado Júnior, *Formação do Brasil Contemporâneo*, 23ª ed., São Paulo: Brasiliense, 1994, p. 225.

86 Manuel Nunes Dias. *A Companhia geral do Grão Pará e Maranhão (1755-1778)*, p. 363-364 e 374.

87 José Ribeiro Júnior. *Colonização e monopólio no Nordeste brasileiro. A Companhia Geral de Pernambuco e Paraíba (1759-1780)*, p. 146-156.

88 José António Caldas, "Noticia geral desta capitania da Bahia desde o seu descobrimento até o presente anno de 1759", p. 222.

89 Jorge Borges de Macedo. *Problemas de história da indústria portuguesa no século XVIII*, 2ª ed., Lisboa: Editorial Querco LDA., 1982, p. 73.

90 Guilhermino Cesar. *História do Rio Grande do Sul. Período Colonial*, p. 207-209.

90 Heloísa Liberalli Bellotto. *Autoridade e conflito no Brasil colonial: o governo do Morgado de Mateus em São Paulo (1765-1775)*, p. 210-212 e 217-218.

91 António Delgado da Silva. *Collecção de legislação portuguesa*, 1750 a 1762, alvará de 12 de Novembro de 1757, p. 561.

92 *Ibidem*, Alvará com força de lei de 9 de julho de 1760, p. 741-742.

localizados, que inevitavelmente atenuam o exclusivo metropolitano das manufaturas, de produção do Reino ou importadas. Uns acarinhados, outros impedidos. Outros abandonados, como a fabricação de pólvora na Bahia, que em 1759 já "não tem exercício porque se não fabrica pólvora neste Paiz."[93] Embora: continuavam as tentativas de aproveitar o salitre existente do interior da Bahia para obter a pólvora; projetava-se mesmo estabelecer duas refinarias. Em tempo de guerra, antevia-se esta exploração "mais importante a esta monarquia do que as minas de ouro e diamantes."[94] O "pacto colonial" nem sempre era invocado, olhando-se às conveniências do Reino, sobretudo militares. Afloramento de um pragmatismo que estava bem na natureza de Sebastião José.

Nestes anos do "pombalismo", e estendendo-se pelo reinado de D. Maria I até 1785, teria acontecido o grande aumento no número de "fábricas e manufacturas" (talvez não mais que rudimentares oficinas) por várias capitanias do Brasil. Provocando o receio de falta de braços para a agricultura e para a mineração.[95] E baixa no volume do comércio de importação. O Alvará de 1785 destina-se sobretudo a impedir o desenvolvimento da produção de têxteis. Mas se faz sentido a referência ao algodão e ao linho, a que propósito vêm os tecidos ouro e prata? Alguns teares para tais luxos se encontraram "13 mas nem todos a funcionar, e só na Bahia."[96] Bem próximo ainda, em 1783, se instalara a Real Feitoria do Linho Cânhamo, no Rio Grande do Sul.[97] A proibição do ofício de ourives, de 1766, tem a ver com os descaminhos do ouro e não

---

93 José António Caldas, "Noticia geral desta capitania da Bahia desde o seu descobrimento até o presente anno de 1759", p. 235-237.

94 Damião Peres, *Estudos de história luso-brasileira*, Lisboa: Academia Portuguesa da História, 1956, p. 87.

95 António Delgado da Silva. *Collecção de legislação portuguesa*, 1775 a 1790, Lisboa: Typografia Maigrense, 1828, Alvará de 5 de Janeiro de 1790, p. 370-371; Caio Prado Júnior. *Formação do Brasil Contemporâneo*, p. 224.

96 Fernando A. Novais, "A proibição das manufacturas no Brasil e a política económica portuguêsa do fim do século XVIII", p. 162.

97 Guilhermino Cesar. *História do Rio Grande do Sul. Período Colonial*, p. 209.

com qualquer impedimento às transformações produtivas.[98] Não pode confundir-se com qualquer propósito de reservar à metrópole as atividades transformadoras.[99] Como com o comércio interno e sobremaneira com o africano tem a ver a multiplicação dos alambiques, que em tempos se quiseram impedir.[100] Donde o "pacto colonial" ser e não ser acatado, consoante as vantagens que se esperavam.

Em geral, a atividade transformadora parece ser vista como benéfica à atividade comercial no período pombalino – ou como resposta ao desequilíbrio da balança de pagamentos. Fomento das manufaturas, que caracteriza a política com que Pombal procura vencer a crise financeira e comercial de 1766 em diante, que não se destina a favorecer o Brasil.[101] Mas de que o Brasil não fica arredado, por nele se vir a suscitar um aumento na produção agrícola, especialmente algodoeira.[102] De Lisboa, do governo, não consegue o marquês do Lavradio apoio expresso para a sua tentativa de evitar o aparecimento e crescimento de atividades transformadoras em Minas.[103]

Prosperidade comercial que se queria resultante da prosperidade de "virtuosos" comerciantes. Para se conseguir essa boa administração havia que garantir a presença de "quem promova o cumprimento das Leis, e de quem execute ordens, e dê conta das vexações, e prejuízos, que se fazem aos negociantes."[104] Assim, a presença dos oficiais régios era considerada indispensável. E estes deviam agir cumprindo e fazendo

---

98 Roberto C. Simonsen. *Historia economica do Brasil, 1500-1820*, São Paulo/Rio de Janeiro/Recife: Companhia Editora Nacional, 1937, vol. II, p. 216.

99 Caio Prado Júnior, *Formação do Brasil Contemporâneo*, p. 226.

101 José António Caldas, "*Noticia geral desta capitania da Bahia desde o seu descobrimento até o presente anno de 1759*", p. 235-237.

102 António Delgado da Silva. *Collecção de legislação portuguesa, 1763 a 1774*, alvará de 11 de agosto de 1759, p. 287 e alvará de 7 de novembro de 1766, p. 287-289.

103 Vitorino Magalhães Godinho. *Prix et monnaies au Portugal. 1750-1850*, Paris: Armand Colin, 1955, p. 260-261.

104 Visconde de Carnaxide. *O Brasil na administração pombalina (economia e política externa)*, p. 309.

105 António Delgado da Silva. *Collecção de legislação portuguesa, 1750 a 1762*, Carta Régia de 14 de julho de 1760, p. 742-743.

cumprir a legislação. As Casas (ou Mesas) da Inspeção nas principais capitanias exportadoras revelavam-se centrais no processo. Nem por isso seria muito mais eficaz a cobrança fiscal, cuja falta implicava a falta de meios à Fazenda. Pelo que era gravoso o efeito da dívida régia no Brasil. O marquês do Lavradio estima em mais de 5 milhões de cruzados o seu montante no Rio de Janeiro, em 1779. Ora,

> faltando ao comércio e lavoura este grande cabedal, e estando-lhe empatado, e em lugar de ir diminuindo a dívida, ir-se esta aumentando, que se faz quase impossível que se possam animar estas gentes a novos estabelecimentos.

Dívidas que tinham a ver sobretudo com as sempre presentes despesas militares.[105] E com uma administração que não parece nada racional – apesar de não lhe faltarem alguns instrumentos para isso, nomeadamente a introdução da contabilidade por partidas dobradas.

Pode pensar-se num projeto, num plano, ou num programa econômico de Pombal para o Brasil? É o que fica por responder, e que provavelmente não poderá ter uma resposta afirmativa.[106] Não obstante, Sebastião José há muito concluíra que "a navegação mercantil he a base da marinha, o fundamento do Estado, e a fonte donde se derivão as riquezas dos povos."[107] Todavia, nem sequer há sinais de que o incremento da plantação de algodão ou de arroz tenha alguma coisa a ver com uma decisão ou estímulo governamental direto. Tudo indica que seja um efeito das práticas comerciais, em especial das das companhias, como foi o cacau no Grão-Pará,[108] do algodão e do arroz no Maranhão.[109]

---

106 Visconde de Carnaxide. *O Brasil na administração pombalina (economia e política externa)*, p. 311; D. José d'Almeida, *Vice-Reinado de D. Luiz d'Almeida Portugal*, p. 339-340.

106 Cf. Álvaro Teixeira Soares. *O marquês de Pombal*, 2ª ed., Brasília: Universidade de Brasília, 1983, p. 170-176.

107 Sebastião José de Carvalho e Melo. *Escritos econômicos de Londres*, p. 38.

108 Jorge Miguel Viana Pedreira. *Estrutura industrial e mercado colonial. Portugal e Brasil (1780-1830)*, Lisboa: Difel, 1994, p. 53; José Jobson de Andrade Arruda, "A produção econômica". In: Maria Beatriz Nizza da Silva (coordenação), *O império luso-brasileiro 1750-1822*, p. 103.

109 Manuel Nunes Dias. *A Companhia Geral do Grão Pará e Maranhão (1755-1778)*, p. 355-359; Caio Prado Júnior, *Formação do Brasil Contemporâneo*, p. 82.

Como resulta sobretudo da procura externa exercida sobre a colônia. Porque o comércio estava no centro das preocupações governativas, sendo o aumento da produção considerado como resultando do incremento das trocas, não de uma política que diretamente tivesse como objeto fomentar a riqueza produtiva. Mas poderia ter sido de outro modo? Poderia a oferta dinamizar a procura? Teria o mercantilismo respostas para estas dificuldades? Porque, não pode esquecer-se, "o discurso econômico de Sebastião José tem uma obediência tipicamente mercantilista, sobretudo em matéria de comércio colonial."[110]

As companhias gerais apoiaram e incentivaram direta e indiretamente produções, asseguraram créditos e forneceram mão-de-obra, enquanto pelas suas próprias frotas mercantes garantiam as exportações. As regiões onde os monopólios se estabeleceram beneficiaram desse conjunto de práticas estimulantes.[111] Porque anteriormente o comércio nas regiões para onde as companhias foram criadas "ou não tinha nascido, ou se achava quase inteiramente arruinado." E com isso cresceram as atividades econômicas destinadas à exportação. Resultado indireto da ação de Sebastião José, que pode ser creditado à política seguida. O que não sucede a todo o território do Brasil: onde o comércio estava "florente em commum benefício" não se formaram companhias – Bahia e Rio de Janeiro.[112] E os monopólios tinham um termo certo antecipadamente fixado, findo o qual se pressupunha que em concorrência essas atividades se aguentariam. Para Pombal o monopólio era sempre transitório.

A política dita pombalina resulta ser sempre uma mistura de ingredientes nem sempre compatíveis: despotismo, mercantilismo e acima de tudo, pragmatismo.[113] Querer encontrar uma unidade e uma coerência neste decidido exercício de

---

110 José Sebastião da Silva Dias. *Pombalismo e projecto político*, p. 120-121.

111 António Carreira. *A companhia do Grão-Pará e Maranhão (O comércio monopolista Portugal-África-Brasil na segunda metade do século XVIII)*, vol. I, p. 233.

112 *Cartas e outras obras selectas do marquez de Pombal*, t. II, p. 22.

113 Jorge Borges de Macedo. *A situação econômica no tempo de Pombal. Alguns aspectos*, Prefácio da terceira edição, p. 17.

governo que durou 27 anos significa o risco de nada se entender e de tudo se reduzir à apresentação de uma personagem fictícia: o marquês de Pombal. Inventada pela memória dos vindouros, por boas e por más razões: com farta cabeleira de canudos e soberbo leão à ilharga como no monumento de Lisboa.

Um novo método de governo: Francisco Xavier de Mendonça Furtado, governador e capitão-general do Grão-Pará e Maranhão (1751-1759)

Ao Tiago C. P. dos Reis Miranda

EM 1701 NASCE EM LISBOA FRANCISCO XAVIER de Mendonça Furtado. Seu irmão mais velho, Sebastião José de Carvalho e Mello, nascera em 1699. Paulo de Carvalho e Mendonça nascerá em 1702. São todos três filhos do capitão de cavalos Manuel de Carvalho e Ataíde e de sua mulher, D. Teresa Luísa de Mendonça. Família de "fidalgotes de mediana fortuna."[1] É estranha a falta de informação sobre os estudos que os irmãos Carvalho terão seguido. É garantido que Sebastião José foi um autodidata, devendo ter estudado sobretudo direito nos sete anos que passou na quinta da Gramela, a norte de Pombal, de 1724 a 1731.[2] Não frequentou a universidade ao contrário de Paulo de Carvalho, o terceiro dos manos, que seguiu a carreira eclesiás-

---

1 J. Lucio de Azevedo. *O marquês de Pombal e a sua época*, 2ª ed., Rio de Janeiro/Lisboa/Porto: Annuario do Brasil/Seara Nova/Renascença Portuguesa, 1922, p. 9.

2 Kenneth Maxwell. *O marquês de Pombal*, Lisboa: Editorial Presença, 2001, p. 18.

tica e se licenciou em Cânones em Coimbra. Quanto a Francisco Xavier sabe-se que assentou praça na armada, serviu no Regimento da Marinha de 1735 a 1749 como tenente e, em 1750, foi promovido a capitão-tenente. Enquanto oficial de marinha esteve durante 23 meses no Brasil, em socorro à Colônia do Sacramento em 1735-1736, sob comando de D. Luís de Brederode. Terá passado pela ilha de Fernão de Noronha em 1737, na defesa contra os franceses.[3] Terá estado ainda, pelo menos, no Rio de Janeiro e em Santa Catarina, provavelmente também na Bahia e em Pernambuco. Carreira sem sobressaltos nem grandes feitos. Mas de marinheiro experimentado e bem preparado: em 1738 encomenda em Londres uma nova "escala". Era instrumento da sua invenção para usar na leitura de mapas, o que o mostra cultor de matemática, interessado nas suas aplicações à prática da navegação.[4] Em Londres terá estado alguns meses, em 1743, acompanhando o retorno do mano Sebastião José cuja enviatura fora interrompida.[5]

Das mais importantes decisões às mais comezinhas realidades, o conjunto fraternal procurava contribuir para aumentar a reputação familiar. Essa era, na época, preocupação central das casas aristocráticas.[6] *Concordia fratrum*: assim foi toda a vida que os três manos percorreram juntos. E assim se fizeram retratar no teto de uma sala do Palácio de Oeiras.[7] Em solidariedade (ou mesmo cumplicidade), agiram para honra e enriquecimento da casa familiar, para bem firmarem e melhorarem o património comum. Quando, em 1751, Francisco Xavier recebe a mercê de um hábito de

---

[3] Jorge Couto, "Francisco Xavier de Mendonça Furtado". In: João Medina (dir.), *História de Portugal*, Lisboa, 1995, vol. 5, p. 132.

[4] Maria Isabel da Silva Reis Vieira Rodrigues. *O governador Francisco Xavier de Mendonça Furtado no Grão-Pará e Maranhão (1751-1759). Contribuição do seu epistolário para ahHistória Portuguesa do Brasil*, policipiado, Lisboa: Faculdade de Letras, 1997, p. 16, (n) 18.

[5] Sebastião José de Carvalho e Melo. *Escritos económicos de Londres (1741-1742)*, ed. José Barreto, Lisboa: Biblioteca Nacional, 1986, p. xxv.

[6] Nuno Gonçalo Freitas Monteiro. *O crepúsculo dos Grandes. A casa e o património da aristocracia em Portugal (1750-1832)*, Lisboa: Imprensa Nacional/Casa da Moeda, 1998, p. 79-97.

[7] Vd. extra-texto in Kenneth Maxwell, *O marquês de Pombal*.

Cristo, com uma comenda de Santa Marinha da Mata de Lobos, em Lamego, não se encarta nela. Passa mesmo serviços a seu irmão, para lhe facilitar o processo de concessão da mercê. Em 1753 alega que tinha feito muitas despesas à casa do irmão, Sebastião José, pelo que pede que a dita comenda tenha efeito nele. Ficou-se apenas com 12 000 réis de tença, que receberá num padrão de juros.[8] A amizade entre os irmãos revela-se a cada passo, mesmo em correspondência oficial. Solteiro, Francisco Xavier manteve uma ligação com uma D. Ana Moscoso, talvez estrangeira, a quem ainda manda prendas de cacau, café e outros mimos quando governador colonial. Mas que então já se queixa de abandonada.[9] Na atuação do grupo familiar não havia lugar para mais cônjuges do que a mulher do morgado. Não era aceitável a dispersão do património que ia sendo reunido. Francisco Xavier e Paulo António contribuem para a prosperidade da família. E não pouca é a parte com que entram para o seu enriquecimento material. Há que entender ainda que os juntava um forte sentimento de fraternidade. Único sobrevivente, em 1778, já no exílio, o marquês de Pombal não se esquecia de recordar que a sua importante casa fora estabelecida e acrescentada com a ajuda dos irmãos.[10]

Francisco Xavier será elevado ao Conselho de Estado a 27 de março de 1751, para a 19 de abril seguinte ser nomeado governador e capitão-general do Pará e Maranhão.[11] Já o mano Sebastião José se encontrava em funções de secretário de Estado dos negócios estrangeiros e da guerra. Já o mano Paulo recebera carta do mesmo Conselho, desde 1749, mas Sebastião José ainda não era a personagem determinante que viria a ser. Mas é como criatura de Sebastião José que se explica que Francisco Xavier fosse ocupar tão alto posto na administração ultramarina. O embaixador da Áustria em Lisboa atribui a nomeação ao irmão, pois não

---

8 Informações da Doutora Fernanda Olival; Marcos Carneiro de Mendonça. *A Amazônia na era pombalina*, Rio de Janeiro: Instituto Histórico e Geográfico Brasileiro, 1961, p. 128.

9 Maria Isabel da Silva Reis Vieira Rodrigues. *O governador Francisco Xavier de Mendonça Furtado no Grão-Pará e Maranhão (1751-1759)*, p. 18, (n), 24.

10 João Lúcio de Azevedo. *O marquês de Pombal e a sua epoca*, p. 359.

11 *Ibidem*, p. 39-40.

passava de um obscuro oficial de marinha, sem antecedentes que justificassem a escolha para tão elevado cargo.[12]

Assim foi, sem qualquer dúvida. Todavia, não parece depois uma decisão indefensável. Interessado na arte de navegar se tinha já mostrado Francisco Xavier. E isso o diz de algum modo preparado para o lugar que mais tarde iria ocupar como Comissário Régio para as demarcações fronteiriças. Saber trabalhar com instrumentos de medição náutica implicava conhecimentos de trigonometria que tinha, e que eram indispensáveis para quem ia presidir a tarefas geodésicas. Por isso faz sentido que em 1752, quando é nomeado comissário para as demarcações, tenha sido promovido a capitão de mar-e-guerra.[13] Era um reconhecimento profissional que se juntava ao lugar político ocupado, posto de "honra, autoridade e proveito".[14]

O governador estava imbuído da necessidade de impor o reconhecimento da autoridade régia no Estado do Pará e Maranhão sem qualquer restrição ou limite à autoridade do monarca. Fora nomeado para "o estabelecimento de um novo método de governo".[15] Passava a ser "atroz delito" que alguém se atrevesse "a impugnar, ou caluniar a execução das minhas leis e ordens." O despotismo josefino substituía os equilíbrios em que se firmara o absolutismo régio. Administrar sem oposição ou condicionamento era o que se poderia esperar agora. O que iria bem à figura de pouco polido, de que Francisco Xavier será acusado.[16] Destemperado, violento, mas atento ao que está mal para lhe procurar remédio. E sem os rancores que de Sebastião José muitas vezes ressumam.[17]

---

12 *Ibidem*, p. 119.

13 *Ibidem*, p. 321.

14 Maria Isabel da Silva Reis Vieira Rodrigues. *O governador Francisco Xavier de Mendonça Furtado*, p. 14, (n) 14.

15 Marcos Carneiro de Mendonça. *A Amazônia na era pombalina*, p. 1161.

20 João Lucio de Azevedo. *Estudos de historia paraense*, Pará: Typ. de Tavares Cardoso & Cª, 1893, p. 26.

21 João Lúcio de Azevedo. *Os jesuítas no Grão-Pará, suas missões e a colonização*, 2ª ed., Coimbra: Imprensa da Universidade, 1930, p. 278-282.

A nomeação foi para governador e capitão-general do Grão-Pará, ficando desde logo um outro governador subordinado no Maranhão. Entendia-se em Lisboa, assinado que fora o Tratado de Madri (1750), que se devia dar atenção especial ao vale amazônico, desde o extremo-norte ao extremo-oeste. Aí se ia jogar a pertença à América portuguesa de uma imensidade territorial. Por isso essa alteração na residência do governador que subalternizava o Maranhão onde até aí estivera a sede do governo. De Belém, mais fácil seria a possibilidade de atuação pelas margens do rio-mar do que de São Luís. Preparava-se já a criação da capitania de São José do Rio Negro, bem no interior da Amazônia que ficaria igualmente subordinada ao governador do Grão-Pará. E se aproximava mais do Mato Grosso e de Cuiabá cujas jazidas auríferas estavam em jogo na aplicação no terreno do Tratado de Limites de 1750.

A administração colonial dos territórios americanos ia sendo reordenada à maneira que a população de origem portuguesa se estendia e ocupava novos espaços. Por estes anos centrais do século foram criadas as capitanias do Mato Grosso e de Goiás, assim como se redefiniram as áreas das capitanias de São Paulo e do Rio de Janeiro.[18] Prepara-se e executa-se a ida de casais das Ilhas para incrementar a colonização do Maranhão. O território desse estado ainda em grande parte escapava à administração colonial.[19] Porém, o Tratado de Limites também obrigava a uma nova forma de atuação política que se propusesse integrar o todo colonial da América Portuguesa.[20] Que se sentisse a ligação do território a Lisboa, território onde se cumprissem as determinações régias. Que não escapasse de fato a um efetivo domínio do direito e das decisões da administração. Constatava-se que na Amazônia

---

22 *Ibidem*, p. 15.

23 Joaquim Romero Magalhães, "As novas fronteiras do Brasil". In: Francisco Bethencourt e Kirti Chaudhuri (dir.), *História da expansão portuguesa*, Lisboa: Círculo de Leitores, 1998, p. 17-18.

24 Manuel Nunes Dias, "Conquista e colonização da Amazônia no século XVIII". In: Luís de Albuquerque (dir.), *Portugal no mundo*, Lisboa: Publicações Alfa, 1989, p. 236.

até agora não só se não tem multiplicado, e civilizado os índios daquele Estado; desterrando-se dele a barbaridade, e o gentilismo […]; mas antes pelo contrário todos quantos Índios se descerão dos Sertões para as Aldeias em lugar de propagarem, e prosperarem nelas de sorte, que as suas comodidades, e fortunas servissem de estímulo aos que vivem dispersos pelos matos para virem buscar nas povoações pelo meio das felicidades temporais o maior fim da Bem-Aventurança Eterna […], se tem visto muito diversamente, que, havendo descido muitos milhões de Índios, se foram sempre extinguindo de modo, que é muito pequeno o número de povoações, e dos moradores delas; vivendo ainda esses poucos em tão grande miséria.

A razão estava "em se não haverem sustentado eficazmente os ditos Índios na liberdade, que a seu favor foi decretada pelos Sumos Pontífices, e pelos Senhores Reis", desrespeitando-se as leis de 1570, de 1587, de 1595, de 1609, de 1611, de 1647, de 1655, de 1680 e de 1741. Escravizavam-se os índios "sem mais razão do que a cobiça, e a força dos que os cativavam, e a rusticidade, e fraqueza dos chamados cativos."[21] Era com isto que se queria acabar. A colonização e o aproveitamento econômico da Amazônia assim o exigiam. Havia que tomar as

providências de que instantemente carece o Estado do Maranhão, e Grão Pará, para por meio delas ser um Empório, e a melhor conquista do Mundo no agrado de Deus, com os incomparáveis serviços que nela lhe pode fazer S. Maj.de; para que lhe dilate a sua real Coroa a maiores Impérios, e lhe faça entre todas as Nações com perpetuidade a mais poderosa, temida de venerada pelas imensas riquezas espirituais, e temporais, que há muitos anos lhe está prometendo na fertilidade daquelas terras, e abundância de preciosidades, que há nelas, dizia-se há muito.[22]

Sai o capitão-general de Lisboa com instruções claras para intervir direta e energicamente junto das populações, quer dos colonos, quer dos índios. Havia que conhecer os recursos, que povoar e que fazer render os territórios do Norte.

---

25 In: Antonio Delgado da Silva, *Collecção da Legislação Portugueza (1750-1762)*, Lisboa: Typografia Maigrense, 1830, p. 369-376.

26 Arquivo Histórico Ultramarino (AHU), Cód. 485, fl. 18.

Assim aconteceria. À bruta, entre violências e impropérios, que o governador não era manso. Era Francisco Xavier

> um pouco violento, partia com facilidade contra as partes, que o buscavam; deixava-se prevenir facilmente, e era um pouco descomedido nas suas palavras; mas estas qualidades, que são péssimas para um ministro de Estado, eram contudo contrabalançadas por um bom coração e ânimo de justiça e retidão, por maneira que depois de tais partidas vinha a conhecer que tinha ofendido injustamente as partes, voltava-se em seu maior protector,

escreve quem bem o conheceu. Diríamos que estamos perante um colérico, um primário, que depressa esquece e procura corrigir o mal feito. Assim também o aprecia um estrangeiro: "suposto que em algumas ocasiões increpava as partes com termos menos políticos e prudentes; contudo, sendo o fundo do seu coração cheio de humanidade, quando chegava a tratar do despacho delas, as atendia sem lembrança do que havia proferido."[23] Sendo muito dedicado no exercício das suas funções: quando secretário de Estado dos Negócios da Marinha e Ultramar era tido por "muito activo na sua repartição: mui poucos eram os dias que faltava na Ribeira das Naus." Com a sua presença muito se adiantavam todas as obras.[24]

Governador e capitão-general, não iria esperar que os acontecimentos o impedissem de atuar, não iria respeitar os poderes fáticos ou permitir que estes o condicionassem. E os primeiros a sentir o novo estilo de presença do representante da realeza foram os missionários. Um questão menor o levou a impor-se aos carmelitas, mal chegara ao Maranhão.[25] Era um sinal a que convinha atender.

O mais importante viria logo a seguir. Porque o governo de Lisboa tratava de resolver de uma vez por todas a grande questão da escravização dos índios.

---

27 José Gorani. *Portugal. A côrte e o país nos anos de 1765 a 1767*, ed. Castelo Branco Chaves, Lisboa: Editorial Ática, 1945, p. 163.

28 *Recordações de Jacome Ratton sobre ocorrências do seu tempo em Portugal de maio de 1747 a setembro de 1810*, Lisboa: Fenda, 1992, p. 164-167. No mesmo sentido, vd. José Gorani. *Portugal. A côrte e o país nos anos de 1765 a 1767*, p. 163 e José Pedro Ferrás Gramoza. *Successos de Portugal memorias historicas politicas e civis*, p. 20-21.

29 João Lúcio de Azevedo, *Os jesuítas no Grão-Pará*, p. 280.

Questão que se arrastava desde que começara a despontar a presença portuguesa no Novo Mundo. Pelo direito e pelas determinações régias e papais, os naturais eram livres. Era ilegal cativá-los e fazê-los trabalhar à força.[26] Assim estava disposto, em abstrato, na linguagem de juristas e de teólogos. Porém, a prática fora sempre muito outra. Os índios eram apanhados pelas tropas de resgate que se internavam pelos matos e violentamente trazidos até as povoações, as explorações agrícolas dos colonos e as aldeias dos missionários. Para trabalho escravo. Muitas vezes barbaramente amarrados e ferrados, para que se lhes conhecesse o dono. Porque outra forma de trabalho mal se conhecia nas plantações nas colônias.

Em Lisboa, esperava-se do governador uma ação que profundamente modificasse o que estava. As instruções revelam que algum conhecimento havia das dificuldades a vencer. Mas esta não era uma empresa teórica: ia decorrer no terreno, com êxitos e fracassos. Fortes oposições se esperavam: os colonos do Pará e do Maranhão tinham por si uma velha prática de infringir a legalidade, de rebelião contra o poder central.[27] E também se constituía como uma velha realidade o poder espiritual e temporal de que as ordens missionárias gozavam. Como resultado de conflitos e de soluções encontradas para apoiar as missões contra os moradores, que se estenderam por quase século e meio: a autoridade régia pouco era sentida por aquelas paragens.

As instruções públicas para o governador do Grão-Pará, com alguns artigos secretos, têm a data de 31 de maio de 1751 e a assinatura referendária de Diogo de Mendonça Corte-Real, secretário de Estado dos Negócios da Marinha e Ultramar. Como devia ser. Ao que parece, o mano Sebastião José não terá andado por aqui. Naturalmente que se procurava (1) estender e aumentar o cristianismo nas povoações desse estado. (2) Mas era preciso unir o interesse público e as conveniências do estado para se conquistar a liberdade dos índios, o que passava pelas missões. (3) As instruções recordam que a permissão de cativar índios fora depois reprimida por

---

30 *Ibidem*, p. 283-284.

27 *Ibidem*, p. 71-216.

ser excessiva. (4) Todavia não bastava isso e o cativeiro foi proibido em geral. Em 1688 foi autorizado em alguns casos mas abusou-se dessa lei. (5) Em 1747, o rei decidira acabar com isso, o que foi confirmado em 1748. Foram os cativeiros anulados, "ordenando que os índios se pusessem em liberdade, e que se recolhesse a tropa de resgate". (6) Agora quer-se resolver a questão e para conter "estes desordenados procedimentos, e evitar tão considerável dano" o rei declara que "nenhuns destes índios possam ser escravos, por nenhum princípio ou pretexto"; os moradores que "cuidem em fabricar as suas terras, como se usa no Brasil, ou pelo serviço dos mesmos índios, pagando a estes os seus jornais e tratando-os com humanidade, sem ser, como até agora se praticou, com injusto, violento e bárbaro rigor."

Estes os grandes princípios. Por de previsível maior melindre, a parte secreta das instruções refere-se a possíveis dificuldades com as ordens religiosas. Previa-se que os regulares, que no norte tinham dominado quase completamente – com exceção dos núcleos urbanos de São Luís e de Belém –, não iriam facilitar a aplicação das determinações régias. O governador poderá mesmo ter que recorrer a ameaças. Porque era imperioso que os padres entendessem o que se estava a jogar. Poucas eram essas instruções secretas. Duas as resumem: (13) se os regulares e eclesiásticos dificultarem "sobre a mal entendida escravidão, que eles praticarem com os índios, como também no estabelecimento destes a jornais", o governador ameaçá-los-ia; "porque os seus estabelecimentos, de todas ou da maior parte das fazendas que possuem, é contra a forma da disposição da lei do reino, e poderei dispor das mesmas terras em execução da dita lei"; poderia agravar as coisas a ordem para que o governador visitasse todas as aldeias (ou fizesse visitar aquelas a que não fosse); (14) excessivo poder tinham os regulares, principalmente no domínio temporal das suas aldeias; havia ainda dúvidas sobre deixá-los só com o domínio espiritual, dando-se-lhe côngruas; é ponto assente considerar que tinham grandes cabedais.

Depressa se apercebeu Francisco Xavier das dificuldades de se entender com colonos e com os eclesiásticos. Sobretudo com estes, que detinham vastos poderes junto das populações indígenas. Momentoso obstáculo. Porque desde logo era preciso acabar com os cativeiros e conter os missionários nas funções estritamente religiosas que eram as suas.[28] A questão da mão-de-obra tinha de ser resolvida de outro modo que não por meio da escravização de índios. Tornava-se evidente, também para o Pará, o que em Pernambuco cedo se constatara: era indispensável trazer escravos de África.

Pelas instruções que recebera, devia Francisco Xavier dar preferência aos missionários jesuítas em alguns dos novos estabelecimentos que vinha encarregado de organizar, "por serem eles que tratam os índios com mais caridade e melhor sabem formar e conservar as aldeias."[29] Assim se pensava em Lisboa, onde não havia animadversão contra os inacianos – bem pelo contrário. Mas a observação na Amazônia desmentirá uma tal certeza. Pior ainda: "Toda a administração da justiça, que deveram ter os governadores e ministros, está nos regulares… Eles têm o senhorio universal de todos os índios deste Estado."[30] O governador depressa se apercebe que os eclesiásticos – sobretudo os regulares e sobretudo os jesuítas –, têm a situação bem em mãos, e que com eles terá que se haver. Não era coisa para boas palavras e fáceis consensos. Adivinhavam-se agrestes conflitos. Mas não era Francisco Xavier um adversário da Companhia de Jesus. Como ele próprio escreve a um inaciano, e isto quando as relações já começavam a ficar tensas,

> em mim não há outra nenhuma coisa por que me mova, mais do que a pura e recta administração da Justiça, que será só o que me possa embaraçar para algumas vezes não servir à sua Sagrada Religião, como devo e desejo, porque nunca me esqueço do muito que não só eu, mas toda a minha casa, lhe foi sempre obrigada.[31]

O governo

> de S. Maj.de tem conhecido cabalmente pela sua incomparável compreensão que as terras incultas do Pará e Maranhão podem valer cultivadas tanto, ou mais que todo o Brasil

---

28 João Lúcio de Azevedo, *O marquês de Pombal*, p. 136.

29 João Lúcio de Azevedo, *Os jesuítas no Grão-Pará*, p. 284.

30 *Apud Ibidem*, p. 286.

31 Marcos Carneiro de Mendonça, *A Amazônia na era pombalina*, p. 250.

para a coroa deste Reino; e deste conhecimento resulta a especial aplicação, que o mesmo Senhor tem feito aos negócios desse Estado, e a firme disposição em que se acha de dar todas as eficazes providências que forem necessárias para se estabelecer e aumentar.

Fora confiada a Francisco Xavier uma missão de risco. Pelo êxito dela passava o exercício dos poderes do estado na Amazônia. Onde o estado poucos aliados encontraria. O bispo, D. Frei Miguel de Bulhões, dominicano, iria revelar-se um precioso colaborador. E poucos mais, que nem todos os ministros da Coroa eram de fiar. Seria de esperar geral hostilidade.

Não estava ainda fixada pelo governador a sua forma de atuação. A experiência diria as medidas que "se vão depois executando gradual, e progressivamente, conforme as conjunturas o forem indicando."[32] O governo de Lisboa determina que Francisco Xavier proceda "com muita cautela, circunspecção e prudência." Mas sem ceder no essencial, isso já vinha decidido, e o essencial consistia em concretizar a liberdade dos índios. Devia ir persuadindo os moradores de quanto mais "útil é terem homens que gostosa e voluntariamente os queiram servir, e não como até agora violentos, que não cuidam senão em fugir, desamparando-lhes as suas fazendas, sem se interessarem na utilidade delas."[33] O governador quer ver para crer. Vai ao mato para observar "alguma parte destes sertões."[34] E em poucos dias conclui que não achava "mais que pobreza, miséria e confusão."[35]

Devia o governador fazer executar os Regimentos das Missões em vigor quanto à escravização dos indígenas: datados de 1680 e de 1748, ninguém os cumpria. Preparava-se no Conselho Ultramarino em Lisboa um novo Regimento. O governador dá opiniões sobre o seu conteúdo. Em especial havia que nomear e fazer agir um procurador dos índios, independente de colonos e dos religiosos para que com "capacidade e ciência" tratasse das "causas das liberdades, e ser

---

32 AHU, Cons. Ultr., cód. 1214, fl. 254.

33 Marcos Carneiro de Mendonça, *A Amazônia na era pombalina*, p. 420, n° 14 das Instruções.

34 *Ibidem*, p. 88.

35 *Ibidem*, p. 89.

temente a Deus e de Família Nobre."[36] Previa o governador que o ofício se tornaria odioso. Mas era por aí que se deveria começar. Para "averiguar se se criam os índios na forma que os possamos dispor a fazer com eles uma República polida e civil, deixando-se inteiramente o sistema presente, em que são educados como se fossem irracionais, e desterrando neste Regimento muitos abusos que estão estabelecidos, e muitos deles pretextados com o Regimento das Missões."[37] Pretextados, mas não autorizados. A melhor tática seria então fazer cumprir escrupulosamente as velhas determinações. O que se vai revelar impossível, face às práticas que entretanto se haviam instalado.

Desde a chegada que se apercebe que o estado escassa ou nenhuma autoridade exercia nestas paragens longínquas. Que os índios estavam longe dos governantes e que era difícil chegar-lhes. Que não estavam convertidos. Eram ensinados numa "gíria a que chamam língua geral, que só o é nas aldeias."[38] E "porque pareça totalmente outra república, é defendido com graves penas impostas pelos missionários que nestas aldeias se fale português." Assim é porque os padres têm o monopólio do serviço dos índios. E eles "são os mais fortes e que mais prejuízo fazem ao comum do Estado."[39] Nas mãos dos missionários estavam as grandes fazendas, nas suas mãos todo o comércio das drogas do sertão. Os regulares não respeitavam sequer as hierarquias internas dos grupos de índios. Faziam o que queriam, porque o regimento em vigor impedia os governadores de atuar. Donde que o "inimigo comum deste Estado" fosse o próprio Regimento das Missões.[40]

Jesuítas e carmelitas têm conflitos tremendos, que o governador chama "guerra civil", destruindo as aldeias uns dos outros.[41] Os jesuítas eram os que mais aldeias tinham, 19, seguindo-se com 15 os carmelitas. 10 eram dos franciscanos da

---

36 *Ibidem*, p. 56.

37 *Ibidem*, p. 81.

38 *Ibidem*, p. 64.

39 *Ibidem*, p. 65-66, 72 e 80.

40 *Ibidem*, p. 82.

41 *Ibidem*, p. 591.

província da Piedade, 9 os da de Santo António, 7 os da Conceição. Mercedários apenas 3. Mas os mais numerosos eram também os mais ricos. E os que menos respeitavam a autoridade secular.

Na legislação que se preparava havia que declarar sem ambiguidades "que nenhum índio possa ser escravo, e sejam todos geralmente livres."[42] Mas havia que contar com a oposição dos colonos. Porque sendo pobríssimos e ignorantes, imaginam que "toda a sua fortuna lhe há de vir dos sertões, não, extraindo drogas, mas aprisionando índios."[43] Gente pouco dada a produzir. É preciso persuadi-la ao "trabalho e cultura das terras" e condenar o "desprezo do trabalho manual."[44] Era abuso instalado naquelas terras que "só os índios são os que devem trabalhar, e que a todo o branco é injurioso o pegar em instrumento para cultivar as terras."[45] E logo Francisco Xavier declara: "não consinto que haja resgates; faço tenção de proceder contra os que passam ao sertão a aprisionar índios." Talvez não o tenham acreditado. Mas falava a sério. Perguntar-se-iam os colonos como arranjar mão-de-obra. O governador responderia "que os negros são melhores trabalhadores do que os índios."[46] Como arranjar negros era coisa outra, que iria ter solução.

Ao mesmo tempo que procura resolver a questão dos índios – que é a principal de inícios do seu governo – também se ocupa do assentamento dos colonos que para lá vão. Gente das Ilhas.[47] E começa a ocupação no norte com a fundação de São José do Macapá com 456 pessoas. Ponto fundamental para fixar a presença portuguesa e impedir a francesa.[48] Também política de civilização: a "polícia que

---

42 *Ibidem*, p. 83.

43 *Ibidem*, p. 84.

44 *Ibidem*, p. 115.

45 *Ibidem*, p. 116.

46 *Ibidem*, p. 86

47 *Ibidem*, p. 122.

48 *Ibidem*, p. 97 e 209; Arthur Cesar Ferreira Reis. *Limites e demarcações na Amazônia brasileira*, Rio de Janeiro: Imprensa Nacional, t. 1º, 1947, p. 153.

costuma resultar das povoações."[49] Mas ainda a criação dos índios, de forma "a que possamos dispor a fazer com eles uma República polida e civil, deixando-se inteiramente o sistema presente, em que são educados como se fossem irracionais."[50] Como se mostra curioso dos gêneros da terra que poderiam ser proveitosos, como é o caso do crauatá para substituir o cânhamo. E depara-se com a caneleira e outras plantas de evidente utilidade.[51] Curiosidade e apreço pela história natural que nele se revela. Questão de moda que as Luzes difundiam, pela certa, mas moda bem útil para a exploração econômica do Grão-Pará. As observações de Francisco Xavier de Mendonça Furtado formam um conjunto de dados que fornecem ao governo um panorama complexo, mas muito completo, da região.

Ainda mal chegado a Belém começa o governador a tratar da fazenda real, que andava muito desprezada. E pretende iniciar a cobrança dos dízimos do gado da Ilha de Marajó. Os mercedários teriam entre 60 e 100 mil cabeças de gado vacum; os da Companhia entre 25 e 30 mil; os do Carmo entre 8 e 10 mil.[52] e também consta que as drogas do sertão – nomeadamente o cacau e o cravo – estavam quase todas nas mesmas mãos. Que nada pagavam à fazenda. Como se recusavam a dar índios para o trabalho num engenho real. Dos padres da Companhia, a que pede auxílio, recebe uma "formal repulsa."[53] É o primeiro choque com os jesuítas que se detecta.

E começa o conflito com as ordens que até aí quase sem oposição tinham dominado na região. Ao mano do coração, escreve:

> Já V. Ex.ª está informado do grande poder dos Regulares neste Estado, que o tal poder o tem arruinado, que os religiosos não imaginam senão o como o hão de acabar de precipitar, que não fazem caso de Rei, Tribunal, Governador ou casta alguma de Governo

---

49 Marcos Carneiro de Mendonça. *A Amazônia na era pombalina*, p. 139.

50 *Ibidem*, p. 81.

51 *Ibidem*, p. 112 e 118-119.

52 *Ibidem*, p. 132.

53 *Ibidem*, p. 134.

e Justiça, que se consideram soberanos e independentes, e que tudo isto é certo, constante, notório e evidente a todos os que vivem nestas partes."[54]

Capuchos, mercedários, carmelitas e jesuítas, todos têm comportamentos semelhantes: "aqui não há nem sinal de cristandade."[55] Mas as coisas correm pior com os jesuítas. Francisco Xavier está disposto a atuar. A ir ao cerne da questão, que passava também pelos limites entre a América Portuguesa e a América Espanhola. "Agora a porta fica cerrada e reduzida a praxe a ideia do padre Carlos Brentano, que passou de Quito o ano passado, e disse aqui que naquele rio só deviam estar os jesuítas. Isto para fazerem o negócio entre si, em fraude de ambas as Coroas e sem que do grande contrabando que ali se há-de fazer possa resultar bem algum ao público, porque todo o cabedal há-de ficar dentro da Companhia."[56] Parece enunciada a segunda grande questão, que vem associada com a da liberdade dos índios e com o poder dos jesuítas. Como o governador parece sugerir, há o perigo de uma instalação supranacional da Sociedade de Jesus, em benefício próprio e exclusivo.

Mas a posição das religiões no espaço não era perigo menor. Dominando a área entre as cabeceiras dos afluentes da margem direita do Amazonas, tinham ligação com o interior do Mato Grosso, e o ouro ia parar-lhes às mãos – furtando-o assim a Sua Majestade. Os castelhanos – entenda-se os jesuítas castelhanos – avançavam já por aqueles territórios fundando as aldeias de Santa Rosa, São Miguel e São Simão. Isso ir-lhes-ia "permitir o caminho franco" para Mato Grosso.[57] E este era um dos perigos que se queria esconjurar. Alguns desses jesuítas eram inimigos acérrimos dos portugueses.[58] Dessa opinião, e desse receio, comungava D. António Rolim de Moura que estava governando o Mato Grosso.[59]

---

54 Ibidem, p 143.

55 Ibidem, p. 144.

56 Ibidem, p. 145.

57 Ibidem, p. 185.

58 Eduardo Brazão. *Os jesuítas e a delimitação do Brasil de 1750*, Braga: Livraria Cruz, 1939, p. 63.

59 Marcos Carneiro de Mendonça. *A Amazônia na era pombalina*, p. 472-473.

Por outro lado a instalação das missões – e o sempre referido Regimento, de 1680, que limitava a intervenção das autoridades régias – arruinara o Grão-Pará e o Maranhão, na opinião do governador: "este Estado se fundou, floresceu e nele se estabeleceram infinitos engenhos e plantações, enquanto as Religiões não tiveram este alto e absoluto poder". Que "depois que o tiveram tudo se arruinou, confundiu e finalmente se reduziu a nada, porque se recolheu nas comunidades todo o comércio que devia girar na Praça, e com que deveram enriquecer-se aqueles homens, que nele traficam com tanto lucro do público e da Fazenda Real." É este o estado da questão que traça logo em 29 de dezembro de 1751, escassos dois meses depois de instalado em Belém.[60] Ia tratando de desenredar aquela meada.[61] E de firmar uma nova política "para ressuscitar o Estado."[62] Porque em Lisboa se quer crer que o "Estado do Maranhão e Grão-Pará é a mais preciosa pedra do mundo, posto que diamante bruto ou mais propriamente se pode dizer que se não é o paraíso terreal o parece."[63]

A apreciação da vida na Amazônia ia ensinando a Francisco Xavier de Mendonça Furtado o que havia a fazer. Restaurar o estado, impondo a sua autoridade, desimpedir as barreiras que se opunham ao exercício do poder real. Mas uma dessas barreiras estava em Lisboa, e era o confessor de Sua Majestade, o padre José Moreira. "Porque estes padres assentam e estão certos, com um erro indesculpável, que o Padre-Confessor lhes há de ter mão em todos os seus excessos, e que dele só dependem, não sendo isto só discurso meu, porque assaz me têm dado a entender algumas vezes, creio que para me atemorizarem." Este tinha sido o procedimento habitual da Companhia. A fundação do Javari, no Solimões, sem lhes ser entregue a jurisdição secular, foi objeto de protestos para Lisboa. O governador observa: "Sua Majestade lhes deferirá como for mais justo, na certeza de que quantos maiores privilégios conservar às comunidades, tantas

---

60 *Ibidem*, p. 145.

61 *Ibidem*, p. 273

62 *Ibidem*, p. 146

63 AHU, Cod. 485, fl. 18.

maiores forças dá aos maiores e mais poderosos inimigos da sua Real Fazenda e do bem comum deste miserável Estado." E conclui: "Ultimamente estes padres não conhecem El-Rei para mais do que para lhe extorquirem tudo o que podem, para seguirem todos os meios de lhe arruinarem a sua Real Fazenda, e aos seus vassalos reduzirem-nos à sua última perdição em que se acham."[64]

Mas os padres não desistem de uma como que provocação ao governador. É o que parece o intento de construção de um seminário junto do palácio do governo em Belém.[65] Havia que começar por "dar a conhecer às religiões que vivem absolutas e despóticas neste Estado, que Sua Majestade olha para elas com diverso sistema do que até agora olharam os seus Reais predecessores." Havia que "domesticar os Regulares". Domesticação que passa pelo convencimento de que "Sua Majestade nos seus Domínios tinha um poder Real e absoluto."[66] Era esta a grande diferença trazida pela aclamação de D. José com o despotismo, e era fundamental que começassem os padres a aceitar a mudança. Mas a Companhia não abria mão dos seus privilégios e o seu orgulho sentia-se tocado pela supremacia que as ordens régias davam agora aos bispos. Assumem-se com petulância e irreverência fiados em que nada ia modificar-se. Francisco Xavier estava como governador para o "restabelecimento do Estado".[67] O que se passava é que os padres não só não cumpriam o Regimento das Missões como não havia gênero algum de contravenção que não cometessem. A pendência vai-se arrastando e tornando mais desconformes as posições dos antagonistas. Porque assim têm de ser vistos. O governador sente-se metido em um "labirinto de desordens".[68] E instaura uma relação de desconfiança com os regulares.[69]

---

64 Marcos Carneiro de Mendonça, *A Amazônia na era pombalina*, p. 156-157.

65 *Ibidem*, p. 160.

66 *Ibidem*, p. 192.

71 *Ibidem*, p. 272.

72 *Ibidem*, p. 322.

73 João Lúcio de Azevedo. *Novas epanáforas. Estudos de história e literatura*, Lisboa: Livraria Clássica Editora, 1932, p. 15.

> Quero ultimamente acabar de discorrer e tomar o tempo a V. Ex.ª – escreve ao mano do seu coração – com este cansado, absoluto e prejudicialíssimo poder dos Regulares, porque sendo ele sem dúvida a total ruína deste Estado, e o que há de obstar ao progresso de quantos estabelecimentos nele se quiserem fazer,

é o desabafo do governador. E mais adiante:

> Já V. Ex.ª está plenamente informado que o absoluto domínio que os Regulares têm, todo este Estado se reduz a dois princípios, que vêm a ser as aldeias que eles administram e as importantes fazendas que possuem. Estes dois são os polos em que se estabelece toda a autoridade, todo o domínio e todo o poder dos Regulares.

Assim sendo, o que havia a fazer era retirar-lhes as fazendas que ilegitimamente possuíam. Declarar-se-iam livres os escravos que agora possuíam e mandar-se-ia distribuir as fazendas por eles. Porque as fazendas eram não apenas fonte de riqueza pelos seus rendimentos, mas por nelas terem os índios, indispensáveis à captura das drogas do sertão que serviam para o comércio. Deste modo, conclui depois de muitas considerações que uma prosa barroca não dispensa, "se extinguirão totalmente as violências, os contratos, as ambições e todas as mais desordens com que os Regulares têm perturbado estes povos, e desfigurado inteiramente a pureza da nossa sagrada religião."[70] Os padres passariam simplesmente a receber côngruas pelos trabalhos de assistência espiritual prestados às comunidades indígenas, perdendo porém a jurisdição temporal.

Os jesuítas mostravam-se os mais soberbos. Consideravam a América como terra de missão sua.[71] E, pelo que escreve o governador, pouca conta faziam das suas funções e com dificuldade reconheciam a sua autoridade. Ao atribuir-lhes a administração das questões seculares, o Regimento das Missões tornava-os praticamente inatacáveis. A solução provisória consistia em que se descessem índios do sertão, formando povoações com eles junto de Belém. E "sem que nas tais povoa-

---

74 Marcos Carneiro de Mendonça, *A Amazônia na era pombalina*, p. 498-505.

75 *Ibidem*, p. 155.

ções ou aldeias tenham jurisdição os regulares; distribuindo os governadores estes índios pelos moradores, conforme a necessidade de cada um, e também ajustando-os livremente pelo ordenado que puder, na forma que se pratica com qualquer criado nesse Reino."[72] Da escravatura passava-se ao trabalho assalariado. E, na impossibilidade de vencer as ordens missionárias, far-se-lhes-ia uma concorrência que eliminaria parte do seu poderio.

Entretanto começara o governador a imaginar a maneira de introduzir os escravos negros no Grão-Pará. Nisso interessara os proprietários do estado, que subscreveram ações de uma companhia mercantil que pretendia e se propunha formar. Mas os cabedais desses investidores eram parcos. E se parcos no Maranhão, ainda menores no Pará. Pelo que será o mano a tratar do assunto em Lisboa. Aí as coisas correm de modo diferente. Apesar dos protestos de muitos homens de negócio, Sebastião José consegue pôr de pé a Companhia Geral do Grão-Pará e Maranhão. Datam os seus estatutos de 1755.[73] Já Francisco Xavier, sem dúvida autor da ideia, se encontrava longe, no interior da Amazónia, a instalar a missão de delimitações a que ia presidir. A sua nomeação para principal comissário e plenipotenciário "com amplíssimos, e ilimitados poderes" data de 1752. Não parece, pelo tom da comunicação de Sebastião José a Francisco Xavier que a nomeação fosse muito anterior.[74] Nem sequer que estivesse de muito antes pensada.

Para que teve que preparar tudo. Mandar fazer as canoas para transporte de gentes, cargas e víveres; ordenar que se fizessem roças nos locais onde os demarcadores iam estacionar e nelas plantar farinhas, feijões e milho; recrutar e instruir soldados para acompanhar e defender a expedição; arranjar remeiros e outros servidores índios e substituir os que fugiam. Tudo, enfim. Além do mais, e como principal comissário, tinha que estudar e propor a forma de resolver na prática

---

76 *Ibidem*, p. 217.

77 António Carreira. *As companhias pombalinas de navegação, comércio e tráfico de escravos entre a costa africana e o Nordeste Brasileiro*, Bissau: Centro de Estudos da Guiné Portuguesa, 1969, p. 31-33.

78 Eduardo Brazão. *Os jesuítas e a delimitação do Brasil de 1750*, p. 41.

algumas questões das fronteiras entre Portugal e Espanha no interior da América do Sul. Esperava-se que viesse gente de "probidade e ciência".[75] Mas também havia ainda traçados em aberto, e os demarcadores mais competentes poderiam puxar soluções melhores para Portugal do que as constantes do Tratado de Limites, que estava condicionado pelo muito imperfeito "mapa das Cortes" que nele servira. Em especial, havia que garantir para Portugal o exclusivo da navegação no complexo fluvial do Madeira-Mamoré-Guaporé.[76]

Será durante os preparativos para as delimitações que começa o confronto direto com a Companhia de Jesus. Que não deverá ser o decisivo para o Reino, que esse se contém na guerra guaranítica do sul. Mas que não pouco terá contribuído para a conflitualidade entre o governo e a Sociedade.[77] O governador conclui dos impedimentos e da quase permanente hostilidade "que não cabe na minha possibilidade o executar como devo as reais ordens que Sua Majestade for servido expedir-me, para se fazerem as demarcações dos seus reais domínios, porque eu não tenho força alguma coativa contra os Regulares, e quando eles têm em seu poder os índios, sem os quais é impossível que eu possa conseguir alguma coisa."[78]

O comportamento hostil de Francisco Xavier de Mendonça Furtado face à Companhia de Jesus não tem nada de preconcebido. Resulta da dificuldade de relacionamento do governador em nome do rei com a poderosa organização regular. Decorre de provada incompatibilidade entre a imposição do poder real absoluto e os reais e absolutos poderes da Sociedade na Amazônia. Sirva de exemplo a diferença de concepções quanto à língua. Enquanto os jesuítas ensinavam e praticavam a língua geral – uma criação sua para evangelização – , o governador im-

---

79 Marcos Carneiro de Mendonça. *A Amazônia na era pombalina*, p. 281

80 Ângela Domingues. *Quando os índios eram vassalos. Colonização e relações de poder no Norte do Brasil na segunda metade do século XVIII*, Lisboa: CNCDP, 2000, p. 213.

81 José Caeiro S. I., *História da expulsão da Companhia de Jesus da Província de Portugal (séc. XVIII)*, Lisboa/São Paulo: Editorial Verbo, 1991, vol. I.

82 Marcos Carneiro de Mendonça. *A Amazônia na era pombalina*, p. 298.

põe a aprendizagem e o uso do português. Do mesmo modo, onde o governador procura atrair os índios com melhores condições de vida e para a dignidade de serem livres, para os jesuítas havia que considerar que só os movia "a sua natural leviandade, o horror ao trabalho, o amor da ociosidade, o medo a qualquer castigo."[79] Daí a espécie de confinamento nos seus povoados a que os sujeitavam. Porque estava averiguado que os índios viviam "com o corpo nas aldeias, mas suas almas e desejos andam de contínuo vagueando por montes e bosques."[80] Melhor que o governador os jesuítas conheciam os índios, claro. Mas a solução prática que davam ao problema ia ao arrepio do que se pensava na Europa das Luzes. Por menos ilustrado que fosse, Francisco Xavier não ia aprovar os usos missionários da Companhia, que não compreendia nem podia aceitar pelas ordens que recebia do seu Augusto Soberano. Instalava-se uma ordem diferente, a que já se chamou "iluminismo administrativo".[81]

Trata-se, pois, de um conflito ideológico, sem margem para cedência por nenhuma das partes. Porque a forma de atuar do despotismo agora exigia o acatamento imediato, sem reservas nem impedimentos, do que era determinado pelo rei. Sem admissão de embargos ou adiamentos: "com os Amos não há cumprimento senão cega obediência", é dizer de Sebastião José.[82] Superioridade sem oposição que se atribuía à realeza. E de que eram representantes os governadores que nomeava, que por essa qualidade e condição era imperativo que fossem obedecidos sem hesitações. Vai passar a ser "crime de lesa-majestade dizer mal das leis de El-Rei."[83]

---

83 José Caeiro S. I. *História da expulsão da Companhia de Jesus*, vol. 1, p. 274.

84 *Ibidem*, vol. 1, p. 290.

85 Heloísa Liberalli Bellotto. In: *História do Brasil, 1750-1822*, coord. de Maria Beatriz Nizza da Silva, Lisboa: Editorial Estampa, 1986, p. 277.

86 *Apud* João Lúcio de Azevedo, *Os jesuítas no Grão-Pará*, p. 321.

87 *Ibidem*, p. 301, nº 1.

Porém, para a Companhia de Jesus, as missões tinham sido criadas "primeiro para Deus e depois para os Reis de Portugal."[84] E a Companhia não percebeu que as coisas tinham mudado mesmo, e que não podia deixar de obedecer a uma decisão real. O comportamento esperado agora também era outro. Não contava mais a influência, a queixa directa ao confessor do rei, a tentativa de amaciar alguma medida que fosse tida por menos conveniente, ou mesmo o adiar do cumprimento das reais ordens enquanto esperava por melhor ocasião: "é seu costume aceitar e depois na Corte requererem, para melhorarem a fortuna, como lhes tem sucedido sempre", escreve o governador.[85] Mais tarde serão os próprios jesuítas a revelar este seu tipo de atuação. Leia-se no longo escrito antipombalino do padre José Caeiro: "por causa das muitas cartas [...] que ele [Sebastião José] encontrou entre os papéis da rainha D. Maria Ana de Áustria, nas quais certas ordens do próprio Carvalho e alguns atos de Mendonça, seu irmão, eram classificados de perniciosos ao bem público e à religião cristã, como depois os acontecimentos vieram a demonstrar."[86] Era essa a prática até então: procurar a proteção das pessoas reais contra as decisões de estado.

A alguma medida régia ou disposição governamental que lhes não convinha os jesuítas respondiam atuando na corte para a infletir ou fazer com que se não executasse. Mas ainda nisso a Companhia se equivocava. Os jesuítas, detentores de verdades eternas, de políticas que eram as seguras porque aprovadas pela Companhia para maior glória de Deus não perceberam que os tempos eram outros, que ao regalismo josefino não conseguiriam escapar-se por mais habilidades que usassem. A glória de Deus passara a estar subordinada à vontade do rei. E esta cega obediência agora era o que contava e não o longo historial dos serviços prestados à Coroa pela Companhia de Jesus. Os argumentos baseados no que tinha sido feito e alcançado, os reconhecidos méritos da atuação dos jesuítas ao longo de dois séculos deixam de ter validade perante a manifestação de vontade onipo-

---

88 Caeiro S. I. *Op. cit.*, vol. I, p. 226.

89 Marcos Carneiro de Mendonça. *A Amazônia na era pombalina*, p. 194.

90 Caeiro S. I. *Op. cit.*, vol. I, p. 59.

tente do poder real. Como se lê em carta de Sua Majestade para o governador, as atitudes dos jesuítas "de sua natureza não admitem escusa, havendo sido públicos nesse Estado, e em um lugar dele novamente plantado, onde o respeito às ordens de S. Maj.^de não poderia ficar equívoco, sem perniciosas consequências, é o mesmo Senhor servido que V. S.ª responda a tudo o que se lhe replicar sobre esta matéria, que tem positivas ordens para não ouvir nela réplicas, ou escusas quaisquer que elas sejam."[87] Assina a carta o secretário de Estado Pedro da Motta e Silva – não é escrito da lavra de Sebastião José.

Foi esta mudança profunda no poder real que a Companhia de Jesus não entendeu que estava a dar-se, e por isso não soube encontrar padrões de comportamento específicos para uma situação de conflito que se revelava bem definido. O contrário se passou com a igreja secular: o bispo de Belém do Pará, D. Frei Miguel de Bulhões esteve desde sempre com o governador. Bem podiam os jesuítas queixar-se de que "o Bispo subordinava-se ao governador e ambos à secretaria de Estado."[88] Era assim mesmo. O retorno aos tempos do senhor D. João v e da rainha D. Maria Ana, em que os jesuítas tinham acesso direto às reais pessoas, revelava-se doravante impossível. O poder vem agora diretamente de Deus para os monarcas, sem intermediação do povo. O "Rei e Senhor Soberano na temporalidade não reconhece na Terra Superior."[89] Na temporalidade, o que implica nesse plano a submissão da Igreja ao Estado. Consequentemente, como que se sacraliza o poder temporal dos soberanos,[90] cuja vontade se torna despótica.

---

87 AHU, Cod. 1215, fl. 149.

88 Serafim Leite. *História da companhia de Jesus no Brasil*, reed., Belo Horizonte/Itatiaia, 2000, t. VII, vol. I, p. 322.

89 In Antonio Delgado da Silva. *Collecção da legislação portugueza (1763-1774)*, p. 329.

90 Zília Osório de Castro, "O Regalismo em Portugal. António Pereira de Figueiredo". In: *Cultura, história e filosofia*, Lisboa: UNL, 1987, vol. VII, p. 369; "Pombalismo" e "Regalismo". In: Carlos de Azevedo (dir.), *Dicionário de história religiosa de Portugal*, Lisboa: Círculo de Leitores, 2000.

O bispo toma a peito a reorganização religiosa da sua diocese. Nos tempos em que serve de governador interino, mantém assídua correspondência com Lisboa, e participa as dificuldades e obstáculos que se lhe levantam. Denuncia mesmo os regulares: "com inexplicável mágoa no meu coração, de que naquelas povoações se conservam inumeráveis Índios, ainda existentes nos lastimosos erros do Paganismo por negligência e incúria dos Missionários." E denuncia "o pouco que este Missionários se interessavam na dilatação da Fé e conversão da Gentilidade." É um grande apoio do governador e quer mostrar as vantagens para a cristandade deste "novo método de governo."[91] Governo espiritual dos párocos, que lhe ficam subordinados. Bispo nada tolerante, constata-se, pois sugere – e talvez tenha conseguido – desencadear uma atuação inquisitorial na sua diocese.

E a grande questão na Amazônia era mesmo a dos índios, e a necessidade que a Coroa sentia de iniciar uma política própria, que conduzisse à civilização dos silvícolas. Porque assim era considerada: questão de "civilização", escreve Francisco Xavier por mais de uma vez. O que não pode ser tomado como originalidade do governador: na própria lei se lê que a liberdade se "não conseguirá nunca se não for pelo próprio, e eficaz meio de se civilizarem estes índios."[92] Em linguagem moderna pode dizer-se que estamos perante a divergência entre uma política de segregação e uma política de integração dos nativos. Enquanto os padres missionam "trazendo os índios ao Evangelho e isolando-os dos brancos que os corrompiam, "o governador propõe-se civilizá-los o que significa que pretende fazê-los viver como se fossem colonos. Porque se encontravam numa menoridade de que era preciso retirá-los: nisso todos convinham, quer por um processo, quer por outro, mantinha-se sem solução a questão central: como reduzir a uma mesma vida coletiva comunidades tão diferentes e, em não poucos casos, opostas em mundividência, valores, hábitos, práticas? Ambas as posições violentavam os índios. Mas ambas se chocavam entre si quanto ao modo como deveriam retirá-los do seu ambiente natural e do seu meio cultural.

---

91 AHU, Con. Ultra., Brasil/Pará, cx. 42, doc. 3926.

92 In: Antonio Delgado da Silva, *Collecção da legislação portugueza (1750-1762)*, p. 875.

Antes de se internar pelo grande rio-mar em direção ao Alto Rio Negro – onde devia ser o encontro dos demarcadores dos dois países –, vai ainda Francisco Xavier de Mendonça Furtado ao norte, ao Macapá "animar e ajudar aqueles Povoadores nos seus trabalhos." E ainda dá uma volta para ver o estado das fortalezas já existentes nas margens do Amazonas.[93] Porque era um governador atento, que queria estar a par de como se vivia na área da sua administração.

Finalmente, a 2 de outubro de 1754 sai o governador de Belém com destino marcado no Arraial de Mariuá, no Rio Negro. Foram precisos 88 dias de viagem pelo Amazonas para lá chegar. Disso se queixa, e há boas razões para crer que a incomodidade fosse total. E de imediato constata que os regulares da Companhia de Jesus se furtam a lidar com ele. As ordens para que houvesse mantimentos para a expedição não tinham sido cumpridas. Como de costume.[94] Era um "despropósito", uma "escandalosíssima desordem".[95]

Entretanto, em 1755 começam a ser publicados em Lisboa os dispositivos legais contendo boa parte das sugestões que o governador fora enviando: estabelecimento de côngruas para os missionários, conversão das aldeias missionárias em vilas e povoações civis, liberdade dos índios. A Companhia de Comércio para introdução de negros escravos também se aprontava, como se iniciava a prática de expulsão de missionários: o que começa por alguns jesuítas.

> Tendo resoluto que Manuel Gonzaga, assistente na Moucha do Piauí, Teodoro da Cruz assistente na Aldeia do Caatê, António José, e Roque Hundertfunt assistentes na Aldeia do Trocano (todos religiosos da Companhia de Jesus) hajam de sair desse Estado, e do do Brasil, por ser assim conveniente ao serviço de Deus e Meu, e ao bem comum da mesma Religião da Companhia, que tanto procuro proteger nos Meus Domínios, pela especial devoção que sempre tive aos seus Santos Patriarcas, vos ordeno, que logo que receberes esta o participeis assim particularmente, ou façais participar na mesma forma, ou achando-vos ausente ao Vice-Provincial da dita Companhia de Jesus nesse Estado,

---

93 Marcos Carneiro de Mendonça. *A Amazônia na era pombalina*, p. 311.

94 AHU, Con. Ultra., Brasil/Rio Negro, cx. 1, d. 12; Francisco Adolfo de Varnhagen. *História geral do Brasil*, 5ª ed., São Paulo: Edições Melhoramentos, 1956, t. IV, p. 137.

95 Marcos Carneiro de Mendonça. *A Amazônia na era pombalina*, p. 703-704.

para que nas primeiras ocasiões, que se oferecem de partirem Navios desse Estado, e do do Maranhão faça embarcar os sobreditos quatro Religiosos, sem nisso haver mora ou falta.

É decisão régia transmitida em grande segredo, assinada pelo próprio rei, a 3 de março de 1755.[96] A grande conflitualidade tinha como fulcro por um lado o reconhecimento dos poderes estatais, por outro a questão da imaginada ligação dos jesuítas portugueses com os espanhóis e o perigo de uma independência das áreas de missão que dominavam.

Em especial, vê-se como Sebastião José está atento às fronteiras com os domínios da América espanhola "onde os regulares só servem para fazer contrabandos e de impedirem o comércio dos moradores desse Estado, com tanto descrédito dos religiosos hábitos dos regulares, com prejuízos públicos desses moradores seculares."[97] Em especial havia que afastar os inacianos das fronteiras de Espanha.[98]

Para Francisco Xavier ficava claro que "em toda a parte [*os jesuítas*] estão levantados com os Estados dos seus soberanos, comprando todos os que entendem que podem concorrer para os sustentar no seu absoluto e tirano domínio."[99] No entanto, e no Guaporé, as aldeias foram evacuadas sem conflito.[100] Diferentemente da oposição meridional pela força das armas, as comunidades do Norte preferiram a resistência oculta, com o que fizeram "a mais crua guerra que se pode imaginar."[101] Foi uma como que guerrilha meio-descoberta, de dissimulações e incumprimentos, para evitar que continuasse a ação do governador e impedir as delimitações. E mais que tudo, a liberdade dos índios de que os jesuítas tinham sido os grandes obreiros

---

96 AHU, Cód. 1214, fl. 119.

97 Marcos Carneiro de Mendonça, *A Amazônia na era pombalina*, p. 659-664.

98 *Ibidem*, p. 673.

99 *Ibidem*, p. 714.

100 *Ibidem*, p. 725.

101 *Ibidem*, p. 716.

em tempos passados, princípio e comportamento que agora negavam na prática.[102] Acaso os inacianos se convenceram que Francisco Xavier se cansaria, desistiria e abalava para Lisboa sem terminar os efeitos de que se encarregara. Entretanto e junto da realeza os padres iriam tecendo a sua teia, ao que estavam habituados. Decerto que não contavam com o afastamento dos seus irmãos dos lugares de confessores dos príncipes, a expulsão do Paço e o confinamento às suas casas que estava a acontecer do outro lado do Atlântico. Cortava-se-lhes a possibilidade de conseguirem falar com as reais pessoas. O que foi um golpe certeiro de Sebastião José.[103] Para o que teve a plena aquiescência do monarca: o rei "expulsou da Corte os padres."[104] Assim tinha que ser. Porque não era um ministro que podia ter força para remover o confessor de um rei. D. José quis que assim acontecesse.

Não bastava proceder às demarcações: a presença de uma administração e de ministros régios no território brasileiro era um imperativo da preservação dos limites acordados em Madri. Por isso a criação da capitania de São José do Rio Negro, em 1755. Aí instalado, Francisco Xavier vai procurando conhecer a terra e registando os muitos rios de que alcança conhecimento. E preparando as coisas para receber o comissário espanhol que nunca há-de aparecer. Novos edifícios para instalar as comissões, nova urbanização para criar condições para a colonização. Preocupações centrais, as de abastecer toda a gente que ali se encontrava – perto de 900 pessoas – e preparar os trabalhos científicos. Em especial dá instruções ao grupo de demarcadores que "deve subir pelo rio da Madeira e Guaporé, porque imediatamente vai às minas e ao centro de todo o Brasil."[105]

Mesmo no interior dos sertões o governador está atento às reações suscitadas pela criação da Companhia Geral de Comércio. Porque se podiam temer oposições, como as que ocorreram em Lisboa. Mas não. Ou a Companhia se mostrava de uma utilidade evidente e a posição do governador merecia apoio, ou a ação polí-

---

102 João Lúcio de Azevedo, *Os jesuítas no Grão-Pará*, p. 326-330.

103 José Caeiro S. I., *História da Expulsão da Companhia de Jesus*, vol. I, p. 71-73.

104 *Ibidem*, vol. II, 48.

105 Marcos Carneiro de Mendonça, *A Amazônia na era pombalina*, p. 744-746.

tica e os métodos "expeditos" de Francisco Xavier tinham habituado à desvantagem do protesto. Isto apesar do governador só concordar com o monopólio se fosse transitório. D. Frei Miguel de Bulhões, o bispo do Pará, que ficara encarregado do governo enquanto o governador se internava na Amazônia, revela-se uma vez mais um inestimável colaborador. Também no negócio dos religiosos, que deviam pedir uma côngrua mas que não o queriam fazer.[106]

O arranque dos negócios da Companhia Geral não foi auspicioso: os pretos saíam caros, o sal também, o vinho era pouco, de azeite diminuta era a procura. Também a isso o governador estava atento, avisando o mano de "alguns particulares a este respeito que a prática destes países me faz conhecer". E isto escreve do Arraial de Mariuá.[107] É lá também que recebe as duas leis régias sobre a liberdade dos índios e a privação do governo temporal dos regulares. Como o conhecimento das leis podia trazer desvantagens imediatas, ficam elas em segredo aguardando a oportunidade da sua divulgação. A primeira a publicar seria a das côngruas. Depois aguardava-se a chegada de navios com escravos africanos. Só então se daria a conhecer a lei da liberdade dos índios ou "privação da jurisdição temporal aos Regulares", "a qual não achará já nos regulares contestação, porque também não haverá quem os creia, e se conhecerá se disserem alguma palavra que por força da paixão e não por zelo ou bem comum do povo." O bispo deveria publicar um breve papal, de 1741, que igualmente impedia "as escravidões dos índios ocidentais com pena de excomunhão." Assim se fazendo, "os regulares deixarão de aconselhar aos penitentes nos confessionários que, apesar das leis de Sua Majestade, podem conservar os índios como escravos em boa consciência, como estão fazendo continuamente."[108]

Transformar aldeias de missão em vilas, de jurisdição comum, conforme às *Ordenações do Reino*. Assim ocorre com a vila de Borba-a-Nova: a aldeia do Trocano passada a vila, desaparecida a relação com os missionários. Não sem conflito. Sabe o rei que o vice-provincial da Companhia de Jesus nesse Estado rejeitara

---

106 *Ibidem*, p. 815.

111 *Ibidem*, p. 818-820.

112 *Ibidem*, p. 821-826.

por modo insólito e estranho a reserva do Governo temporal que Eu houve por bem conservar na jurisdição dos Meus Governadores e Ministros Seculares na fundação da dita aldeia. E passando o mesmo eligioso a persuadir-vos que era contrária a Minhas Leis aquela reserva, sendo conforme, não com as minhas ordens, mas com as constituições e Bulas Apostólicas expedidas sobre esta matéria: e atendendo Eu a inesperada rejeição da dita condição e não havendo sido do Meu Real ânimo constranger os ditos Religiosos a aceitá-las contra suas vontades: sou servido havê-los por desobrigados da direção da dita Aldeia. E assim o participareis logo no Meu Real Nome ao Vice Provincial hoje assistente neste emprego; e aos Religiosos que residirem na mesma Aldeia para saírem dela no preciso termo de dez dias contínuos, e peremptórios que para o referido efeito lhe fareis declarar, sem admitires réplica, que embarace a execução desta Minha Real determinação. No caso de se não haver cumprido esta no sobredito termo, vos servireis para fazeres sair os ditos Religiosos da Aldeia, e do seu território dos meios que se costumam praticar.[109]

Assim foi feito. Ali o governador levantou pelourinho e deixou "alguns moradores brancos e a Câmara estabelecida."[110] Os vizinhos deviam começar a pagar os dízimos devidos à Fazenda Real. Esperava-se mesmo que aos índios pudesse ser entregue o governo local, sendo mesmo preferidos aos demais vizinhos. Desde que fossem reputados idóneos para os cargos.[111] Assim o determinava a nova lei.

Mesmo no interior do sertão não deixava Francisco Xavier de pensar no todo do território, preocupando-se com a fortificação do Macapá.[112] Havia que não esquecer que não só os espanhóis podiam ser cobiçosos dos territórios e riquezas do Estado. Os holandeses e os franceses podiam espreitar uma ocasião propícia para avançarem. E os espanhóis continuavam a não comparecer para as demarcações. As roças davam menos do que esperava, os alimentos deterioravam-se, as doenças abatiam-no. E, sempre, o receio das complicações que os padres podiam provocar. Também os trabalhos aqui são mais demorados: onde em Portugal são precisos cinco homens, aqui

---

113 AHU, Cod. 1214, fl. 147.

114 Marcos Carneiro de Mendonça, *A Amazônia na era pombalina*, p. 839.

115 Antonio Delgado da Silva, *Collecção da legislação Portugueza (1750-1762)*, p. 394.

116 Marcos Carneiro de Mendonça, *A Amazônia na era pombalina*, p. 837.

serão necessários vinte.[113] Por isso e para as novas vilas – Borba-a-Nova e São José do Javari – pede o envio de casais de gente trabalhadora. A secularização é motivo de esperança, "porque desta forma se poderão civilizar os índios e com eles se fazerem copiosas povoações de gente que seja útil a si, aos outros, e dando-se-lhe a conhecer o verdadeiro caminho que devem seguir para salvar-se."[114]

Se, quanto a Borba-a-Nova a mudança se fez sem especial complicação, já em São José os padres incitaram os índios a fugir. Escandaliza-se o governador ao

> ver que aqueles mesmos homens que têm por obrigação e instituto o trazer estas miseráveis ovelhas para o curral da Igreja, sejam os mesmos que por paixões particulares, e porque lhes cessa o lucro que deles esperavam, os persuadam depois de estarem nas povoações cristãs a que se tornem a meter nos matos, para se perderem infalivelmente.[115]

Mas era assim. O que estava em causa por parte dos regulares já não era a questão essencial da evangelização: o que se jogava era saber quem tinha poder.

Ferida na sua anterior supremacia, a Companhia de Jesus resiste apenas por isso. O seu comportamento deixa de se basear em fundamentos ideológicos para se pôr em causa apenas pela autoridade que sente perdida e que ainda pretende recuperar pelo confronto. Ao rei a decisão final, que esperavam ainda ser-lhe favorável. Conforme o governador soube, num casamento num engenho do Cametá, um padre afirmou que "estivessem sossegados com os seus escravos porque o colégio não havia de ser colégio ou as escravidões haviam de vir permitidas por Sua Magestade."[116] É então que, aproveitando a inação a que o forçavam as chuvas, achando-se em casa sem ter que fazer, o governador resolve ler as *Vozes Saudosas* do padre António Vieira e sobre elas refletir. Longo escrito que meteu na gaveta e enviou ao mano e ao bispo, passado um momento de impaciência (um "primeiro fogo") em que pensou divulgá-lo. Mas já não valia a pena fazê-lo, porque o rei

---

117 *Ibidem*, p. 872.

118 AHU, Con. Ultra., Brasil/Rio Negro, cx. 1, doc. 18.

119 Marcos Carneiro de Mendonça, *A Amazônia na era pombalina*, p. 936.

120 AHU, Con. Ultra., Brasil/Rio Negro, cx. 1, doc. 22.

mandava "absolutamente abolir estas injustíssimas escravidões."[117] Reflexão em que o escrito de Vieira é aproveitado para mostrar as contradições entre os princípios e as práticas da Companhia pelo testemunho de um dos seus maiores.

E no entanto, "este Estado é o melhor da América Portuguesa, e o que mais útil pode vir a ser ao Reino."[118] O entusiasmo do governador não esmorece, a sua energia mantém-se. Ou mesmo aumenta. As dificuldades parecem estimulá-lo. Mas está atento à presença de jesuítas junto dos limites fronteiriços. Porque comunicavam com os das missões castelhanas, fazendo mesmo por expulsar os padres carmelitas para ficarem "sós e absolutos neles."[119]

Em outubro de 1756 era altura de o governador fazer um intervalo na sua estadia no sertão. Regressa ao Pará, onde tem de se decidir à publicação das leis entretanto promulgadas. O que vai acontecer a 5 de fevereiro de 1757.[120] Conflitos imediatos com a Companhia de Jesus: a posse das fazendas e aldeias, a instalação de párocos em vez de missionários. Impossível se revelava para os jesuítas admitir a supremacia pastoral dos bispos que agora lhes era imposta. Os padres missionários

> tinham arrogado a si o domínio temporal, e absoluto dos mesmos Índios, com os quais faziam o importantíssimo comércio de todo o Estado, já extraindo as preciosas drogas, que a natureza produz nestes fertilíssimos sertões como são cacau, salsa, cravo, e óleo de cupaúba, já empregando os Índios em diversas feitorias de manteigas de tartaruga, de salgas de peixe, e de azeites de andiroba, o produto de todo este comércio era na realidade a importantíssima e avultadíssima côngrua que recebia cada um dos ditos missionários.[121]

Os jesuítas recusam a subordinação hierárquica ao bispo. Como afirmam, a "ordem interina não tem lugar com os Missionários da Companhia, que nunca

---

121 AHU, Con. Ultra., Brasil/Rio Negro, cx. 1, doc. 22.

122 Marcos Carneiro de Mendonça, *A Amazônia na era pombalina*, p. 946.

123 AHU, Con. Ultra., Brasil/Rio Negro, cx. 1, doc. 30.

124 Marcos Carneiro de Mendonça, *A Amazônia na era pombalina*, p. 1056.

125 AHU, Con. Ultra. , Brasil/Pará, cx. 42, doc. 3872.

foram, nem são, nem podem ser párocos, por nos ser proibido por nosso Instituto." Recusavam ao prelado a autoridade para escolher os religiosos para o serviço de vilas e aldeias, e a remoção que deles podia fazer todas as vezes que a julgasse conveniente.[122] Reagindo, os religiosos abandonam as aldeias, trazendo com eles o que nelas havia e o que comerciavam. Porque estavam seguros de que esses bens pertenciam às suas comunidades. E não souberam sempre perder. Na nova vila de Bragança com a desesperação da saída "queimaram tudo o que não podiam levar, como as cortinas de seda da igreja e outros objectos."[123] Recusa de mudança que contribui para agudizar o choque político.[124] Chega mesmo o governador a acusá-los de seguidores das máximas do abominável Maquiavel. Os jesuítas ficam desesperados porque "se veem suplantados inteiramente da autoridade, da influência que tinham, não só no Gabinete mais ainda nos Tribunais."[125]

A experiência de Borba-a-Nova dita ao governador cuidados para evitar que os regulares se apropriem de bens das missões no momento em que perdem o seu poder temporal. E continua a fundar novas vilas nas antigas aldeias das missões. É o caso de Poiares ou de Vila do Conde, logo em 1757.[126] Que já serão governadas de acordo com o *Directório dos índios* por ele elaborado.[127] E depois todas as demais, mudando-lhes os nomes nativos para outros de vilas da Casa de Bragança, das terras da Coroa, de terras das Casas da Rainha e do Infantado e da Ordem de Cristo.[128] Ficava tudo aportuguesado. Resultava este regimento da observação e do que Francisco Xavier pensava que era a solução para o problema dos índios.

---

126 AHU, Con. Ultra., Brasil/Pará, cx. 42, doc. 3868.

127 *Memorias de Fr. João de S. Joseph Queiroz, Bispo do Grão-Pará*, por Camilo Castelo-Branco, Porto: Typographia da Livraria Nacional, 1868, p. 192.

128 João Lúcio de Azevedo, *Os jesuítas no Grão-Pará*, p. 325.

129 AHU, Con. Ultra., Brasil/Rio Negro, Cx. 1, doc. 51.

130 Marcos Carneiro de Mendonça, *A Amazônia na era pombalina*, p. 1041.

131 Rita Heloísa de Almeida, *O Directório dos índios: um projeto de civilização no Brasil do século XVIII*, Brasília: Editora Universidade de Brasília, 1997.

132 Marcos Carneiro de Mendonça, *A Amazônia na era pombalina*, p. 1097.

O procurador dos índios, que cedo foi sua proposta, transformava-se agora no diretor. Com imensos poderes. Mas nomeado para cada vila ou aldeia pelo representante do rei e não mais a autoridade civil e política residirá em eclesiásticos e menos ainda padres ou frades das ordens regulares. Diretor que existiria "enquanto os Índios não tiverem capacidade para se governarem." Entendia-se apenas como uma tutela provisória indispensável para conseguir a civilidade e racionalidade de que até então tinham estado privados.[129]

Entretanto, e quanto às delimitações, tudo se mantinha na mesma. Os demarcadores espanhóis eram demorados no Orinoco pelos jesuítas que "hão de excogitar quantos pretextos lhe puderem ocorrer para não chegarem ao Rio Negro a conferir comigo ou se vierem hão de trazer tais imaginações que não hão de concluir nada."[130] Na ausência do governador houve um levantamento das tropas no Arraial de Mariuá, que permitiu a Francisco Xavier no retorno ao sertão depurá-las de soldados que estavam recrutados por serem criminosos, em 1758. Também a relação com os religiosos não melhorava. Sobretudo porque em Lisboa os jesuítas não perceberam que este era um conflito final, definitivo. Não havia que deixar coisa alguma aos regulares do que tinham possuído, sob pena de não se conseguir avançar com os novos preceitos legais. Havia que dar-lhes as côngruas mas mantê-los dentro dos seus claustros.[131] Não é menor a insatisfação que o governador tem quanto aos ministros de Sua Majestade: "a planta de bons ministros não pega na América", escreverá ao mano.[132] Mas pegava o cacau, o café, a salsaparilha, a baunilha, o cravo, a canela, o anil e, sobretudo, o algodão e o arroz. Drogas do sertão para comerciar e enriquecer, culturas para sobreviver e para exportar. Começava agora a haver escravos africanos para os cultivos, e ainda se recorria a índios mas agora assalariados: eram mais de dois mil no Pará, número insuficiente, mas uma

---

133 Antonio Delgado da Silva, *Collecção da legislação portugueza (1750-1762)*, p. 507.

134 Marcos Carneiro de Mendonça, *A Amazônia na era pombalina*, p. 1076.

135 *Ibidem*, p. 1100.

136 *Ibidem*, p. 1113.

boa soma "para se ir sustentando uma grande parte das culturas das fazendas, enquanto não entram maior número de escravos."[133]

O governo de Francisco Xavier de Mendonça Furtado provocara uma considerável modificação nestas terras do Norte, o estado do Grão-Pará e Maranhão, acrescentado das novas capitanias do Rio Negro e do Piauí.[134] Tinham sido fechadas as missões dos padres regulares e criadas quase de imediato 23 novas vilas. De jurisdição civil, naturalmente. Com párocos subordinados ao prelado da diocese 3037 escravos africanos tinham já chegado, originários de Cacheu, Bissau, Luanda e Angola.[135] Uma colonização escravocrata, com forte presença e atuação capitalista, estava em vias de instalação no termo do mandato do governador. A valorização das terras amazônicas fora o objetivo da nova política.

> S. Maj.^{de} tem conhecido cabalmente pela sua incomparável compreensão que as Terras incultas do Pará e Maranhão podem valer cultivadas tanto, ou mais que todo o Brasil para a Coroa deste Reino; e deste conhecimento resulta a especial aplicação, que o mesmo Senhor tem feito aos negócios desse Estado, e a firme disposição em que se acha de dar todas as eficazes providências que forem necessárias para se estabelecer e aumentar.

Tinha sido indispensável começar pela afirmação da autoridade sem limites do Estado. Outras disposições se iriam "depois executando gradual, e progressivamente, conforme as conjunturas o forem indicando."[136] Sob pena de se não aproveitarem ou mesmo de se perderem essas terras para a soberania portuguesa, tinha sido entendido que havia que provocar uma radical mudança. Mudança que passava por uma administração que localmente se impusesse e exigisse a ligação ao todo imperial português. Fora uma presença diferente, instalara uma nova prática de governo com a aplicação de um estilo que concretizava o despotismo régio oficial. Sem cedências. Porque "com os Amos não há cumprimento senão cega

---

137 *Ibidem*, p. 1159.

138 Francisco Adolfo de Varnhagen, *História geral do Brasil*, t. IV, p. 145.

139 António Carreira, *As companhias pombalinas*, p. 93.

140 AHU, cód. 1214, fl. 254.

obediência." Fora o seu modo de agir, fora o seu novo método de comando, em cumprimento de estritas ordens régias, que cumprira sem hesitações.

Em Lisboa deviam o rei e o governo considerar esta governação um êxito. Pelo que as decisões tomadas sobre os índios do Grão-Pará e Maranhão se vão estender ao Brasil.[137] Logo em 1752 o provedor da Fazenda Real no Pará diz que o governador

> é tão activo, que parece excede a todos os seus predecessores tanto em procurar com desvelo o aumento daquele Estado, como na igualdade com que quer que se distribua a justiça e se exercite a piedade, nos casos em que tem lugar, acrescendo a isso ser despedido de todo o interesse e só cheio de um grande ardor de que se faça bem o serviço de V. Mag.ᵉ, e o do bem público, tendo ambas estas cousas por especial objeto de seu cuidado.[138]

Tratava-se de conversa de lisonjeiro para agradar aos ouvidos do monarca e do secretário de Estado Sebastião José? Não é impossível. Mas toda a sua ação parece corresponder e um forte empenhamento e a um contínuo trabalho. Aplicando o novo método que a autoridade indisputada permitia.

Em 1759 é o regresso de Francisco Xavier de Mendonça Furtado a Lisboa e ao convívio directo com os manos. Quase de seguida (19 de julho de 1759) será nomeado secretário de Estado adjunto da pasta do Reino, assessor do irmão, o agora conde de Oeiras. Daí será promovido a secretário de Estado dos Negócios da Marinha e Ultramar, em 1760.[139] Caso único de um responsável pela política colonial que tinha experiência do que era viver em colônia. E por isso se entende que a libertação dos indígenas se estenda ao Oriente quando ele ocupa o lugar.[140] Como se entende a continuação de construção de fortificações de defesa na Amazônia – com a contribuição

---

141 In: Antonio Delgado da Silva. *Collecção da legislação Portugueza (1750-1762)*, p. 604.

138 AHU, Cód. 209, fls. 242 r-v.

139 José Pedro Ferrás Gramoza. *Successos de Portugal. Memorias historicas politicas e civis*, p. 20-21.

140 Ângela Domingues. *Quando os índios eram vassalos*, p. 39-41.

financeira da Companhia Geral do Grão-Pará e Maranhão.[141] A cujo funcionamento continua atento, querendo proporcionar mão-de-obra a lavradores e senhores de engenho.[142] Também terá usado da sua experiência para o estabelecimento da Companhia Geral de Pernambuco e Paraíba.[143] Com ele na Secretaria de Estado se apaga o papel governante do Conselho Ultramarino.[144] A ele ainda se deverá a decisão de formar guardas-marinhas para garantir o bom serviço da armada,[145] como se sabe que se dedicou ao aumento da frota portuguesa, com a utilização das boas madeiras amazônicas, com que muito se preocupou quando governador. Tentou ainda que na Bahia laborasse uma manufatura de lonas, enxárcias e outros petrechos navais, com fibras de ervas de produção local.[146] Porque o secretário de Estado não se esqueceria de que fora governador e capitão-general do Grão-Pará e Maranhão. Pelo que aí se estava passando se manterá interessado.[147]

Morreu de um postema (edema) quando acompanhava o rei, em Vila Viçosa, em 15 de novembro de 1769.[148] Foi o primeiro dos três manos a desaparecer. Seguiu-se-lhe Paulo de Carvalho, que não chegou a vestir a púrpura cardinalícia que já lhe fora conferida pelo papa, em 1770. Só em 1782 o marquês de Pombal se lhes juntaria, no termo de um penoso exílio. Já o responsável por tudo isto, por esta profunda transformação, o senhor D. José, também repousava em São Vicente de Fora, desde 1777.

---

141 Manuel Nunes Dias, "Conquista e colonização da Amazónia no século XVIII". In: Luís de Albuquerque, *Portugal no Mundo*, vol. 3, p. 238-240.

142 António Carreira. *As companhias pombalinas*, p. 101.

143 Kenneth Maxwell. *O Marquês de Pombal*, p. 112.

144 Alden. *Op. cit.*, p. 10.

145 Antonio Delgado da Silva. *Collecção da legislação Portugueza (1750-1762)*, p. 800-801 e 807.

146 Antonio Delgado da Silva. *Collecção da legislação Portugueza (1763-1774)*, p. 304-307.

147 João Lúcio de Azevedo. *Estudos de historia Paraense*, p. 153-180; *Livro da visitação do Santo Ofício da Inquisição ao Estado do Grão-Pará (1763-1769)*, ed. José Roberto do Amaral Lapa, Petrópolis: Vozes, 1978, p. 58-59.

148 Maria Isabel da Silva Reis Vieira Rodrigues. *O governador Francisco Xavier de Mendonça Furtado*, p. 23; *Cartas e outras obras selectas do Marquez de Pombal*, 5ª ed., Lisboa: Typographia de Costa Sanches, 1861, p. 142.

Bibliografia complementar

"As descrições escritas, a história e a identidade do Brasil: séculos XVI-XVIII", in *Revista USP*. São Paulo: Coordenadoria de Comunicação Social, Universidade de São Paulo, *Durante Cabral: os portugueses*, março-abril-maio 2000. [3-25]

"Mundos em miniatura: aproximação a alguns aspectos da cartografia portuguesa do Brasil (séculos XVI a XVIII)". In: *Anais do Museu Paulista. História e Cultura Material*. São Paulo: Universidade de São Paulo, Nova Série, Volume 17, Número 1, Janeiro-Junho 2009. [26-45]

"As fronteiras do Brasil e o Rio da Prata". In: *Portugal en la región platina. Homenaje a Luís Ferrand de Almeida*. Montevideu: Embaixada de Portugal em Montevideu, 2007. [46-63]

"As Câmaras Municipais, a Coroa e a cobrança dos quintos do ouro nas Minas Gerais (1711-1750)". Inédito, apresentado em resumo no Seminário Internacional *Administrando impérios: Portugal e Brasil nos séculos XVIII e XIX*, realizado em Ouro Preto, em setembro de 2008. [64- 133]

"Sebastião José de Carvalho e Melo e a economia do Brasil". Lisboa. In: *Revista de História Económica e Social*, 2ª série, 2º Semestre de 2004. [134-150]

"Um novo método de governo: Francisco Xavier de Mendonça Furtado, governador e capitão-general do Grão-Pará e Maranhão (1751-1759)". Rio de Janeiro: in *Revista do Instituto Histórico e Geográfico Brasileiro*, nº 124, julho- setembro 2004. [151-180]. Índice: 181, notas: 182-206

Esta obra foi impressa em Santa Catarina no verão de 2011 pela Nova Letra Gráfica & Editora. No texto foi utilizada a fonte Adobe Jenson Pro, em corpo 10,5 e entrelinha de 16 pontos.